教育部人文社会科学重点研究基地重大项目"⋯⋯⋯⋯⋯⋯⋯⋯⋯⋯⋯
革实证研究"成果（项目编号：14JJD820012）

刑事简易程序规范化改革实证研究

李本森等　著

中国人民公安大学出版社
·北　京·

图书在版编目（CIP）数据

刑事简易程序规范化改革实证研究 / 李本森等著 . —北京：中国人民公安大学出版社，2024.4

ISBN 978-7-5653-4757-3

Ⅰ. ①刑⋯   Ⅱ. ①李⋯   Ⅲ. ①刑事诉讼—诉讼程序—研究—中国

Ⅳ. ①D925.218.04

中国国家版本馆 CIP 数据核字（2023）第 218081 号

刑事简易程序规范化改革实证研究

李本森等   著

出版发行：中国人民公安大学出版社
地　　址：北京市西城区木樨地南里
邮政编码：100038
经　　销：新华书店
印　　刷：北京市泰锐印刷有限责任公司

版　　次：2024 年 4 月第 1 版
印　　次：2024 年 4 月第 1 次
印　　张：15.75
开　　本：787 毫米×1092 毫米　1/16
字　　数：304 千字

书　　号：ISBN 978-7-5653-4757-3
定　　价：59.00 元

网　　址：www.cppsup.com.cn　www.porclub.com.cn
电子邮箱：zbs@cppsup.com　zbs@cppsu.edu.cn

营销中心电话：010-83903991
读者服务部电话（门市）：010-83903257
警官读者俱乐部电话（网购、邮购）：010-83901775
公安业务分社电话：010-83906108

前　言

　　自 1996 年修正的《刑事诉讼法》确立简易程序①之后，简易程序就被纳入刑事诉讼程序中，成为轻微刑事案件适用的主要程序，这在很大程度上提高了诉讼效率。为进一步扩大简易程序的适用范围，2012 年修正的《刑事诉讼法》对简易程序作了修改。这次修改突出了尊重被告人的程序选择权，并根据不同的案件情况对审判组织、审查起诉、审判期限等作出新的规定，更好地体现了公正与效率的统一。为深入推进以审判为中心的刑事诉讼制度改革，2018 年修正的《刑事诉讼法》将速裁程序纳入其中。至此，我国刑事审判按照流程繁简被划分为普通程序、简易程序、速裁程序三级诉讼程序格局。但在当前刑事司法实践中，仍然存在简易程序适用率比较低、审判前诉讼程序效率不高等问题，在一定程度上制约了简易程序功能的发挥。

　　为进一步提高简易程序的适用率，充分发挥简易程序在刑事诉讼案件分流中的作用，有必要对简易程序在立法和运行过程中存在的问题加以研究。为此，笔者主持的教育部人文社会科学重点研究基地重大项目"刑事简易程序规范化改革实证研究"，对简易程序的立法和司法等问题进行了全面、系统的研究。在此基础上，我们撰写了本书，主要对简易程序的立法历程和理论基础、比较研究、实施状况、适用范围、证明标准、检察指控、权利保护、庭审问题等进行了探讨，以期为相关理论研究者、司法实践者提供有益借鉴。

---

　　① 　为与《刑事诉讼法》等法律法规用语保持一致，本书正文一般采用"简易程序"的说法，但为了与书名保持一致，章节名均采用"刑事简易程序"的说法。

一、简易程序的立法历程和理论基础。该部分对我国简易程序的历次立法进程进行了全面的梳理。从1996年修正的《刑事诉讼法》确立简易程序到2012年对简易程序的修改，逐步实现了简易程序的适用范围和效率的不断提升。同时，该部分对简易程序改革的多重动因进行了全面分析，并对历次简易程序在修法过程中存在的若干基础性问题进行了全面的反思。同时，该部分对简易程序的正当性基础进行了全面总结，指出无论从社会利益、公共利益还是个人利益保护方面，简易程序可以在案件的处理上实现公正与效率的平衡，更大限度地发挥刑事诉讼在保障人权和维护社会秩序方面的功能。

二、简易程序的国际比较研究。该部分根据世界各国公诉案件一审审判程序架构的三种不同立法模式（"普通程序"+"简易审判条款"模式，"普通程序"+"简易程序或快速处理程序"模式，多层次审判程序架构模式）的标准与逻辑，选择了17个国家作为我国简易程序的对比对象。在此基础上，对简易程序的适用范围和条件、简易程序指控与启动的简化、法庭审理和裁决的简化、上诉和审级限制以及程序选择和程序转化等方面进行了多层次和多维度的比较，以确定我国简易程序与其他国家在立法上的区别和特点，为借鉴其他国家在简易程序立法方面的有益经验提供基础性参考文献。

三、简易程序的实践运行状况。该部分主要进行了三个方面的研究：一是通过座谈和走访等形式对江苏省4个城市简易程序的实践进行调研，发现简易程序在实践中发挥的作用并没达到预期，存在简易程序适用率比较低、证明标准缺乏规范和当事人诉讼权利保障弱化等问题。二是通过问卷调查的方式对简易程序实践状况进行更加全面的调研和更加准确的统计。该问卷调查在全国18个城市展开，收集各类问卷1000份。问卷调查结果显示简易程序运行比较平稳，但是效率提升的幅度并不大，在起诉、审判、上诉和权利保障等方面仍然存在亟待解决的深层次问题。三是通过裁判文书对简易程序中被告人上诉问题进行研究。该研究选取了192个被告人认罪案件的二审裁判文书，对简易程序中被告人上诉基本理由和上诉阶段的诉讼效率、刑事辩护等问题进行了比较全面的研究，在此基础上提出立法上要对被告人的认罪认罚和量刑减让、诉讼权利保障和限制等方面都加以更加具体化的规范，否则将损害简易程序的效率、妨碍简易程序的功能实现。

四、简易程序的适用范围。简易程序适用范围问题始终是简易程序改革中的根本性问题，因为适用范围直接影响到简易程序在刑事诉讼案件中功能发挥的程度。从1996年简易程序立法到2012年简易程序的修改，再到2018年认罪认罚从宽制度和速裁程序的确立，简易程序的案件适用范围总体上在不断扩大。但是，从司法实践的情况看，简易程序案件的适用率在一些基层法院并不高。其中的原因是多方面的，有的是因为案件审理不能在规定的期限内完成，法庭不愿意适用简易程序审理刑事案件；有的对于可能判处3年以上有期徒刑的案件适用简易程序存在顾虑；等等。可见，在司法实践中，简易程序的适用相对于立法上的范围扩大并不协调。此外，《刑事诉讼法》规定适用简易程序的禁止性条件也存在可以商榷的地方。同时，在最高人民检察院有关《刑事诉讼法》适用的司法解释中，对简易程序的限制性适用范围加以扩大，进一步限制了简易程序的适用范围。由此可以看出，对于简易程序适用范围的限制性条件仍然需要反思和改革。在未来立法上，有必要解除对简易程序限制性条件的适用，赋予基层司法机关在简易程序适用上更多的自由裁量权。

五、简易程序的证明标准。该部分集中探讨适用简易程序审理案件的证明标准问题。虽然学界有主张降低适用简易程序案件证明标准的观点或诉求，但是我国《刑事诉讼法》及相关司法解释对简易程序并没有规定特殊的证明标准。《刑事诉讼法》对证明标准有统一的法律规定，并不因程序不同而设计不同的证明标准。这与我国刑事证据在立法上强调定罪量刑的证据必须确实充分，达到客观真实的标准有密切的关系。虽然如此，证明标准由于不具有度量性，司法实践中基本是司法人员根据案件事实和证据的综合判断来确定，司法人员在是否达到法定的证明标准方面的自由裁量权比较大。因此，简易程序证明标准问题讨论的空间比较大。法律实务界大多数赞同降低证明标准，赞成适用简易程序的案件在证明标准上能够达到"基本事实清楚，基本证据充分"的"两个基本"就可以。但是，对于"两个基本"的证明标准在司法实践中如何把握，是否应当有具体的衡量指标，尚未达成共识。

六、简易程序的检察指控。该部分对简易程序在审查起诉阶段的检察指控问题进行了论述。近年来，我国轻罪案件上升幅度较大，轻罪治理的问题受到越来越多的关注。简易程序作为重要的轻罪治理方式，如果仅仅局限在审判阶段，已经无法满足分流大量轻微刑事案件的诉讼功能。为此，有必要在刑事审判简易程序之外构造刑事侦查简易程序和刑事审查起诉简易程序，以构造全流程的刑事诉讼简易程序。根据2018年修正的《刑事诉讼法》第172条的规定，人民检察院对于监察机关、公安机关移送起诉的案件，犯罪嫌疑人认罪认罚，符合速裁程序适用条件的，应当在10日以内作出决定，对可能判处的有期徒刑超过1年的，可以延长至15日。可见，认罪认罚从宽和符合速裁程序适用条件的案件的审查起诉效率，实际上比其他案件要高。虽然该规定并没有对适用简易程序案件的审查起诉期限加以明确限缩，但是由于认罪认罚案件可以适用简易程序审理，实际上也可以理解为延伸到简易程序案件中。由此可以看出，简易程序扩展到审判前阶段已经在立法上得到回应。但是，目前刑事审查起诉阶段的简易程序仅仅局限在审查起诉期限的规定内，对于轻微刑事案件的审查起诉过程的简化，在刑事诉讼的立法中并没有得到体现，因此，刑事审查检察起诉简易程序的立法还需要进一步研究。此外，对于侦查阶段的轻微刑事案件如何简化侦查环节，提高轻微刑事案件的侦查效能和诉讼效率，目前在立法上基本属于空白，仍然需要不断研究和完善。

七、简易程序中的权利保护。简易程序的突出问题就是可能因程序简化而损害当事人的诉讼权利。笔者收集的被告人问卷调查结果显示，被调查的被告人绝大多数对律师辩护或法律帮助表示基本满意。从法官、检察官和律师群体的调查看，他们普遍认为简易程序基本上保障了被告人的诉讼权利。从这个意义上说，简易程序本身的立法和实践并不因程序简化而失去存在的正当性。在目前司法实践中，法律援助值班律师对被告人提供的法律服务是否可以满足被告人的辩护需要，从调查问卷的情况看，这方面的问题也并不突出。但是，在经济欠发达地区，被告人获得法律援助律师提供法律服务的权利仍然面临实际的困难。2020年8

月"两高三部"下发的《法律援助值班律师工作办法》对值班律师工作作了全面系统的规定，对于保障刑事案件中犯罪嫌疑人、被告人的诉讼权利，特别是获得有效法律帮助的权利，具有非常积极的作用。但是，对于简易程序中律师的有效法律帮助问题，特别是对于认罪认罚从宽案件中律师有效辩护的标准和操作指引，仍然亟待研究和立法完善。

八、简易程序的庭审问题。我国刑事诉讼中的简易程序主要局限在审判阶段，其本质就是简化的审判程序。从简易程序的历次立法改革内容看，这种简化版的审判程序在诉讼构造上，虽然在案件具体审理方式上作了不少简化，但仍然保留了普通程序审理案件的基本构造，也即仍然保留了控辩审三种相互制约的诉讼职能。2018年修正的《刑事诉讼法》确立的速裁程序在诉讼构造上仍然保留了简易程序和普通程序的诉讼形态，并未在诉讼构造上发生本质的变化。由于我国长期奉行国家职权主义诉讼传统，在案件审理结构上强调以审判为中心的诉讼制度，对于案件事实和证据的裁判突出法庭的实质性审理的功能，无论简易程序如何改革，在庭审上仍然需要坚守职权主义的诉讼构造。由此看来，简易程序审理方式进一步简化的空间相当有限。就简易程序中的独任审判而言，目前的简化审理程序基本上是适用的。但是，对于可能判处有期徒刑超过3年的案件，适用简易程序应当组成合议庭进行审判，而对于组成合议庭审判的案件，在具体审理程序上是否应当有别于审判员一人的独任审判，立法上没有作出区别性规定。理论上，如果合议庭人员组成发生变化，庭审的方式也应当发生变化，如果仅仅有庭审人员的变化，而无审理方式的变化，就无法凸显对这类案件当事人权利保护的重视程度。原则上，对于可能判处3年以上有期徒刑的案件，在简易程序的案件审理方式方面，还应加强对案件事实的实质性审理以突出在简易程序中的证据裁判功能，具体操作方式有待未来立法加以完善。

除了以上问题，本书还对简易程序中被害人权利保障、简易程序案件的抗诉、法庭集中审理等问题进行了研究。在轻罪案件治理的背景下，如何构建高效多元的刑事轻罪案件快速处理程序，是新一轮刑事诉讼立法修改的重要内容。基于建立规范化简易程序，笔者对简易程序的相关规范改革也提出了初步的构想。

本书的出版得到了教育部专项课题经费的资助和中国人民公安大学出版社的大力支持。在写作过程中，我们还得到了最高人民法院何东青法官的鼎力相助。在此一并表示衷心的感谢！

本书写作分工如下：李本森撰写前言、第三章、第四章、第五章，郭泉撰写第一章，王绍佳撰写第二章，李庚强撰写第六章，李红霖撰写第七章，郭锴撰写第八章，朱敏敏撰写第九章，杨梦峰撰写第十章。

由于著者水平有限，书中难免有疏漏和不妥之处，敬请读者批评、指正。

李本森

2024 年 3 月

目　录

第一章
刑事简易程序的立法历程和理论基础

第一节　刑事简易程序的立法嬗变

20 世纪 90 年代以来，伴随着我国改革开放和市场经济建设的步伐，刑事案件数量也呈井喷态势。由于我国当时仍处于法治建设的起步阶段，司法资源相对匮乏，在刑事案件不断攀升和司法投入相对有限的双重压力下，探索简单刑事案件快速审理机制成为立法的重要任务之一。通过对世界主要法治国家刑事司法发展历程的比较分析，探索对事实清晰、案情简易的轻微刑事案件和被告人认罪案件在刑事诉讼流程中的提速办理，成为破解困局的不二选择。在此背景下，我国在 1996 年、2012 年、2018 年三次对《刑事诉讼法》[1] 修订时相应修改了快速审理程序的相关条款，以期实现"公正为本、兼顾效率"的刑事诉讼理念。

一、立法突破：1996 年《刑事诉讼法》修订及相关规定

1996 年 3 月 17 日第八届全国人民代表大会第四次会议审议通过的《刑事诉讼法修正案（草案）》，是自 1979 年《刑事诉讼法》正式颁布近 20 年后进行的首次修订。此次修订契合我国当时经济发展和法治建设的实际情况，符合刑事诉讼程序运行的科学规律，在借鉴域外法治国家科学立法经验的基础上加强了人权保障、提升了诉讼效率，"可谓我国民主法制建设中的重要里程碑"[2]。此次修法，除了对庭审方式和辩护制度作出重大调整外，"第三编　审判""第二章　第一审程序"中新增的"第三节　简易程序"也成为亮点之一。只是彼时我国法治进程尚不完善，被告人权利保障相对羸弱，学者们更多聚焦于控辩

---

[1]　《刑事诉讼法》于 1979 年 7 月 1 日第五届全国人民代表大会第二次会议通过，于 1996 年 3 月 17 日第八届全国人民代表大会第四次会议第一次修正，于 2012 年 3 月 14 日第十一届全国人民代表大会第五次会议第二次修正，于 2018 年 10 月 26 日第十三届全国人民代表大会常务委员会第六次会议第三次修正。为行文方便，本书简称 1996 年《刑事诉讼法》、2012 年《刑事诉讼法》、2018 年《刑事诉讼法》。

[2]　樊崇义：《刑诉法修改：中国律师的渴望》，载《中国律师》1996 年第 3 期。

对抗等庭审方式的转变，对于简易程序条款缺乏足够的关注。站在历史视角回眸，1996 年简易程序入法将我国刑事诉讼程序正式划分为普通程序和简易程序的二级审理程序。随后于 2003 年 3 月 14 日发布的《最高人民法院、最高人民检察院、司法部关于适用普通程序审理"被告人认罪案件"的若干意见（试行）》（以下简称《简化审意见》）又进一步从普通程序中划分出了普通程序简化审，最终形成了我国刑事诉讼三级审理程序的雏形。

（一）划定了简易程序的适用范围

1. 适用的案件范围

1996 年《刑事诉讼法》第 174 条规定："人民法院对于下列案件，可以适用简易程序，由审判员一人独任审判：（一）对依法可能判处三年以下有期徒刑、拘役、管制、单处罚金的公诉案件，事实清楚、证据充分，人民检察院建议或者同意适用简易程序的；（二）告诉才处理的案件；（三）被害人起诉的有证据证明的轻微刑事案件。"此条款列于"简易程序"一节第一条，规定了简易程序适用的案件范围、适用条件和审判组织。根据该条规定，简易程序主要适用于可能判处 3 年以下有期徒刑、拘役、管制、单处罚金的公诉案件，以及除"被害人有证据证明对被告人侵犯自己人身、财产权利的行为应当依法追究刑事责任，而公安机关或者人民检察院不予追究被告人刑事责任的案件"[①] 以外的自诉案件。换言之，简易程序主要适用于比较轻微且犯罪事实清楚、证据充分的公诉案件和自诉案件，但对于被告人是否认罪，以及共同犯罪中同案人员对于适用简易程序态度不一的情况规定阙如。

最高人民法院于 1998 年 9 月 2 日发布的《关于执行〈中华人民共和国刑事诉讼法〉若干问题的解释》（以下简称 1998 年《刑诉法解释》）第 222 条规定："人民法院审理具有以下情形之一的案件，不应当适用简易程序：（一）公诉案件的被告人对于起诉指控的犯罪事实予以否认的；（二）比较复杂的共同犯罪案件；（三）被告人是盲、聋、哑人的；（四）辩护人作无罪辩护的；（五）其他不宜适用简易程序的。"最高人民检察院于 1999 年 1 月 18 日发布的《人民检察院刑事诉讼规则》（以下简称 1999 年《刑事诉讼规则》）第 312 条规定："具有下列情形之一的，人民检察院应当不建议或者不同意适用简易程序：（一）依法可能判处三年以上有期徒刑的；（二）对于案件事实、证据存在较大争议的；（三）比较复杂的共同犯罪案件；（四）被告人是否犯罪、犯有何罪存在争议的；（五）被告人要求适用普通程序的；（六）被告人是盲、聋、哑人的；（七）辩护人作无罪辩护的；（八）其他不宜适用简易程序的。"根据最高人民法院、最高人民检察院（以下简称"两院"）先后颁布的 1998 年《刑

---

① 1996 年《刑事诉讼法》第 170 条第 3 款。

诉法解释》和 1999 年《刑事诉讼规则》，简易程序对于公诉案件的适用范围基本被限定于被告人对于是否犯罪、犯有何罪予以承认的单独犯罪，以及案情比较清晰、不复杂的共同犯罪。

最高人民法院、最高人民检察院、司法部（以下简称"两院一部"）于2003 年 3 月 14 日发布的《关于适用简易程序审理公诉案件的若干意见》（以下简称《简易程序意见》）第 1 条规定："对于同时具有下列情形的公诉案件，可以适用简易程序审理：（一）事实清楚、证据充分；（二）被告人及辩护人对所指控的基本犯罪事实没有异议；（三）依法可能判处三年以下有期徒刑、拘役、管制或者单处罚金。"其中"被告人及辩护人对所指控的基本犯罪事实没有异议"可以理解为被告人及辩护人认可犯罪的主要事实，对定罪、量刑不产生实质影响的一般事实持有异议不含在列，这在理论上扩大了简易程序适用案件的范围。《简易程序意见》第 2 条规定，"比较复杂的共同犯罪案件"不适用简易程序审理。相对于单独犯罪，复杂的共同犯罪由于犯罪行为人多，行为人之间事先或事中需要形成共同犯意的通谋，并且往往由主犯、从犯、胁从犯、教唆犯形成复杂的组织构架，同时，犯罪行为通常由不同行为主体分工完成，行为之间交叉盘杂，证据量大，简易程序很难在较短的审限内对此类案件中庞杂的证据进行充分调查，进而影响对共同犯罪行为人罪责的准确划分。所以，不论被告人是否同意适用简易程序，法律都将该类案件排除于适用范围之外。《最高人民检察院关于进一步加强公诉工作的决定》第 8 条将保障被告人合法权益作为"努力提高执法水平，强化公诉业务工作"的要求之一，将被告人同意作为适用简易程序的前提条件。

据此，根据 1996 年《刑事诉讼法》及相关司法解释，简易程序适用的案件范围由客观要件、主观要件组成的公诉案件和部分自诉案件构成。客观要件包括刑罚要件和事实要件，主观要件指被告人对于适用简易程序的意思表示。申言之，刑罚要件包括可能判处 3 年以下有期徒刑、拘役、管制、单处罚金；事实要件包括符合刑罚要件的单独犯罪案件和简单的共同犯罪案件；主观要件包括被告人对定罪量刑的主要案件事实未予否认以及同意适用简易程序；部分自诉案件指除"被害人有证据证明对被告人侵犯自己人身、财产权利的行为应当依法追究刑事责任，而公安机关或者人民检察院不予追究被告人刑事责任的案件"以外的自诉案件。需要特别说明的是，虽然在先后颁布的《最高人民法院关于审理未成年人刑事案件的若干规定》《人民检察院办理未成年人刑事案件的规定》中列有简易程序相关条款，但内容较之前相关规定并未变更，并未体现未成年人刑事案件适用简易程序的特殊性。虽然以上两个规定明确要求应当通知法定代理人、辩护人出庭，但并未指明法定代理人、辩护人对适用简易程序提出异议时的处理方式。

"为提高刑事案件审理的质量和效率",两院一部于 2003 年 3 月 14 日联合发布了《简化审意见》,内容为被告人认可基本犯罪事实并自愿认罪的第一审公诉案件的审理规范,即普通案件简化审程序(以下简称"简化审程序")。《简化审意见》第 2 条规定,下列案件不适用本意见审理:(1)被告人系盲、聋、哑人的;(2)可能判处死刑的;(3)外国人犯罪的;(4)有重大社会影响的……

首先,根据《简化审意见》的规定,可能判处死刑的案件不适用简化审程序。1996 年《刑事诉讼法》第 34 条第 2 款、第 3 款规定:"被告人是盲、聋、哑或者未成年人而没有委托辩护人的,人民法院应当指定承担法律援助义务的律师为其提供辩护。被告人可能被判处死刑而没有委托辩护人的,人民法院应当指定承担法律援助义务的律师为其提供辩护。"上述规定,一方面体现出国家对于保障盲、聋、哑特殊犯罪人群辩护权利的重视,将其纳入强制法律援助对象范围;同时,为了该类人群享有充分的程序参与权利,规定其不适用简易程序,体现出对于此类人群的特殊关照。另一方面,我国刑事法律长期以来贯彻的"少杀慎杀"死刑政策,也要求充分保障死刑案件被告人的辩护权利。此外,简化审程序并未排除适用可能判处无期徒刑的普通刑事案件。根据 1996 年《刑事诉讼法》第 20 条的规定,"中级人民法院管辖下列第一审刑事案件……可能判处无期徒刑、死刑的普通刑事案件……",理论上中级人民法院审理的第一审刑事案件也可能适用简化审程序。

其次,简化审程序不适用外国人犯罪案件。外国人犯罪通常较为敏感,加之某些外交人员可能实质上拥有在华外交豁免权等相关权利,对于此类犯罪的审理过于简化有可能引发难以预估的外交风波和负面的国际影响,因此不适用简化审程序。而且外国人犯罪审理涉及很多中间环节,如聘请翻译、通过驻华使(领)馆等,客观上不具备适用简易程序的条件。

最后,具有重大社会影响的案件不应适用简化审程序。具有重大社会影响的案件通常包括犯罪手段或危害后果较为恶劣的案件,以及社会关注度高、社会反响强烈的案件。一方面,对于此类案件应当通过完整的庭审程序对证据进行充分调查,通过控辩双方的辩论结果捋清案件事实,以便达到正确处理的效果;另一方面,对于社会各界和普罗大众关切程度较高的案件,适用普通程序进行审理,充分保障辩方的各项权利,有利于树立良好的司法效果和迎合公众的法治期待,起到"法制教育"的效果。① 据此,普通案件简化审程序适用案件范围的客观要件包括最高可能判处无期徒刑的案件,主观要件指要求被告人同意适用该程序进行审理。

① 宋英辉:《我国刑事简易程序的重大改革》,载《中国刑事法杂志》2012 年第 7 期。

2. 适用条件

我国 1996 年《刑事诉讼法》要求移送审查起诉、起诉和定罪均须达到"事实清楚，证据确实、充分"的证明标准。其中，"事实清楚"要求与案件相关的定罪、量刑事实均已查实；"证据确实"要求据以定罪、量刑的证据具有客观真实性，可以理解为证据具有证据能力；"证据充分"要求证据的证明力达到足以证明待证事实的程度，证据之间能够相互印证并形成完整的证据链。① 按照证明逻辑，只有"证据确实、充分"，才能说案件"事实清楚"，前者是后者的必要条件。相较之下，不难发现，根据 1996 年《刑事诉讼法》及相关司法解释，简易程序适用标准为"事实清楚、证据充分"，保留了证明力标准和证明结果，省略了证据能力标准。究其原因，简易程序适用的目的是利用相同的司法资源处理更多的案件，要求庭审过程中对法庭调查和法庭辩论程序极大简化，如果将事实不清的案件流入此类程序之中，极有可能造成冤假错案，或者引发程序回转造成司法资源反噬。但简易程序适用标准又在定罪、量刑标准方面有所区分，因为证据的证据能力尚有待庭审程序的检验。由起诉机关判断证据在数量上是否足以证明案件事实，审判机关负责对证据的质量把关，符合司法实践逻辑，如涉及证据能力的非法证据排除基本是在庭审阶段完成。

《简易程序意见》第 2 条规定了除共同犯罪外的其他三种不适用简易程序审理的情况："……（二）被告人、辩护人作无罪辩护的；（三）被告人系盲、聋、哑人的；（四）其他不宜适用简易程序审理的情形。"首先，简易程序不适用辩方作无罪辩护的案件。上文提到，简易程序适用案件范围包括被告人认可案件主要事实以及同意适用简易程序的案件，这同样可以理解为适用简易程序的积极条件。被告人或辩护人作无罪辩护则可理解为消极条件。此处不需要被告人和辩护人同时进行无罪辩护，只要两者其一提出无罪辩护的主张即可。例如，被告人认罪并且同意适用简易程序，其辩护律师却决定进行无罪辩护，同样不允许适用简易程序，此时只能通过普通程序对案件事实予以查清。

相比之下，适用简化审程序的积极标准为"被告人对指控的基本犯罪事实无异议"。适用简化审程序的标准由被告人认可基本犯罪事实和自愿认罪组成，前者与构成简易程序适用案件的主观要件含义相同，后者则在此基础上要求被告人不仅认可起诉的主要案件事实，而且对于案件事实构成犯罪不持异议，在案件事实符合刑法意义上的犯罪构成要件问题上与检察机关达成一致意见。换言之，被告人如果仅仅认可案件事实，但不认为案件事实的主观动机、行为方式、行为后果等方面与犯罪构成要件完全相符，即不认为构成犯罪，便不能适用简化审程序，同样更不能适用简易程序。在被告人犯数罪的案件中，对于其

---

① 龙宗智：《我国刑事诉讼的证明标准》，载《法学研究》1996 年第 6 期。

中认罪的部分，庭审阶段可以适用简化审，这与共同犯罪中某些被告人不认罪的情形相区别。

消极标准区分为两种情况，均规定在《简化审意见》第2条。一是"被告人认罪但经审查认为可能不构成犯罪的"。被告人认罪并不代表一定构成犯罪。被告人认罪需要以自愿为前提，非自愿的认罪无益于发现实体真相，更有损于法治进程。1996年《刑事诉讼法》第46条规定："对一切案件的判处都要重证据，重调查研究，不轻信口供。只有被告人供述，没有其他证据的，不能认定被告人有罪和处以刑罚……"即便被告人作出有罪供述，也需要有充分的证据作为保障。因此，适用简化审程序应当以具备充分的事实基础为前提，对可能不构成犯罪的案件，即便被告人认罪也不应适用。二是"共同犯罪案件中，有的被告人不认罪或者不同意适用本意见审理的"。被告人认罪构成适用简化审的积极标准，则对共同犯罪中不认罪的被告人不能适用简化审程序；被告人不认罪意味着案件事实或法律适用尚存争议，适用普通程序有利于保障这部分被告人的程序权利；由于同案犯间的犯罪事实通常存在关联，不同行为主体对于是否认罪的主观判断有所差别，统一适用普通程序有利于保障被告人的诉讼权利和促进实体真相的发现。共同犯罪案件庭审程序通常统一进行，对于认罪的被告人单独进行庭审并不现实，反而会增加庭审负担、浪费司法资源，这违背了简化审程序的诉讼经济目标。

（二）设置了简易程序的审理模式

1. 启动模式

1998年《刑诉法解释》第217条规定："……人民法院经审查认为符合刑事诉讼法第一百七十四条第（一）项规定的，可以适用简易程序；认为依法不应当适用简易程序的，应当书面通知人民检察院……"第218条规定："对于公诉案件，人民检察院移送起诉时没有建议适用简易程序，人民法院经审查认为符合刑事诉讼法第一百七十四条第（一）项规定，拟适用简易程序审理的，应当书面征求人民检察院的意见……"1999年《刑事诉讼规则》第307条规定："……经检察长决定，适用简易程序的，应当向人民法院提出建议。"第309条规定："人民检察院和人民法院有一方认为不宜适用简易程序的，应当适用普通程序。"首先，检察院具有建议启动简易程序的职权，法院也可自行依职权启动。案件适用简易程序要求达到"事实清楚、证据充分"的标准，这个标准作为适用简易程序的前提而非结果，即是否达标需要在法院审判之前作出判断。检察院通过审查起诉能够作出判断并形成是否建议的决定，法院对于简单刑事案件也有可能仅仅根据"证据目录、证人名单和主要证据复印件或者照片"而形成是否适用的判断。其次，法院、检察院均不具备独立决定启动简易程序的职权，但具有对另一方启动表示的否决权，即简易程序需要法院、检察院双重同意方可启动。由于简易程序对法庭调查、法庭辩论环节的缩减，对被告人辩护权利产生重要影响，控、辩、审任何一方产生异议时均不应当适用简易程序。最后，案件符合适用简易程序审理条件时，检察院具有强制建议启动的义务，法院则无相应义务。在 1996 年《刑事诉讼法》中，检察院是唯一能够在庭审前完整接触案卷材料的机关（其中包括侦查机关移送和检察机关自行侦获的证据材料），最早形成是否适用简易程序的判断。法律赋予检察机关强制建议启动程序的义务，一方面是为了提高司法效率，避免简易程序在司法实践中沦为摆设；另一方面，因为被告人并无建议启动的权利，法院也很难通过庭审前有限的证据材料作出判断。

《简化审意见》第 3 条规定："人民检察院认为符合适用本意见审理的案件，可以在提起公诉时书面建议人民法院适用本意见审理。对于人民检察院没有建议适用本意见审理的公诉案件，人民法院经审查认为可以适用本意见审理的，应当征求人民检察院、被告人及辩护人的意见。人民检察院、被告人及辩护人同意的，适用本意见审理。"简化审程序在启动模式方面与简易程序基本相同，法院、检察院具有启动权和否决权，被告人也具有否决权。区别在于检察院并无强制建议启动的义务，这源于简化审程序适用于上至可能判处无期徒刑的案件，适用范围较广，其中有些案件刑期较重，为充分保障被告人权利、查清案件事实，不宜适用简化审程序。相比于法院，检察机关并不具备较强的量刑预判能力，要求其承担通过审查起诉将适宜采取简化审程序的案件筛选出来并提出建议的义务，司法实践中较难实现。

2. 审判组织

1996 年《刑事诉讼法》第 174 条规定："人民法院对于下列案件，可以适用简易程序，由审判员一人独任审判……"我国审判组织分为独任审和合议审两种方式。独任审是由审判员一人独任审判，主要适用于案件事实清晰的简单案件。在 1996 年《刑事诉讼法》中，独任审仅适用于简易程序。合议审是由审判员或审判员与人民陪审员组成合议庭进行审理的方式，由三人、五人、七人等奇数人员组成。基层法院一审案件采用三人合议庭审理的方式。简易程序适用的案件均属于事实清楚、情节轻微、法律关系明晰的简单刑事案件，独任审判便能够保障形成公正判决，并且增加单位审判员审理案件数量，符合诉讼经济要求。按照法律规定，独任审只适用于简易程序，简化审应当采取合议庭的审理方式。

3. 公诉人、辩护人可以不出庭

1996 年《刑事诉讼法》第 175 条规定："适用简易程序审理公诉案件，人民检察院可以不派员出席法庭。……"1999 年《刑事诉讼规则》第 310 条规定："适用简易程序，人民检察院可以不派员出席法庭。"《简易程序意见》第 6

条规定:"适用简易程序审理公诉案件,除人民检察院监督公安机关立案侦查的案件,以及其他人民检察院认为有必要派员出庭的案件外,人民检察院可以不派员出庭。"简易程序案件中公诉人不出庭支持公诉,宣读起诉书、讯问被告人、询问证人或鉴定人、出示证据、进行质证、法庭辩论、宣读量刑建议等公诉职能将由法官代替履行。庭审时法官集控诉、审判职能于一身,加之独任庭的审判组织,最终审判员将独自完成庭审和定罪、量刑,使庭审过程呈现出浓厚的纠问式色彩。同时,1998 年《刑诉法解释》第 226 条规定:"适用简易程序审理的案件,被告人委托辩护人的,辩护人可以不出庭,但应当在开庭审判前将书面辩护意见送交人民法院。"公诉人不出庭支持公诉已经打破控、辩、审三方形成的庭审构造,法官身兼两职可能造成的控方代入感对于法官中立原则和控辩平衡将产生不良影响。如果辩护人不出庭辩护,由被告人直接与法官进行庭审"交锋",被告人的辩护权难以有效实现。缺乏检察机关和辩护人外部监督的简化庭审流程,不利于程序公正。检察机关只允许在简易程序中不派员出庭,简化审程序中应当派员出庭支持公诉。

4. 随案移送全案卷宗和证据材料

1996 年《刑事诉讼法》第 150 条规定:"人民法院对提起公诉的案件进行审查后,对于起诉书中有明确的指控犯罪事实并且附有证据目录、证人名单和主要证据复印件或者照片的,应当决定开庭审判。"1996 年《刑事诉讼法》规定检察机关提起公诉时仅需移送"证据目录、证人名单和主要证据复印件或者照片",而非全部案卷材料,此举能够割断控诉和审判环节间的联系,有利于避免法官庭审前通过阅卷过早形成内心确认而导致的庭审程序形式化,有利于进一步贯彻直接言词原则和证据裁判原则,增加庭审的实质化效果。与此同时,1998 年《刑诉法解释》第 217 条规定:"基层人民法院受理的公诉案件,人民检察院在起诉时书面建议适用简易程序的,应当随案移送全案卷宗和证据材料。……"1999 年《刑事诉讼规则》第 311 条规定:"人民检察院对于建议或者同意适用简易程序审理的公诉案件,应当向人民法院移送全部案卷和证据材料。"对于简易程序审理的案件,由于被告人认罪且同意适用简易程序,控辩双方对于案件主要事实不存在争议,庭审时的对抗基础不复存在,起诉时移送全案证据材料不会损害庭审效果。由于诸多环节的简化,以及大部分案件中公诉人和辩护人不出庭,案件事实很难仅通过庭审程序予以查明,法院庭审前通过阅卷掌握案件信息,对于判断案件是否具有足够的事实基础、是否具备简易程序审理条件必不可少。《简化审意见》中虽然没有明确要求检察机关起诉时移送全部案卷,但第 6 条规定:"对于决定适用本意见审理的案件,人民法院在开庭前可以阅卷。"这实质上表明,公诉机关建议适用简化审程序时需要移送全部案卷,以便人民法院阅卷。

5. 确立了附条件的辩论原则

1996 年《刑事诉讼法》第 175 条规定："……被告人可以就起诉书指控的犯罪进行陈述和辩护。人民检察院派员出席法庭的，经审判人员许可，被告人及其辩护人可以同公诉人互相辩论。"第 176 条规定："适用简易程序审理自诉案件，宣读起诉书后，经审判人员许可，被告人及其辩护人可以同自诉人及其诉讼代理人互相辩论。"以上两条即为简易程序中的互相辩护原则。对于公诉人员出庭的案件，由于法庭调查和法庭辩论等环节的简化，控辩双方可以集中针对"证据和案件相关情况"进行辩论。如果控辩双方对定罪、量刑产生重要影响的关键证据分歧较大，也可以专门针对该项证据发表意见。对于公诉人员未出庭的案件，控辩双方无法进行辩论，辩方仅允许在庭审结束前陈述意见。如果辩方对于重要证据提出异议，并且该证据对审理结果产生重大影响的，如被告人当庭翻供等符合 1998 年《刑诉法解释》第 229 条规定的情形的，将触发程序回转的条件，法官应当"中止审理，并按照公诉案件或者自诉案件的第一审普通程序重新审理"。所以，简易程序中的辩论原则是附条件的，条件即为公诉人需要出庭支持公诉。1998 年《刑诉法解释》第 202 条第 1 款规定："自诉人经两次依法传唤，无正当理由拒不到庭的，或者未经法庭准许中途退庭的，人民法院应当决定按自诉人撤诉处理。"自诉案件由于自诉人必须出庭，否则案件会按照撤诉处理，所以辩论原则能够得到较好落实。相对而言，简化审由于公诉人员必须出庭，辩论原则能够得到较好的呈现，辩论重点主要围绕确定罪名、量刑及其他有争议的问题进行。

6. 庭审过程简化

庭审过程简化是简化程序应有之义。1996 年《刑事诉讼法》第 177 条规定："适用简易程序审理案件，不受本章第一节关于讯问被告人、询问证人、鉴定人、出示证据、法庭辩论程序规定的限制。但在判决宣告前应当听取被告人的最后陈述意见。"《简易程序意见》第 7 条第 2 款规定："独任审判员应当讯问被告人对起诉书的意见，是否自愿认罪，并告知有关法律规定及可能导致的法律后果；被告人及其辩护人可以就起诉书指控的犯罪进行辩护。"最高人民法院、最高人民检察院、公安部、国家安全部、司法部（以下简称"两院三部"）于 2010 年 9 月 13 日发布的《关于规范量刑程序若干问题的意见（试行）》第 7 条规定："适用简易程序审理的案件，在确定被告人对起诉书指控的犯罪事实和罪名没有异议，自愿认罪且知悉认罪的法律后果后，法庭审理可以直接围绕量刑问题进行。"适用简易程序审理的案件，定罪环节的法庭调查和法庭辩论等环节可以适当简化，对于没有争议的证据和事实可以简化甚至略过，但被告人最后陈述的权利仍应保留，保有被告人适度的辩护权是程序简化的底线。同时，法官应当在开庭前履行审查和释明义务，确认被告人系自愿认罪，并且告知其认罪可能导致的法律后果。

简易程序通过"控制两端，简化中间"的方式达到简化庭审流程实现程序正当。"控制两端"指庭审初期确认被告人认罪的自愿性和明知性，末期保障被告人最后陈述的权利；"简化中间"指庭审过程中的相关环节可予以简化。在被告人认罪的自愿性和明知性得到保障的前提下，案件主要事实并无分歧，没有必要再进行翔实的庭审流程。被告人具有最后陈述的权利，意味着虽然庭审过程中的辩护权利遭到减损，但有机会在庭审结束前发表自己的观点。1996年《刑事诉讼法》第151条规定："人民法院决定开庭审判后，应当进行下列工作：……（二）将人民检察院的起诉书副本至迟在开庭十日以前送达被告人……"1998年《刑诉法解释》第223条规定："人民法院决定适用简易程序审理案件，应当在向被告人送达起诉书副本的同时，告知该案适用简易程序审理。适用简易程序审理的案件，送达起诉书至开庭审判的时间，不受刑事诉讼法第一百五十一条第（二）项规定的限制。"上述条款目的是保障辩方具有充足时间进行答辩准备，但对于双方无争议的简易程序适用案件，为尽可能提升诉讼效率，送达环节也相应进行了简化。审理期限方面，1996年《刑事诉讼法》第178条规定："适用简易程序审理案件，人民法院应当在受理后二十日以内审结。"《简易程序意见》第8条规定："对于适用简易程序审理的公诉案件，人民法院一般当庭宣判，并在五日内将判决书送达被告人和提起公诉的人民检察院。"

《简化审意见》第7条规定："对适用本意见开庭审理的案件，合议庭应当在公诉人宣读起诉书后，询问被告人对被指控的犯罪事实及罪名的意见，核实其是否自愿认罪和同意适用本意见进行审理，是否知悉认罪可能导致的法律后果。对于被告人自愿认罪并同意适用本意见进行审理的，可以对具体审理方式作如下简化：（一）被告人可以不再就起诉书指控的犯罪事实进行供述。（二）公诉人、辩护人、审判人员对被告人的讯问、发问可以简化或者省略。（三）控辩双方对无异议的证据，可以仅就证据的名称及所证明的事项作出说明。合议庭经确认公诉人、被告人、辩护人无异议的，可以当庭予以认证。对于合议庭认为有必要调查核实的证据，控辩双方有异议的证据，或者控方、辩方要求出示、宣读的证据，应当出示、宣读，并进行质证。（四）控辩双方主要围绕确定罪名、量刑及其他有争议的问题进行辩论。"相对于简易程序，简化审程序的庭审过程较为完整，除了讯问被告人环节可以附条件地省略外，其他环节可以简化但仍应保留。法庭调查环节可以直接对双方不持异议的证据进行认证，但对于其他证据仍需进行质证。法庭辩论可以针对重点问题集中进行，虽然条文中规定了"罪名、量刑及其他有争议的问题"，但由于被告人已经认罪，案件的定性问题没有争议，司法实践中控辩双方主要围绕量刑问题展开辩论，因而"有争议的问题"主要指向了量刑因素，如是否认定自首、坦白、立功等情节。简化审程序对于庭审过程的"两端"控制同样十分重要，与上文简易程序的原因相同，此处不再赘述。

（三）评析

总体而言，1996 年《刑事诉讼法》首次确立了简易程序和简化审程序，相关法律规定较为原则，但条文间初步形成了具备一定合理性和可操作性的较为系统和成熟的法律结构，为未来进一步完善简易类程序奠定了良好基础。不可否认的是，由于当时立法技术和法治理念相对落后，条文中不可避免地存在以下问题：

首先，共同犯罪案件的适用问题。《简易程序意见》规定"比较复杂的共同犯罪案件"不适用简易程序审理，而《简化审意见》则规定同案犯不认罪或不同意适用简化审程序的共同犯罪案件不适用，这意味着同案犯均认罪并且同意适用简化审程序的共同犯罪案件均可适用简化审程序，即使共同犯罪"比较复杂"。这在理论上可能造成比较复杂的共同犯罪案件适用简化审程序但不适用简易程序的悖反现象，导致司法实践中两类程序适用混乱。简化审程序相较于简易程序对被告人的权利保障更加完善，更加复杂的案件理应适用更加完善的审理程序，否则有悖于"繁者更繁、简者更简"的诉讼理念。

其次，《简化审意见》第 8 条规定："适用本意见审理案件，应当严格执行刑事诉讼法规定的基本原则和程序，做到事实清楚、证据确实充分，切实保障被告人的诉讼权利。"从文体上看，《简化审意见》总共 12 条，第 8 条位于接近尾部的位置，在规定审理程序的第 7 条之后、规定审理结果的第 10 条之前，结合上下文关系，将其中的"事实清楚、证据确实充分"理解为案件定罪、量刑的标准较为恰当，并且该标准与 1996 年《刑事诉讼法》定案标准相吻合。按照此般理解，简易程序的适用条件包括被告人认罪和"事实清楚、证据充分"，而简化审程序的适用条件却仅仅是被告人认罪，比简易程序适用的范围更广。被告人认罪仅仅表明侦查机关掌握了有罪供述，并非等同于证据充分，更无法表明事实清楚。如果仅靠被告人认罪便可以启动简化审程序，极易诱发控诉机关对于口供的依赖，并且导致其对事实不清楚或证据不充分的被告人认罪案件的审理程序进行不恰当的简化，损害被告人的辩护权利，也不利于发现实体真相。

再次，1998 年《刑诉法解释》、1999 年《刑事诉讼规则》、《简化审意见》规定盲、聋、哑人犯罪案件不适用简易程序和简化审程序，"表面上是保护残障人的特殊权利，实际上可能对残障人的诉权产生反向歧视"①。如果确实具备简化审理条件的，不应当限制这类被告人适用能够令他们早日摆脱讼累、获得从

---

① 李本森：《刑事速裁程序的司法再造》，载《中国刑事法杂志》2016 年第 5 期。

宽处罚的程序。而且 1996 年《刑事诉讼法》已经将这类特殊人群纳入强制法律援助对象范围，如果有律师提供有效辩护作为保障，应当赋予他们适用这类快速处理程序的权利。

复次，1996 年《刑事诉讼法》及相关司法解释并未赋予被告人启动简易程序的权利。如果法院和检察机关没有提出适用简易程序的建议，理论上被告人便无法建议启动。此外，检察院如果没有提出适用简易程序的建议，便不需要移送全部案卷材料，要求法院仅凭"证据目录、证人名单和主要证据复印件或者照片"判断案件是否符合简易程序适用要求有些强人所难。同时，检察院提起公诉时未建议适用简易程序的做法客观上已经表明了态度，即使法院作出了准确判断并要求适用，也大概率会得到否定答复。因此，简易程序的决定权实质上掌握在检察院手中，法院和被告人均不享有突破的能力。

最后，简易程序允许公诉人不出庭将导致互相辩论原则名存实亡，引发诉讼职能紊乱，损害被告人辩护权利，也不利于法律监督。公诉人员不出庭支持公诉，其宣读起诉书、讯问被告人、询问证人或鉴定人、出示证据、进行质证、法庭辩论、宣读量刑建议等控诉职能将由法官承担，届时控、辩、审三方构造将异化为兼具控审职能的法院与被追诉方的二元结构，此举将造成控审诉讼职能的混乱，进一步加剧控辩力量对比的悬殊，无益于平等对抗。此举虽有可能提升诉讼效率，却严重忽视诉讼构造和基本诉讼职能的发挥。这不仅严重违背了诉讼规律，① 同时将导致辩方无法与控方展开辩论，严重损害了辩方辩护权的实现。公诉人员不出庭无法对庭审程序进行监督。针对此现象，2008 年 10 月 26 日发布的《最高人民检察院关于加强刑事审判法律监督工作维护司法公正情况的报告》指出，目前对于简易程序的监督比较薄弱，下一步要"完善简易程序监督制度"，将对简易程序的法律监督工作纳入"深化司法改革，进一步完善刑事审判法律监督工作机制"整体部署当中。

二、重大推进：2012 年《刑事诉讼法》修订及相关规定

如果 1996 年《刑事诉讼法》将简易程序正式纳入法律适用范围作为简易程序的立法突破，那么 2012 年《刑事诉讼法》将简易程序与简化审程序合并，扩容了简易程序的适用范围，进一步完善了程序构架，对于简易程序的司法实践起到了重大推进作用。

（一）细化了简易程序的适用范围

1. 整合了简易程序和简化审程序适用的案件范围

2012 年《刑事诉讼法》第 208 条第 1 款规定："基层人民法院管辖的案件，

---

① 樊崇义、艾静：《简易程序新规定的理解与适用》，载《国家检察官学报》2012 年第 3 期。

符合下列条件的，可以适用简易程序审判：（一）案件事实清楚、证据充分的；（二）被告人承认自己所犯罪行，对指控的犯罪事实没有异议的；（三）被告人对适用简易程序没有异议的。"该条将《简化审意见》中简化审程序适用的大部分案件划入了简易程序适用案件范围，将两者进行了有效融合。第 210 条第 1 款规定："适用简易程序审理案件，对可能判处三年有期徒刑以下刑罚的，可以组成合议庭进行审判，也可以由审判员一人独任审判；对可能判处的有期徒刑超过三年的，应当组成合议庭进行审判。"第 20 条规定："中级人民法院管辖下列第一审刑事案件：（一）危害国家安全、恐怖活动案件；（二）可能判处无期徒刑、死刑的案件。"根据上述条款，简易程序适用案件范围的构成要件较 2012 年《刑事诉讼法》修订前进行了较大调整，不再局限于可能判处 3 年以下有期徒刑、拘役、管制、单处罚金的公诉案件，告诉才处理的案件以及被害人起诉的有证据证明的轻微刑事案件，扩充至适用基层法院管辖的所有案件。具体而言，简易程序可以适用于除危害国家安全、恐怖活动案件，可能判处无期徒刑、死刑案件以外的一审公诉和自诉案件。相比于之前简易程序和简化审程序的适用案件范围总和，修法后简易程序的适用范围增加了部分自诉案件，排除了适用可能判处无期徒刑的案件。与此同时，2012 年《刑事诉讼法》第 209 条吸收了部分《简化审意见》中排除适用的情形，规定："有下列情形之一的，不适用简易程序：（一）被告人是盲、聋、哑人，或者是尚未完全丧失辨认或者控制自己行为能力的精神病人的；（二）有重大社会影响的；（三）共同犯罪案件中部分被告人不认罪或者对适用简易程序有异议的；（四）其他不宜适用简易程序审理的。"变化主要来源于新增了被告人为"尚未完全丧失辨认或者控制自己行为能力的精神病人"这类特殊人群的情形。

最高人民法院于 2012 年 12 月 20 日发布的《关于适用〈中华人民共和国刑事诉讼法〉的解释》（以下简称 2012 年《刑诉法解释》）第 290 条规定："具有下列情形之一的，不适用简易程序：（一）被告人是盲、聋、哑人；（二）被告人是尚未完全丧失辨认或者控制自己行为能力的精神病人；（三）有重大社会影响的；（四）共同犯罪案件中部分被告人不认罪或者对适用简易程序有异议的；（五）辩护人作无罪辩护的；（六）被告人认罪但经审查认为可能不构成犯罪的；（七）不宜适用简易程序审理的其他情形。"最高人民检察院于 2012 年 11 月 22 日发布的《人民检察院刑事诉讼规则（试行）》（以下简称 2012 年《刑事诉讼规则》）第 466 条第 1 款规定："具有下列情形之一的，人民检察院不应当建议人民法院适用简易程序：（一）犯罪嫌疑人是盲、聋、哑人，或者是尚未完全丧失辨认或者控制自己行为能力的精神病人的；（二）有重大社会影响的；（三）共同犯罪案件中部分犯罪嫌疑人不认罪或者对适用简易程序有异议的；（四）比较复杂的共同犯罪案件；（五）辩护人作无罪辩护或者对主要犯罪事实有异议的；（六）其他不宜适用简易程序的。"两院先后发布的司法解释关于排除适用简易程序的条款相对于 2012 年和 1996 年的《刑事诉讼法》及司法解释、《简化审意见》的相关条款，删除了"依法可能判处三年以上有期徒刑的；被告人对于起诉指控的犯罪事实予以否认的"。其中，将"依法可能判处三年以上有期徒刑的案件"纳入适用范围，与 2012 年《刑事诉讼法》保持了一致；删除"被告人对于起诉指控的犯罪事实予以否认"条款主要是由于我国法律没有规定类似美国的不认罪也不争辩的答辩方式，所以被告人不认罪实质等同于无罪辩护，删除此项规定属于立法技术方面的调整；对于共同犯罪案件，简易程序排除适用的条件是有同案犯否认犯罪事实或者不同意适用和"比较复杂"。对于同案犯不同意适用的案件，既不允许采取简易程序审理共同犯罪案件，也不允许将认罪并同意适用的同案犯与不认罪或对适用作出否定意思表示的同案犯分别适用简易程序和普通程序，而应当全案依照普通程序进行审理；① 对于所有同案犯均认罪并同意适用简易程序的"比较复杂的共同犯罪案件"，也不允许适用该程序进行审理。两类程序的合并也消弭了共同犯罪案件适用的矛盾情形。

2. 完善了程序适用条件

2012 年《刑事诉讼法》第 208 条第 1 款规定了适用简易程序的积极标准："基层人民法院管辖的案件，符合下列条件的，可以适用简易程序审判：（一）案件事实清楚、证据充分的；（二）被告人承认自己所犯罪行，对指控的犯罪事实没有异议的；（三）被告人对适用简易程序没有异议的。" 2012 年《刑事诉讼规则》第 465 条也作出了同样规定，其中第 1 项为 1996 年《刑事诉讼法》原有内容，第 2 项和第 3 项则吸纳了 2012 年《刑事诉讼法》修订前的司法解释规定的精神。

首先，适用简易程序的案件需要达到"案件事实清楚、证据充分"的证明标准。从简易程序审理结果来看，2012 年《刑事诉讼法》第 195 条规定了三种情况："（一）案件事实清楚，证据确实、充分，依据法律认定被告人有罪的，应当作出有罪判决；（二）依据法律认定被告人无罪的，应当作出无罪判决；（三）证据不足，不能认定被告人有罪的，应当作出证据不足、指控的犯罪不能成立的无罪判决。"此处立法采用"案件事实"而非"犯罪事实"，即需要经过法庭审理查明，通过确实、充分的证据予以证明是否构成犯罪的案件事实，由于案件事实尚未经法院审理定性，如此表述具备一定合理性。

然而，人民检察院经过对侦查机关移送的案件进行审查起诉，最终可以作出起诉或不起诉的决定。根据 2012 年《刑事诉讼法》第 172 条的规定："人民

---

① 宋英辉：《我国刑事简易程序的重大改革》，载《中国刑事法杂志》2012 年第 7 期。

检察院认为犯罪嫌疑人的犯罪事实已经查清，证据确实、充分，依法应当追究刑事责任的，应当作出起诉决定……""犯罪事实已经查清，证据确实、充分"是检察机关提起公诉的证明标准，其中，"犯罪事实"的表述说明案件事实已经构成犯罪，并且证据材料能够达到"确实、充分"的程度。从诉讼流程来看，检察机关应当首先判断案件是否达到起诉标准，然后再考虑是否建议人民法院适用简易程序。因此，不论检察机关建议适用普通程序还是简易程序，均需要达到起诉所要求的证明标准，即"犯罪事实已经查清，证据确实、充分"，否则应当按照 2012 年《刑事诉讼法》第 173 条的规定"作出不起诉决定"。检察机关提起公诉时即使建议适用简易程序审理，也需要首先达到上述标准，这意味着简易程序适用标准至少不低于起诉标准。但相比于起诉标准，简易程序的适用标准反而更低，既不需要查明为"犯罪事实"，也无须满足"证据确实"的要求。

其次，"被告人承认自己所犯罪行，对指控的犯罪事实没有异议"的案件可以适用简易程序。"罪行"是一个实体法概念，主要指依照我国《刑法》规定具有特定构成要件或者符合特定构成要件要求，并且配置有一定法定刑的行为模式或者适用一定法定刑的现实行为。[①] 简言之，罪行与犯罪构成是一一对应或者多对一的关系。[②] "犯罪事实"是一个程序法概念，根据《最高人民法院关于处理自首和立功具体应用法律若干问题的解释》第 1 条的规定，如实供述自己的罪行，是指犯罪嫌疑人自动投案后，如实交代自己的主要犯罪事实。可以将罪行理解为主要的犯罪事实。

针对自首的认定，有学者认为被告人只要认可自己的行为事实，至于法律上如何定性则不应作出要求。即使行为人对于司法机关对其行为的性质界定拒不接受甚至开脱罪责，只要不影响对案件的正确认定，也应该认定其自首的成立。[③] 自首的认定有利于被告人，但简易程序的适用则以削减辩护权为代价，客观上对被告人不利。在法律解释出现多种含义时，应当选择有利于被告人的解释。同时，如果按照认定自首的解释结果，被告人仅仅认可行为事实但不认可法律定性，说明控辩双方在定罪方面仍然存在根本分歧，适用简易程序不符合正当程序的要求，并且被告人也不会同意，此条款将不具备可操作性。

根据《关于适用认罪认罚从宽制度的指导意见》（以下简称《认罪认罚从宽指导意见》）第 6 条的规定，"'认罪'，是指犯罪嫌疑人、被告人自愿如实供述自己的罪行，对指控的犯罪事实没有异议。承认指控的主要犯罪事实，仅

① 赵廷光：《论罪行》，载《中国法学》2004 年第 3 期。
② 关于罪行与犯罪构成的关系，详见赵廷光：《论罪行》，载《中国法学》2004 年第 3 期。
③ 陈兴良：《本体刑法学》，商务印书馆 2001 年版，第 794 页。转引自袁博：《如实供述犯罪构成要件与如实供述犯罪事实的区别》，载《中国检察官》2014 年第 2 期。

对个别事实情节提出异议，或者虽然对行为性质提出辩解但表示接受司法机关认定意见的，不影响'认罪'的认定"。适用简易程序审理的案件，需要被告人达到"认罪"的标准，即不仅认可行为事实，对于司法定性也不持异议。如果对于行为定性存在异议，甚至准备通过无罪辩护开脱罪责的，则不应适用简易程序。如此理解也与两高司法解释中将"被告人作无罪辩护"案件排除适用简易程序的精神相一致。

最后，适用简易程序要求被告人没有异议。人民法院或者人民检察院启动简易程序审理案件的，被告人不能明确作出拒绝的意思表示。2012 年《刑事诉讼法》第 211 条规定："适用简易程序审理案件，审判人员应当询问被告人对指控的犯罪事实的意见，告知被告人适用简易程序审理的法律规定，确认被告人是否同意适用简易程序审理。"司法实践中，检察机关决定建议适用简易程序的，也会提前询问被告人的意见，同时告知相关法律规定。重复告知的流程有利于确保被告人的知情权和选择权，明确是否同意适用简易程序的态度，防止庭审过程中被告人反悔造成的程序回转后果；有利于尊重被告人的自由选择和诉讼主体地位，使其息诉服判，降低上诉率。对于被告人有异议的案件，说明控辩双方对于案件事实或者法律适用问题存在分歧，法庭应当通过普通程序保障控辩双方充分的法庭调查和法庭辩论，以便查明事实真相。

（二）调整了简易程序的审理模式

1. 启动模式

2012 年《刑事诉讼法》第 208 条第 2 款规定："人民检察院在提起公诉的时候，可以建议人民法院适用简易程序。"2012 年《刑事诉讼规则》第 465 条规定："人民检察院对于基层人民法院管辖的案件，符合下列条件的，可以建议人民法院适用简易程序审理……办案人员认为可以建议适用简易程序的，应当在审查报告中提出适用简易程序的意见，按照提起公诉的审批程序报请决定。"

与 2012 年《刑事诉讼法》修订前相比，检察机关不再具有决定简易程序是否适用的职权。申言之，检察机关起诉时建议适用简易程序，法院如果决定不适用，或者被告人不同意适用，最终仍应适用普通程序审理。2012 年《刑事诉讼规则》第 580 条规定："人民检察院在审判活动监督中，如果发现人民法院或者审判人员审理案件违反法律规定的诉讼程序，应当向人民法院提出纠正意见。出席法庭的检察人员发现法庭审判违反法律规定的诉讼程序，应当在休庭后及时向检察长报告。人民检察院对违反程序的庭审活动提出纠正意见，应当由人民检察院在庭审后提出。"如果法院决定适用简易程序且被告人同意，而检察机关认为不应当适用，可以根据审判监督职能提出，首先由出庭检察人员"休庭后向检察长报告"，然后于庭审后向人民法院"提出纠正意见"，因此庭审仍应按照简易程序进行。检察机关对于简易程序适用的监督职能由庭前控制向庭审监督和庭后纠正转变，主要缘于法庭审理程序的决定权本质上属于一种裁判权，应当归集于法院，但由于审理程序对被告人权利保障产生重要影响，所以审理程序的简化需要征得被告人同意。检察机关的职能由公诉权和法律监督权构成，两项职能并不包含决定审理程序是否应当简化的权力，否则将对控辩力量对比产生不利影响。如果审理程序确实违反法律规定或者极端不恰当，则可以通过法律监督职能予以纠错。

2. 独任审和合议庭

2012 年《刑事诉讼法》第 210 条第 1 款规定："适用简易程序审理案件，对可能判处三年有期徒刑以下刑罚的，可以组成合议庭进行审判，也可以由审判员一人独任审判；对可能判处的有期徒刑超过三年的，应当组成合议庭进行审判。"2012 年《刑诉法解释》第 296 条规定："适用简易程序独任审判过程中，发现对被告人可能判处的有期徒刑超过三年的，应当转由合议庭审理。"2012 年《刑事诉讼法》修订前的简易程序适用于可能判处 3 年有期徒刑以下刑罚的一审案件，适用独任审；其他案件一律适用普通程序审理。修订后的简易程序适用范围扩充为除几类特殊案件以外的所有基层法院一审案件，以 3 年有期徒刑为标准划分审判组织符合一贯的立法判断。尽管简易程序的适用条件调整得更加严格，但对于可能判处 3 年以上有期徒刑较为重大的犯罪案件采用合议庭的审判组织，更有利于发挥集体决策优势，提升审判质量。

3. 公诉人员应当出庭

2012 年《刑事诉讼法》第 210 条第 2 款规定："适用简易程序审理公诉案件，人民检察院应当派员出席法庭。"上文提到过，审理过程中检察院不派员出庭将破坏诉讼构造、紊乱诉讼职能以及造成控辩双方力量失衡，损害辩方权利。2012 年《刑事诉讼法》修改后，所有公诉案件检察机关都必须派员出庭，短期看，可能会增加检察机关工作量，不利于提升诉讼效率；长期看，公诉人员出庭是实现程序正义、保持控辩力量平衡的应然要求，而且有利于审判监督职能的实质履行。站在经济学角度，公诉人员出庭有助于庭审程序的充分展开，被告人也更有可能息诉服判，从而降低上诉率，最终提升司法资源投入的边际效应。同时，公诉人员出庭所带来的成本上升，也可以由庭审集中进行的方式予以消解。

4. 庭审期限划分为两个层次

2012 年《刑事诉讼法》第 211 条吸收了《简易程序意见》第 7 条的主要内容，规定："适用简易程序审理案件，审判人员应当询问被告人对指控的犯罪事实的意见，告知被告人适用简易程序审理的法律规定，确认被告人是否同意适用简易程序审理。"被告人认罪并且认可案件事实是适用简易程序的前提，法官应当在开庭审理前首先确认被告人认罪的自愿性和明知性，确保被告人诉讼权利得到保障。对于庭审时限，2012 年《刑事诉讼法》第 214 条规定："适用简易程序审理案件，人民法院应当在受理后二十日以内审结；对可能判处的有期徒刑超过三年的，可以延长至一个半月。"这意味着可能判处 3 年有期徒刑以下刑罚的案件需要在 20 日内审结，其他案件可以延长至一个半月。可能判处 3 年有期徒刑以上刑罚的案件，由于会对被告人产生较为严厉的处罚，公诉方应当通过充分的举证证明犯罪事实，虽然被告人对于定罪、量刑的主要案件事实已予认可，但在局部事实方面控辩双方仍有可能进行比较激烈的法庭交锋；同时，此类案件的事实往往更为复杂，社会危害性更大，法庭也需要更加充足的审理时间查明实体真相，避免作出误判。

5. 明确了程序简化内容

2012 年《刑事诉讼法》在吸纳《简化审意见》主要内容的基础上明确了简易程序庭审过程中的具体简化方式。2012 年《刑诉法解释》第 295 条规定："适用简易程序审理案件，可以对庭审作如下简化：（一）公诉人可以摘要宣读起诉书；（二）公诉人、辩护人、审判人员对被告人的讯问、发问可以简化或者省略；（三）对控辩双方无异议的证据，可以仅就证据的名称及所证明的事项作出说明；对控辩双方有异议，或者法庭认为有必要调查核实的证据，应当出示，并进行质证；（四）控辩双方对与定罪量刑有关的事实、证据没有异议的，法庭审理可以直接围绕罪名确定和量刑问题进行。适用简易程序审理案件，判决宣告前应当听取被告人的最后陈述。"2012 年《刑事诉讼规则》第 469 条第 1 款规定："公诉人出席简易程序法庭时，应当主要围绕量刑以及其他有争议的问题进行法庭调查和法庭辩论。在确认被告人庭前收到起诉书并对起诉书指控的犯罪事实没有异议后，可以简化宣读起诉书，根据案件情况决定是否讯问被告人，是否询问证人、鉴定人，是否需要出示证据。"

根据上述条款，简易程序中讯问、对无异议证据进行的质证、定罪程序等符合省略条件的程序可直接予以省略，宣读起诉书的程序可以简化，以实现简易程序对于控辩双方无异议的案件事实和法律适用进行"简者更简"的审理。对控辩双方有异议或法庭有必要调查核实的证据进行质证的程序则不能省略和简化，甚至必要时应当"繁者更繁"。上文提到过，尽管适用简易程序的案件中被告人认罪且对主要的案件事实无异议，但并不排除对其他案件事实产生争议。这些在普通程序中并不作为主要调查对象的案件事实，在简易程序中恰恰需要着重予以查明。如果根据这些事实发现案件不符合简易程序的适用条件，应当转为普通程序审理。如果经过审理查明了案件事实，法律适用也不存在争议，一般情况下"应当当庭宣判"。

2012 年《刑事诉讼规则》第 468 条第 2 款规定："人民检察院可以对适用简易程序的案件相对集中提起公诉，建议人民法院相对集中审理。"集中起诉和集中审理，能够在单位时间内处理更多的案件，快速提升诉讼效率。尤其对于可能判处 3 年有期徒刑以下刑罚的轻罪案件，如果案件事实和法律适用基本相同，集中起诉和集中审理并不会妨碍法庭查明真相，而且有利于节省司法资源。2012 年《刑事诉讼规则》第 465 条第 2 款规定："办案人员认为可以建议适用简易程序的……按照提起公诉的审批程序报请决定。"删除了之前需要报检察长同意的条款。检察机关提起公诉的案件，除特殊情况外报主管副检察长同意即可，条文修改顺应了简易程序适用范围的扩容，有利于进一步提升诉讼效率。

（三）评析

2012 年《刑事诉讼法》在吸纳简化审程序相关规定的基础上，进一步完善了简易程序的构造，不仅扩充了简易程序的适用范围，完善了简易程序的适用条件，而且设计了更为科学合理的庭审模式，基本解决了共同犯罪案件程序适用的司法混乱。同时，新的简易程序格外注重被告人的主体地位和权益保障，将被告人认罪并且认可主要犯罪事实明确为程序适用的前提条件。总体而言，简易程序仍存在以下问题。

首先，简易程序的"从简"主要体现在庭审阶段，审前阶段效果不明显。庭审阶段，立法通过确立简易程序的庭审时间和当庭宣判的原则缩短了审判期限。2012 年《刑事诉讼法》第 202 条第 1 款规定："人民法院审理公诉案件，应当在受理后二个月以内宣判，至迟不得超过三个月。对于可能判处死刑的案件或者附带民事诉讼的案件，以及有本法第一百五十六条规定情形之一的，经上一级人民法院批准，可以延长三个月；因特殊情况还需要延长的，报请最高人民法院批准。"司法实践中，普通程序审理案件 6 个月宣判较为常见，简易程序的审判期限能够快速提升司法效率。我国刑事诉讼程序分为侦查、起诉和审判三个阶段，简易程序仅仅关注到审判阶段，对于程序时间更为漫长、司法消耗更为巨大的审前阶段却缺乏相应规定。如果仅仅将提升诉讼效率的砝码全部压在审判阶段，不仅总体收效甚微，法官也有可能因不堪重负而缺乏启动简易程序的积极性。

其次，简易程序的"从简"主要体现在时间上，缺乏其他手段的协调配合。时间的压缩是司法提速最为直观的反映，但也往往容易让人忽略背后的司法逻辑。司法流程的速度不仅受到法官个人意志的影响，更取决于案件事实和证据材料本身，以及控辩双方对案件的分歧程度、是否达成刑事和解等因素。同时，审判人员的工作职责并不完全反映于庭审之上，开庭前的内部报审、文书送达、控辩双方对于适用程序的意见、庭审日期的确定和合议庭的组成都是必不可少的基础性工作，这些工作往往更加耗时，仅仅通过直观可见的审理时间无法从根本上解决司法资源耗费问题。此外，简易程序与普通程序的文书制作并无二致，并且庭审程序简化所增加的判决出错概率而带来的职业风险以及被告人意思表示变更或者法院庭审过程中发现简易程序适用不当后随之而来的程序回转造成的司法损耗，均有损于审判人员启动简易程序的信心。

再次，立法精细化程度仍有待提高。上文提到，犯罪事实与案件事实的立法表述不清晰造成简易程序适用标准低于起诉标准，对简易程序运行造成阻碍。①

最后，对于检察机关集中起诉和法院集中审理的案件，缺乏必要的限定条件。集中起诉和集中审理能够带来司法效率的提升，也有可能造成司法效率的下降。一方面，法律规定了检察院可以集中起诉，但未明确侦查机关是否可以集中移送审查起诉。在侦查机关仍然一案一送的情况下，检察机关如果集中起诉，势必造成"前案等后案"的现象，虽然能够降低检察机关的工作量，但对于"前案"的被告人则显失公平，加之法律对简易程序在起诉阶段未有特殊的时限规定，司法实践中此类现象将难以杜绝。同理，检察机关集中起诉并非义务，也不可能成为义务。在检察机关一案一诉的情况下，法官强行集中审理也会造成上述现象发生，区别仅仅在于因审限要求而拖延时间相对较短。此外，集中起诉的案件是否具有同质性，法律对此缺乏明确的规范。效率的提升不应以牺牲正当性为代价，立法者的本意应当是通过对于同类型的案件集中起诉、审理，以获得单位时间内更多的司法效益。如果法律缺乏对于集中起诉、审理的规范性要求，理论上可能有不同类型的案件出现在同一法庭审理程序的情况。

三、改革助力："以审判为中心"的刑事诉讼制度改革背景下的简易程序

2014 年 10 月 23 日，中共中央发布了《关于全面推进依法治国若干重大问题的决定》，其中提到："推进以审判为中心的诉讼制度改革，确保侦查、审查起诉的案件事实证据经得起法律的检验。全面贯彻证据裁判规则，严格依法收集、固定、保存、审查、运用证据，完善证人、鉴定人出庭制度，保证庭审在查明事实、认定证据、保护诉权、公正裁判中发挥决定性作用。"2016 年 7 月 20 日，两院三部发布了《关于推进以审判为中心的刑事诉讼制度改革的意见》（以下简称《刑事诉讼制度改革意见》），要求"完善当庭宣判制度，确保裁判结果形成在法庭""适用简易程序审理的案件一般应当当庭宣判""推进案件繁简分流，优化司法资源配置""完善刑事案件速裁程序和认罪认罚从宽制度，对案件事实清楚、证据充分的轻微刑事案件，或者犯罪嫌疑人、被告人自愿认罪认罚的，可以适用速裁程序、简易程序或者普通程序简化审理"。可见，在以审判为中心的刑事诉讼制度改革背景之下，简易程序主要通过推动庭审程序差

---

① 关于案件事实与犯罪事实的关系及规范表述，详见夏勇：《对我国刑事诉讼法中"犯罪事实"的解析——一个程序法与实体法之间的问题》，载《人民检察》2011 年第 3 期。

异化和增强庭审效果实质化来助力改革实现。

（一）简易程序与庭审程序差异化

"为进一步完善刑事诉讼程序，合理配置司法资源，提高审理刑事案件的质量与效率，维护当事人的合法权益"，最高人民法院、最高人民检察院、公安部、司法部（以下简称"两院两部"）于 2014 年 8 月 22 日公布了《关于在部分地区开展刑事案件速裁程序试点工作的办法》（以下简称《速裁办法》），在全国 18 个试点城市开展为期两年的速裁程序试点工作。由于试点期间工作成效显著，符合我国司法实践需要，[①] 最终于 2018 年《刑事诉讼法》修订时被纳入法律，成为继简易程序、简化审程序（已被纳入简易程序）后我国法律正式确立的第三个快速审判程序。至此，我国刑事审判按照流程繁简被划分为普通程序、简易程序、速裁程序的三级诉讼程序格局。

1. 适用的案件范围

《速裁办法》第 1 条规定："对危险驾驶、交通肇事、盗窃、诈骗、抢夺、伤害、寻衅滋事、非法拘禁、毒品犯罪、行贿犯罪、在公共场所实施的扰乱公共秩序犯罪情节较轻、依法可能判处一年以下有期徒刑、拘役、管制的案件，或者依法单处罚金的案件，符合下列条件的，可以适用速裁程序……"由此可见，速裁程序适用的案件类型包括危险驾驶等 11 类犯罪情节轻微的案件，刑罚要件要求可能判处 1 年有期徒刑以下刑罚。试点期间，适用速裁程序审结的案件占到符合适用条件案件的 35.88%，占同期全部刑事案件的 18.48%。[②] 司法实践中，判处有期徒刑案件的约占到所有案件的四分之一，平均刑期不到 8 个月。[③] 主要适用于危险驾驶和盗窃案件，这两类案件占到所有适用速裁程序案件的八成以上。[④] 2018 年《刑事诉讼法》将速裁程序确立为正式审判程序，但对适用的案件范围进行了调整，删除了案件类型要求，将刑罚要件上调至可能判处 3 年有期徒刑以下刑罚案件，较大程度上拓宽了程序适用范围。由于简易程序的适用案件范围此次修法未予调整，按照刑罚期限划分，可能判处 3 年有期徒刑以下刑罚的案件可以适用速裁程序、简易程序和普通程序；可能判处 3 年有期徒刑至 25 年有期徒刑刑罚的案件可以适用简易程序和普通程序；可能判处无期徒刑、死刑的案件只能适用普通程序。

---

① 具体内容见《最高人民法院、最高人民检察院刑事案件速裁程序试点工作总结》，载胡云腾主编：《认罪认罚从宽制度的理解与适用》，人民法院出版社 2018 年版，第 410-416 页。

② 具体内容见《最高人民法院、最高人民检察院刑事案件速裁程序试点工作总结》，载胡云腾主编：《认罪认罚从宽制度的理解与适用》，人民法院出版社 2018 年版，第 410-416 页。

③ 关于刑事速裁程序试点期间成效检验，详见李本森：《刑事速裁程序试点实效检验——基于 12666 份速裁案件裁判文书的实证分析》，载《法学研究》2017 年第 5 期。

④ 潘金贵、李冉毅：《规则与实效：刑事速裁程序运行的初步检视》，载《安徽大学学报》2015 年第 6 期。

2. 适用的条件

《速裁办法》第 1 条规定了速裁程序适用的积极条件，即"（一）案件事实清楚、证据充分的；（二）犯罪嫌疑人、被告人承认自己所犯罪行，对指控的犯罪事实没有异议的；（三）当事人对适用法律没有争议，犯罪嫌疑人、被告人同意人民检察院提出的量刑建议的；（四）犯罪嫌疑人、被告人同意适用速裁程序的"。其中，"案件事实清楚、证据充分"与简易程序适用标准保持一致，随后的《刑事诉讼法》基本沿用了上述标准，但将该标准上调至起诉和定罪标准，即"案件事实清楚，证据确实、充分"，形成了与简易程序适用标准的差异化。立法一方面通过扩大速裁程序适用的案件范围，增加适用案件占全部刑事案件的比例，进一步提升诉讼效率；另一方面由于速裁程序相对于简易程序的庭审过程更加简化，因此在程序入口设置了较高的适用标准，避免事实或证据存在瑕疵的案件流入速裁程序而造成程序回转或错误的判决结果。

同时，适用速裁程序要求被告人认罪认罚且作出同意适用速裁程序的意思表示，简易程序则不要求被告人认罚，即不需要同意检察机关出具的量刑建议，所以，速裁程序"一般不进行法庭调查、法庭辩论"。法官除了按照认罪认罚从宽制度的要求核实被告人认罪认罚的自愿性、确认案件的事实基础外，控辩双方不会再进行法庭对抗。简易程序的被告人由于不认罚，并且有可能对某些案件事实产生异议，法庭审理过程中需要对相应分歧进行查明，并且不应省略量刑辩论的环节。两类程序"在判决宣告前应当听取辩护人的意见和被告人的最后陈述意见"，以保障被告人基本的辩护权利。

2018 年《刑事诉讼法》第 223 条规定："有下列情形之一的，不适用速裁程序：（一）被告人是盲、聋、哑人，或者是尚未完全丧失辨认或者控制自己行为能力的精神病人的；（二）被告人是未成年人的；（三）案件有重大社会影响的；（四）共同犯罪案件中部分被告人对指控的犯罪事实、罪名、量刑建议或者适用速裁程序有异议的；（五）被告人与被害人或者其法定代理人没有就附带民事诉讼赔偿等事项达成调解或者和解协议的；（六）其他不宜适用速裁程序审理的。"消极适用条件方面，简易程序与速裁程序存在如下差异：首先，未成年人犯罪案件可以适用简易程序，但不能适用速裁程序，这体现出对未成年人的特殊保护。但对于符合适用速裁程序的案件，如果征得法定代理人和辩护人同意的前提下仍将未成年人犯罪案件排除适用范围之外，同样会造成反向歧视。其次，共同犯罪案件中部分被告人不认可量刑建议的不适用速裁程序，但可能适用简易程序，这与积极条件中要求被告人认罪并且认罚的要求保持了一致。最后，适用速裁程序的前提是附带民事诉讼问题得到解决。2018 年《刑事诉讼法》修订前，有学者经过实证调研，发现刑事附带民事诉讼的案件很难适用简易程序，主要缘于调解的时间需求。① 附带民事诉讼的诉求往往需要一段时间的协商，结果更多取决于原被告之间的客观条件和沟通结果，法官往往很难有效控制。此外，速裁程序由于审限更短，短时间内同时处理刑事案件和民事诉求的难度较大，所以，司法实践中，法官对于此类案件更多倾向于适用普通程序。上述规定主要为满足司法实践需求，同时也能够增加符合适用条件案件的适用比例。

3. 审判组织

2018 年《刑事诉讼法》第 222 条第 1 款规定："……可以适用速裁程序，由审判员一人独任审判。"速裁程序的适用案件范围与 1996 年《刑事诉讼法》对于简易程序的要求一致，并且适用条件更为严格，沿用了当时法律规定的独任庭审理。简易程序则仍然按照刑期的长短来划分。在可能被判处 3 年有期徒刑以下刑罚的案件中，被告人如果认罪认罚则可能适用速裁程序；如果仅认罪不认罚的，则只可能适用简易程序；如果不认罪也不认罚的，则适用普通程序。对于可能被判处 3 年有期徒刑以上的案件，被告人认罪则可能适用简易程序，不认罪则只能适用普通程序。

4. 程序启动

速裁程序与简易程序相同，均需要被告人同意，人民法院具有决定是否适用的权力。检察机关仅具有建议适用或不适用的职能，但无决定权。在审判流程方面，2018 年《刑事诉讼法》第 224 条规定："适用速裁程序审理案件，不受本章第一节规定的送达期限的限制，一般不进行法庭调查、法庭辩论，但在判决宣告前应当听取辩护人的意见和被告人的最后陈述意见。适用速裁程序审理案件，应当当庭宣判。"速裁程序不适用辩论原则，一般情况下控辩双方不在庭审过程中进行辩论，但存在特殊情况，如被告人及其辩护人要求对案件事实或证据材料进行质询或者发表辩论意见，法官应当同意，以保障辩护权利。适用速裁程序的案件一律应当当庭审判，没有例外，以确保"裁判结果形成在法庭"，此举也有助于庭审效果实质化。简易程序在此方面相比于修法前没有调整，保留了附条件的辩论原则，并且以当庭宣判为原则、定期宣判为例外。这主要是因为简易程序适用案件范围较广，有些刑期较长或较为复杂的案件出于谨慎考虑，可能需要合议庭进行商议。

5. 审理期限

2018 年《刑事诉讼法》第 225 条规定："适用速裁程序审理案件，人民法院应当在受理后十日以内审结；对可能判处的有期徒刑超过一年的，可以延长至十五日。"由于适用程序的不同，对于可能判处有期徒刑不超过 1 年的案件，

① 刘玫、鲁杨：《我国刑事诉讼简易程序再思考》，载《法学杂志》2015 年第 11 期。

审限可能为 10 日、20 日和两个月（不考虑延长）；有期徒刑大于 1 年小于 3 年的，审限可能为 10 日、15 日、20 日和两个月；有期徒刑超过 3 年的，审限可能为 20 日、一个半月、两个月。案件不论适用何种程序审理，公诉人员均需要出庭。

（二）简易程序与庭审效果实质化

简易程序、速裁程序主要通过当庭宣判和程序回转实现庭审的实质化效果。上文提到，我国法律对于简易程序和速裁程序均提出了当庭宣判的要求，简易程序以当庭宣判为原则、定期宣判为例外，速裁程序则一律当庭宣判。当庭宣判作为集中审理原则的一项具体要求，对于贯彻直接言词原则、保持法官独立性以及实现实体公正和程序公正具有十分重要的意义。法庭审理结束后，及时快速进行宣判，应当成为一项基本原则。[①]

目前，我国尚未确立集中审理原则，当庭宣判也主要体现在简易程序、速裁程序等快速审理程序中。究其原因，有以下几个方面。

首先，我国庭审仍存在"案卷依赖情结"，庭前和庭后的工作重要性不输于法庭审理。这一方面是由于我国庭审实质化程度有待提高，尤其是辩方的庭审权利尚未得到充分保障。相对于会见难、阅卷难和调查取证难的"老三难"，又出现了辩方发问难、辩论难和发表意见难的"新三难"，[②] 而"新三难"问题主要发生于庭审阶段，关涉到辩方尤其是辩护律师的辩护权利。另一方面，检察机关起诉时移送全部案卷材料的做法，也会造成法官在庭前过早对案件形成心理预判，阻却庭审实质化的实现。庭后的评议不需要对外公开，裁判文书的说理部分较为简略，无法使当事人从内心真正认同。尤其是重大、疑难案件审判委员会的介入，导致直接参加庭审的法官意见反而屈居次席，裁判结果的产生远离法庭。

其次，法官出于风险与收益考量，缺乏当庭宣判的内源性动力。近年来，我国为了防范冤假错案、遏制权力寻租，加大了对法官的错案追究力度，实行员额法官对于自己审理案件的终身负责制。法官在审理案件过程中更加注重对证据的审查，疑难案件需要庭前和庭后对案卷材料进行不断核实，以达到内心确认。法官对于案件审理的谨慎态度，在司法实践中容易异化为只要对案件事实和法律适用存在疑问，便倾向于向上级人员或上级法院汇报，甚至寻求审判委员会讨论，以集体决策取代个人负责。相对于定期宣判，当庭审判明显对于法官业务能力要求更高，并且客观上审判结果出现瑕疵的可能性也更大。法官

---

① 陈卫东、刘计划：《论集中审理原则与合议庭功能的强化——兼评〈关于人民法院合议庭工作的若干规定〉》，载《中国法学》2003 年第 1 期。

② 孟建柱：《依法保障执业权利规范执业行为，充分发挥律师队伍在全面依法治国中的重要作用》，载《长安》2015 年第 9 期。

站在理性法律人角度考量，除非法院将定期宣判率作为个人考评指标，直接影响晋升和绩效等个人利益，否则除案情十分明了、事实十分清晰、证据数量很少等极少数情况，或者法律有强制性要求（如速裁程序），法官一般情况下更倾向于选择风险较低且不影响收益的定期宣判，从而避免当庭宣判。

最后，制度配套的缺失也阻碍当庭宣判的实现。当庭宣判要求法官在庭审结束后直接向控辩双方宣告判决结果，对于法官专业素养和庭审效果要求极高。前者主要涉及法律职业建设，不是本文论述的重点，在此不作赘述。庭审实质化要求控辩双方"证据质证在法庭、意见发表在法庭、裁判结果形成在法庭"，证据质证要求完善证人出庭制度、非法证据排除程序和交叉询问制度，赋予辩方充分的质询权；发表意见要求确立辩护律师的言词豁免规则，扫除律师"因言获罪"的后顾之忧。只要能够做到上述两点，就能最终实现"裁判结果形成在法庭"。当庭宣判作为一项倒逼机制，更有利于改善庭审效果，促进庭审实质化。

我国简易程序和速裁程序均设置了程序回转机制。2018 年《刑事诉讼法》第 221 条规定："人民法院在审理过程中，发现不宜适用简易程序的，应当按照本章第一节或者第二节的规定重新审理。""不宜适用"的情形主要指 2012 年《刑诉法解释》第 298 条第 1 款规定的情形："适用简易程序审理案件，在法庭审理过程中，有下列情形之一的，应当转为普通程序审理：（一）被告人的行为可能不构成犯罪的；（二）被告人可能不负刑事责任的；（三）被告人当庭对起诉指控的犯罪事实予以否认的；（四）案件事实不清、证据不足的；（五）不应当或者不宜适用简易程序的其他情形。"

该规定主要针对三种情况：一是简易程序审理的案件缺乏必要的事实基础。其中，"被告人的行为可能不构成犯罪"或"被告人可能不负刑事责任"指被告人的客观行为或主观方面不符合犯罪构成；"案件事实不清、证据不足"指案件的事实或证据不足以支撑被告人认罪。案件如果缺乏必要的事实基础，即使被告人认罪并且同意适用简易程序，也会造成程序回转的后果。庭审实质化要求法庭在查明事实、认定证据方面发挥决定性作用，[①] 而查明事实和认定证据的前提是辩护权得到充分保障和行使。对于案件事实或证据存在疑问的案件，不以是否取得被告人自白供述为依据重新启动普通审理程序，而是通过控辩双方的法庭对抗发现实体真相，这也是庭审实质化的应有之义。

二是被告人不认罪的案件。被告人不认罪意味着控辩双方对于案件主要事实仍然存在分歧，此时应当通过实质化的庭审发现真相，以便控辩双方真正接受最终的裁判结果。

---

① 熊秋红：《刑事庭审实质化与审判方式改革》，载《比较法研究》2016 年第 5 期。

三是法官主观认为不宜适用的情况。主要指适用简易程序既不利于提升诉讼效率，又损害了被告人的辩护权利，最终影响了案件公正处理的情况。[①] 这种情况需要法官根据具体情况作出判断，能够站在庭审实质化高度充分考量，且具备较高的专业素养和职业操守。2018 年《刑事诉讼法》第 226 条规定："人民法院在审理过程中，发现有被告人的行为不构成犯罪或者不应当追究其刑事责任、被告人违背意愿认罪认罚、被告人否认指控的犯罪事实或者其他不宜适用速裁程序审理的情形的，应当按照本章第一节或者第三节的规定重新审理。"同简易程序一样，案件没有事实基础、被告人不认罪也会造成速裁程序的回转。由于适用速裁程序的前提是被告人认罪认罚，按照《认罪认罚从宽指导意见》要求，法官在庭审前应首先确认认罪认罚的自愿性。按照文义解释，速裁程序回转后可能适用简易程序或普通程序，即被告人认罪自愿但认罚不自愿虽然不能适用速裁程序，但可以适用简易程序，这样的规定缺乏合理性。鉴于被告人在刑事诉讼程序中的弱势地位，非自愿作出任何行为或承诺意味着受到了外在胁迫，这种胁迫更可能来自追诉机关的违法行为。审判机关应当通过完善的庭审程序，保障辩方充分行使辩护权，在查明案件事实的同时纠正上述违法行为。因此，司法解释中应当明确被告人认罚不自愿的，也不能适用简易程序，只能按照普通程序进行审理。

第二节　刑事简易程序的程序正义基础

一、简易程序的正当性证成

"正义不仅应得到实现，而且要以人们看得见的方式加以实现。"[②] 通俗理解，案件的判决不仅需要公平、正确，符合实体法规范和政策要求，更重要的是，应当使人们能够感受到判决过程中的正当性。换言之，案件判决仅仅考虑是否取得了合法合理的最终结果，而忽略了刑事程序的正当性，远远无法换得人们信服的效果。只有做到裁判过程公平、法律程序正义，"看得见的正义"才有可能实现。因此，任何一类刑事诉讼程序，如果缺乏了正当性基础，不仅可能造成不正确的裁判结果，更会使裁判结果因为形成过程的不正当而丧失合法性。

---

① 宋英辉：《我国刑事简易程序的重大改革》，载《中国刑事法杂志》2012 年第 7 期。

② ［英］丹宁勋爵：《法律的正当程序》，李克强、杨百揆、刘庸安译，法律出版社 1999 年版，第 78 页。

（一）简易程序符合程序正义的根本要求

人们惯常用"正义"或"非正义"去赞美或谴责法律本身。[①] 一项法律制度只有具备正当性，才有可能衍生出广泛的社会接受度和普遍的社会约束力。社会接受度主要指道德层面符合人们对于"善"的追求，尽可能在不损害个人权利的前提下最大化提升公共福祉；社会约束力主要指法律裁决的结果通过国家赋予的强制执行力得以确认和保障。具体到制度运行层面，评价一项刑事诉讼程序是否具有正当性，除了最终的裁判结果能够得到有效执行外，还需要考虑两方面因素：一是刑事诉讼程序本身是否具有正当性，即程序是否能够在不过度损害当事人权益的前提下增加公众利益；二是刑事诉讼程序运行过程中是否具有正当性，即程序运行是否符合法律设计初衷。

刑事诉讼程序本身的正当性，包括对当事人自由、平等等积极权利的尊重和以防御权为代表的消极权利的保障，以及在此基础上通过程序设计促使及时有效惩戒犯罪、尽快修补社会关系成为可能。日本学者田口守一认为，正当程序应当将保障人权视为第一要务，但也不能以偏废全，应当在人权保障与实体真实之间实现动态平衡。[②]

具体来说，有以下几个方面：

首先，刑事诉讼程序应当确保被告人对某些关乎切身利益的事项具有自由选择的权利。刑事诉讼程序涉及对被告人自由、财产乃至生命的处分，被告人由于涉嫌触犯刑事法律、侵害了他人利益或公众利益而可能面临惩戒的后果，国家司法机关运用强力对其开展侦查、起诉、审判等活动，收集证据、查明真相，最终作出尽可能准确的裁判结果。在此过程中，难免需要对被告人的某些权利进行必要侵入，如侦查活动中查询其银行账户等个人信息便侵入了隐私权。必要时，甚至可能直接对其自由进行限制，如技术监听过程中对被告人的通信自由的侵入、采取羁押性强制措施对其人身自由造成的限制。为了保障侦查活动有效开展和刑事程序顺利进行，对于被告人权利进行适当限缩符合公众利益的需要，但应当建立在正义底线基础之上，即被告人应当保有对剩余权利进行处分的自由，如选择普通程序进行审理的自由、委托辩护律师的自由。

其次，刑事诉讼程序应当尽可能平等地对待被告人，即同案同判、同等情况同等对待。如果说自由强调被告人的权益保障，平等则更多表现出法律中所蕴含的民主元素。具体到司法过程中，被告人不因个人特质而被区别对待，在法律面前人人平等；司法机关应当平等对待诉讼参与人，切实保障刑事诉讼程序中的权利和义务得到公平的行使和履行。但平等对待并不代表无差别对待，

---

① H. L. A. Hart, The Concept of Law, Clarendon Press, Oxford, 1961, pp. 158.

② ［日］田口守一：《刑事诉讼法》（第七版），张凌、于秀峰译，法律出版社2019年版，第25—27页。

罗尔斯设想了一种隐藏于"无敌之幕"后的"原初状态"。在这种环境下，人们无法知道自己的地位、资质、能力、出身等所有能够判断自己处于优势还是劣势的信息，但具有理性人所拥有的心理和常识，最终经过权衡后确立了能够实现自己目标的原则，即所谓的正义原则。正义原则强调自由具有优先性，"自由的限制只能由于自由的缘故"。但自由与平等之间常常会产生冲突，"不平等的自由须为拥有较少自由的人所接受"①。程序如果能够具备上述条件，便拥有了程序正当的基础。纯粹的程序正义可以理解为抛开结果正当性的独立标准，只要程序得到遵守并适当地执行，最终的结果同样可被视为正义。② 遑论罗尔斯的程序正义标准是否能够得到人们的赞同，以及在司法实践中可能实现的程度有多大，但它揭示出的重要理念已经得到广泛认同，即自由和平等都不是绝对不受限制的，有时会为了实现合理的目标需要作出一定的妥协。

最后，刑事诉讼程序中的平等不是绝对的，被告人辩护权利的有效行使需要得到额外保障。一方面，同等情况同等对待的另一面是不同情况区别对待。司法资源的有限性决定了不可能也无必要使所有的刑事案件均经过严密、烦琐、漫长的诉讼流程，同一类案件也可能因具有不同的情节而采用不同的程序，前提是能够使被告人的诉讼权利得到有效保障，实现适当差别对待却无损于程序正义。另一方面，刑事诉讼程序应当寻求控辩形式上的平等。面对具有丰富侦查手段和侦查能力、掌握雄厚国家资源的公权力，辩方无法与其做到实质上的平等，所以，法律赋予被告人一些特殊保障，如强制辩护制度，以增加其防御能力，同时要求公诉机关承担举证责任，控辩双方在法庭审理时能够充分进行辩论，形成审判阶段控辩形式上的平等。

就法律运行而言，最低限度的正义即最低限度的可接受性对法律的运行和存在必不可少。③

首先，程序的简化不应当带来证明标准的降低。庭审过程中职能的分配使辩护律师与检察官能够居于法庭的两侧，法官居中占据不偏不倚的中立地位，通过控辩双方提供的信息形成最终的裁判，程序法的目的是为这一活动提供规范性框架，保障各方在合力探寻案件真相过程中所进行的论辩结构。这种规范性框架可能出于正义的需求而对程序时间进行必要的限制，但不应当过分介入论辩的细节，不应对裁判结果所要求的基础性事实和对之加以证明的证据材料强度予以调整。刑事证明标准是刑事诉讼中负担证明责任的主体利用证据对争

---

① ［美］约翰·罗尔斯：《正义论》，何怀宏、何包钢、廖申白译，中国社会科学出版社 2009 年版，第 137 页。

② 陈瑞华：《刑事诉讼的前沿问题》，中国人民大学出版社 2016 年版，第 212 页。

③ ［比］马克·范·胡克：《法律的沟通之维》，孙国东译，法律出版社 2007 年版，第 81 页。

议事实或案件事实加以证明的程度。[1]《刑事诉讼制度改革意见》要求"侦查机关侦查终结,人民检察院提起公诉,人民法院作出有罪判决,都应当做到犯罪事实清楚,证据确实、充分"。根据上述规定,案件定罪的证明标准不会因为程序简化而降低,我国的三级刑事诉讼程序的定罪标准均要求"犯罪事实清楚,证据确实、充分"。我国刑事诉讼承袭职权主义传统,实体真实原则和罪刑责相适应原则并不会因刑事诉讼程序的简化而发生动摇,案件适用何种程序不会影响全面、充分收集证据的要求。[2] 在适用条件上,只有"案件事实清楚、证据充分"的案件才有可能适用简易程序,通过在简易程序的入口进行较为严格的筛选和分流,以防事实不清、证据不够充分的案件流入简易审理程序。同时,法律并未对简易程序设立单独的定罪证明标准,这意味着通过简易程序审理的案件,最终定罪需要达到与普通程序相同的标准。换言之,案件即使适用简易程序,也并非表明被告人最终一定被定罪,法庭仍需要通过庭审过程中查明的案件事实和证据材料,综合判断是否达到了定罪的证明标准。这也表明简易程序的适用不以牺牲实体公正为代价,简易程序也要符合程序正当性的要求。虽然上文提到此处存在立法冲突问题,但可以通过法律的修订或司法实践中检察机关和法院对于案件审慎把关予以化解。

其次,简易程序应当保障被告人参与公平审判的权利。《公民权利和政治权利国际公约》(以下简称《两权公约》)第 14 条要求:"所有的人在法庭和裁判所前一律平等。在判定对任何人提出的任何刑事指控或确定他在一件诉讼案中的权利和义务时,人人有资格由一个依法设立的合格的、独立的和无偏倚的法庭进行公正的和公开的审讯。……"《欧洲人权公约》第 6 条同样要求:"在决定某人的公民权利和义务或者在决定对某人确定任何刑事罪名时,任何人有理由在合理的时间内受到依法设立的独立而公正的法院的公平且公开的审讯。判决应当公开宣布。……"上述规定蕴含的刑事程序正义目标的选择和实现过程,主要包括被告人参与审判的权利、法庭中立义务和避免不合理的拖延。其中,被告人参与审判的权利要求被告人应当卓有成效地参与到对其权益进行处分的判断形成过程当中,法官在作出裁决前应当听取其对于案件事实有无或定性的辩解或意见。被告人参与到诉讼程序中系出于自愿,并且在能够完全辨认和控制自己行为能力以及明知行为所可能造成的后果前提下作出的决定。

我国简易程序庭审前,法官首先便需要明确被告人认罪的自愿性和是否同意适用简易程序,并且对于其持异议的事实和证据,不论是否属于定案的主要依据,均应当在庭审时予以查明。同时,庭审结束前,被告人最后陈述的机会

---

[1] 李学宽、汪海燕、张小玲:《论刑事证明标准及其层次性》,载《中国法学》2001 年第 5 期。

[2] 陈卫东、聂友伦:《侦查视角下的刑事速裁程序效率研究》,载《中国刑事法杂志》2016 年第 6 期。

不允许省略，以便听取其对于整个庭审过程的意见，充分保障被告人实质性参与到审判过程当中。法庭的中立义务要求法官对控辩双方的态度保持中立，对双方发表的意见一视同仁，严格依照庭审结果不偏不倚地作出裁决，而非根据提前作出的预判。同时，法官与案件不能具有利益纠葛，严守本职能范围，尤其不允许代替公诉方行使职权。1996 年《刑事诉讼法》规定公诉人员在简易程序中可以不出庭，造成司法实践中大部分适用简易程序的案件公诉人员不出庭，公诉职能由法官代为履行，法官实质上成为追诉方和裁判方两者的"合体"，这违背了法庭的中立义务，造成控辩双方力量的严重失衡。2012 年《刑事诉讼法》修改了上述规定，要求公诉机关必须派员出庭，至此所有刑事诉讼程序均有公诉人员出庭，这在捋清控辩审三方诉讼职能的同时，顺应了法庭中立的原则要求。

最后，避免不合理的拖延意味着正当的程序需要对诉讼效率予以适当的关切，诉讼效率是程序正当必不可少的组成部分。简易程序不仅需要具备正当性，而且应当兼顾程序正当和诉讼经济的双重价值取向，这也构成了简易程序区别于普通程序和速裁程序的重要特点。本文将在接下来的部分对诉讼经济方面予以重点论述。

（二）简易程序符合诉讼经济的价值需求

"法律的实质平等不能仅仅考虑正义，因为通过法律所调节的材料常常不允许抽象到只剩下道德上的正义问题的程度。"法律程序的选择也应当考虑参与者以及参与者如何选择的问题，正义所辐射的领域也随之扩大，自我选择的理解、合理目的的实现等利益平衡因素也被纳入进来。因此，法律的实质平等对待要求以对上述问题达成实质共识为基础，经济分析作为一种策略性工具而被用来实现这一目的。刑事程序的经济分析勃兴于 20 世纪中叶，源于犯罪手段智能化、犯罪数量激增化与烦琐刑事诉讼程序之间愈发难以调和的矛盾。[①] 究其根源，诉讼经济发端于理性选择理论在程序法领域的扩展，而无须诉诸司法理念是否先进、司法人员是否冗余、司法运行是否流畅等特殊范畴，主要涉及对司法资源的节省和有效利用。[②] 换言之，诉讼经济代表了诉讼成本的分析和诉讼效益的评价。波斯纳站在经济分析的角度，认为最大限度减少法律运行过程中的司法资源消耗是法律程序设计和运行应当追寻的重要价值目标。[③]

同时，站在不同的诉讼主体角度，诉讼经济又具有不同的含义。刑事程序的运行需要公共资源投入和个人支出，有学者据此将诉讼经济划分为权力的经

[①] 毛立华：《程序类型化理论：简易程序设置的理论根源》，载《法学家》2008 年第 1 期。

[②] 钱弘道：《论司法效率》，载《中国法学》2002 年第 4 期。

[③] 陈瑞华：《刑事诉讼的前沿问题（上册）》，中国人民大学出版社 2016 年版，第 218 页。

济和权利的经济，前者旨在确保有效打击犯罪，后者旨在保障公民基本人权。[①]例如，较长的诉讼流程势必增加国家诉讼成本的消耗，但对于审前未被采取强制措施的被告人来说，却代表了更为充足的准备时间和更为公正的审判，以及可能由此而来的更佳的审判后果。而对于审前已被采取强制措施的被告人来说，诉讼程序的拖延便属一种惩罚，并且遭受更长时间由于裁判结果不确定性而造成的心理困境，"降低所有贴现率为正的人们的预期处罚成本而对社会产生不利影响"[②]。站在国家角度考量，一国的社会资源会随着经济发展而不断增加，各个行业的资源投入也会相应丰富，其中必然包括司法资源。美国著名经济学家加里·S. 贝克尔曾表示："法律的遵守并非理所当然，一部分公共资源和私人资源通常用来防止犯罪和逮捕罪犯。"[③] 不论是公共资源的投入，抑或私人成本的支出，几乎均无法得到有效补偿，刑事程序存在突出的外部不经济性。

我国仍处于社会主义制度建设初期阶段和法治建设的发轫阶段，总体上仍属法治后发国家。伴随着依法治国方略正式确定，我国的制度保障和资源供给将对司法领域有所倾斜，司法资源的增加值有可能高于其他行业。站在动态层面，我国推动的以审判为中心的刑事制度改革以及配套的司法改革，能够得到充分的资源保障。但司法资源的消耗往往先于供给，如果将目光调整至一个相对较短的时期，某些改革措施和司法实践会带来巨额的司法资源消耗。例如，庭审实质化所要求的程序正当，以及随之而来的控方的严格证明责任和辩方权利的充分保障可能会造成短期内资源需求激增。庭审实质化要求侦查机关收集证据、检察机关审查证据应当按照庭审的高标准进行，并且应当进一步加强证据的全面收集，这体现了"完善人权司法保障的必然要求"。毋庸讳言，侦查机关改革前在需要处理案件数量大但资源投入有限的情况下，[④] 往往更加重视对被告人有罪、罪重的证据进行收集，并且收集过程通常无法严格按照法律要求进行，收集到的证据数量和质量不高，检察机关进行起诉审查也很难做到全面纠正，法院最终也只能全盘接受进行审判。改革要求侦查机关收集证据更加细致、全面，检察机关也加大了侦查监督力度，某些案件甚至自行开展调查取证或提前介入指导侦查，法院也进一步加大了非法证据排除力度。办案质量喜获提升的同时，办案机关人、财、物等投入更大，即案件质量的提升越大，侦查的成本便越高。正如学者所言，静态观之，一国在特定时段内能够投入的司

---

① 左卫民：《刑事诉讼的经济分析》，载《法学研究》2005 年第 4 期。

② ［美］理查德·A. 波斯纳：《法律的经济分析》，蒋兆康译，中国大百科全书出版社 1997 年版，第 734 页。

③ ［美］加里·S. 贝克尔：《人类行为的经济分析》，王业宇、陈淇译，上海格致出版社、上海人民出版社 2015 年版，第 41 页。

④ 郭泉：《技侦证据审查相关问题的思索求解》，载《理论探索》2019 年第 3 期。

法资源可以忽略其变化而视作定量,[1] 短期内需求的激增与供给的稳定势必引发紧张的供需矛盾。

同时,即使不切实际的无限制的司法资源投入的幻想得以实现,也很难带来司法边际效益的提升。尤其在案件事实清晰、证据充分并且均已得到被告人认可的案件当中,程序呈现是否完整几乎无法对最终的裁判结果带来影响,除非公诉机关存在非法取证行为或被告人辩护权受到不正当的限制。两种情况均指向被告人的权益受到侵害,这也是本文下一部分讨论的重点,在此先不予赘述。

诉讼成本的分析也并非一味节流,更非为了其他行业从司法领域榨取更多资源。"节流"的最终目的乃是"开源",司法效益的提升才不枉费为了节省司法开支而在制度改革方面投入的心血。刑事诉讼中存在着简单多数与复杂少数,[2] 如欲实现司法效益的帕累托最优,一味增加简单多数的资源供给并非明智之举,更可取的应当是根据案件的不同情况妥善分配资源。将司法资源更多投入简易案件所带来的机会成本远远大于将其投入疑难案件中。一方面,多数简单的问题往往能够通过制度设计予以解决,过多的资源供给无法换回边际收益的增值。资源过度投入简易案件当中,甚至有可能降低诉讼收益。例如,对于某些轻微刑事案件进行集中起诉、集中审理,能够在相同时间内处理更多案件,在降低诉讼成本的同时增加诉讼效益,具有较强的经济性。如果仅仅考虑增加资源供给,如向审判机关提供更多财政拨款以增加法官数量,每起案件单独采用普通审理,最终的裁判结果不会产生差异。但由于单独审判追溯造成的单独起诉,反而增加了检察机关的工作量。另一方面,在司法资源总量短期保持稳定的前提下,增加简易案件的司法投入势必造成疑难案件司法供给的短缺,而疑难案件由于公众关注程度更高,处理结果的优劣将对司法的法律效果、政治效果、社会效果产生较强影响。"繁者更繁"的前提是"简者更简",在对简易案件成本进行有效控制的前提下增加对疑难案件的司法投入,更有利于实现司法资源的帕累托优化。

我国台湾学者林钰雄指出,简易程序的用意在于诉讼经济,根据案件事实繁简和科处刑罚轻重的程度不同而分配数量不等的司法资源。[3] 对于公众利益,简易程序能够缩短庭审时间,对于"事实清楚、证据充分"的案件相应减少投入,将节省出来的司法资源运用到疑难、复杂案件当中,从而"推进案件繁简分流,优化司法资源配置"。同时,简易程序能够借促进案件短期内得到裁判结果而向社会宣示司法体系的高效运转,并且通过及时惩戒达到威慑犯罪的效果。

---

[1] 汪建成:《以效率为价值导向的刑事速裁程序论纲》,载《政法论坛》2016 年第 1 期。

[2] 李本森:《法律中的二八定理——基于被告人认罪案件审理的定量分析》,载《中国社会科学》2013 年第 3 期。

[3] 林钰雄:《刑事诉讼法(下册)》,中国人民大学出版社 2005 年版,第 197 页。

贝卡里亚曾说过："惩罚犯罪的刑罚越是迅速和及时，就越是公正和有益"，因为这会使"犯罪和刑罚两个概念的联系更突出和持久"。[①] 目前，我国刑事诉讼正处于以审判为中心的刑事制度改革背景下，庭审实质化也意味着证据裁判原则和直接言词原则得到进一步贯彻落实，这对于法庭审理质量提出了更高的要求，也将倒逼侦查、审查起诉等各个刑事诉讼环节层层严格把关，提高办案质量。国家一方面加大了对于司法领域的资源投入，另一方面也需要使司法资源的分配更具合理性和策略性。近年来，国家相继推出了速裁程序和认罪认罚从宽制度改革，目的便是顺应改革要求，在强化人权保障的同时"合理配置司法资源，提高审判效率，及时惩戒犯罪，推动案件繁简分流"。

《两权公约》第14条要求"受审时间不被无故拖延"。站在被告人角度，简易程序有利于避免刑事诉讼程序的"无故拖延"，[②] 使具备审结条件的刑事案件尽快审结。贝斯特曾经说过："审判活动应当避免过于拖延或过于草率。"过于草率则意味着当事人无法充分参与到审判活动中，无法发表富有见地的意见。过于拖延则不但耗费大量司法资源，而且使被告人陷入无休止的讼累之中。"迟来的正义非正义"，诉讼时间过长也可能带来证据材料的灭失和办理人员的更换，不利于产生公正的结果。法律要求简易程序"一般应当当庭审判"，其中便有避免诉讼拖延的考量。将审判结果及时固定于庭审活动中，使刑事诉讼尽快被终结，让被告人及时了解其需要承担的刑事责任，不仅提升了诉讼的经济性，也符合程序正当要求。所以，刑事诉讼程序运行过程中根据需要进行必要的简化，目的是通过一个"高效率法律制度"实现对被告人各种需求的普遍关切[③]，保证相关案件能够及时得到审结。目前，我国简易程序的适用率长期处于低位运行态势，提升诉讼经济的潜能尚未完全激发。此外，程序的简化不应以损害被告人权益为代价，如果不重视被告人权利保障，不仅有损于程序的正当性，也有可能增加错误的司法判决成本。[④] 因此，被告人的权利保障问题也有必要予以重点论述。

（三）简易程序应当注重当事人权利保障

简易程序不仅需要符合程序正义的根本要求和诉讼经济的价值取向，还应当向当事人施以必要的人文关怀。《两权公约》第14条规定了被告人在遭受刑事指控时应当享受最低限度的人权保障，除及时审判外，还包括："迅速以一种他懂得

---

① ［意］切萨雷·贝卡里亚：《论犯罪与刑罚》，黄风译，北京大学出版社2008年版，第47页。

② 刘学敏：《欧洲人权体制下的公正审判权制度——以〈欧洲人权公约〉第6条为对象》，法律出版社2014年版，第83页。

③ ［德］哈贝马斯：《在事实与规范之间——关于法律和民主法治国的商谈理论》，童世骏译，三联书店2003年版，第289页。

④ ［美］理查德·波斯纳：《法律的经济分析》，蒋兆康译，中国大百科全书出版社1997年版，第717页。

的语言详细地告知对他提出的指控的性质和原因""有相当时间和便利准备他的辩护并与他自己选择的律师联络""出席受审并亲自替自己辩护或经由他自己所选择所法律援助进行辩护；如果他没有法律援助，要通知他享有这种权利；在司法利益有此需要的案件中，为他指定法律援助，而在他没有足够能力偿付法律援助的案件中，不要他自己付费""讯问或业已讯问对他不利的证人，并使对他有利的证人在与对他不利的证人相同的条件下出庭和受讯问""如他不懂或不会说法庭上所用的语言，能免费获得译员的援助""不被强迫作不利于他自己的证言或强迫承认犯罪"。上述规定体现出的人权保障最低标准，不仅应当在普通程序中得以贯彻，在简易程序中也需要得到总体的维护。1989 年 10 月在维也纳召开的世界刑法学协会第 14 届代表大会建议："对简单的案件，可能采取也应该采取简易程序。但是，应该使被告人保有获知被控内容和有罪证据的权利、受审的权利，包括提供证据的权利和延请律师为其辩护的权利。"① 上述建议明确了简易程序适用的积极条件，体现出刑事诉讼程序对于效率的价值所求，同时也重点强调了简易程序对于被告人知情权、受审权和辩护权的保障。1994 年 9 月 10 日在里约热内卢召开的世界刑法学协会第 15 届代表大会通过的《世界刑法学协会关于刑事诉讼法中人权问题的决议》第 23 条规定："严重犯罪不得实行简易审判，也不得由被告人来决定是否进行简易审判。至于其他犯罪，立法机关应该规定实行简易审判的条件，并且规定保障被告人与司法机关合作的自愿性质的方法，例如由律师进行帮助。建议简易审判只适用于轻微犯罪，目的是加快刑事诉讼的进行和向被告人提供更多的保护。"② 该规定强调了简易程序适用的消极条件，重申了被告人知情权和辩护权对于程序适用的必要性。

总体而言，简易程序的适用需要明确以下几点：

一是简易程序应当排除适用严重犯罪，以充分保障此次犯罪中被告人的诉讼权利。此处的严重犯罪主要以可能判处的刑罚为分野。刑罚由基于报应所裁量的责任刑和基于预防犯罪目的所裁量的预防刑组成，③ 刑罚的严厉程度应当符合罪责原则，并且受罪责的程度所限制。④ 所以，被告人可能被判处的刑罚某种程度上代表其所实施的犯罪行为的严重程度和再犯危险性。将严重犯罪排除于简易程序的适用范围之外，与其说仅仅由于严重犯罪更应当保障程序的正当性而无须考虑诉讼经济的追求，毋宁说是因为被告人由于实施了严重犯罪而可能遭受更为严厉的人身处罚，这种人身处罚可能上升为剥夺被告人全部自由的无期徒刑乃至剥夺生命的死刑。国家对于被告人全部自由权和生命权施以更

① 熊秋红：《刑事简易速裁程序之权利保障与体系化建构》，载《人民检察》2014 年第 17 期。
② 《世界刑法学协会关于刑事诉讼法中人权问题的决议摘要》，载《人民检察》1995 年第 4 期。
③ 张明楷：《论预防刑的裁量》，载《现代法学》2005 年第 1 期。
④ 王世洲：《现代刑罚目的理论与中国的选择》，载《法学研究》2003 年第 3 期。

为浓厚的关切，这种关切允许此类案件的办理过程可以选择放弃诉讼经济的普遍追求，甚至合理使用其他案件适用简易程序所节省出来的司法资源，而被划入"繁者更繁"之列。

二是简易程序应当以被告人知情和自愿为前提。刑事诉讼程序中，对于"指控性质和原因"的知悉权是被告人行使其他权利的前提。任何人均没有证明自己无罪的义务，但具有证明自己无罪的权利。被告人如果无法知悉自己因何被指控，必然陷入无法行使针对起诉事实予以防御的权利抑或承担证明自己无罪义务的怪圈。所以，各国法律在刑事诉讼程序的每一个关键节点均需通知被告人本人及其家属或辩护律师，以保障后续期间被告人权利的正常行使。同理，即将面临的程序是否被简化也应当属于被告人知悉权的范围。刑事诉讼程序本身具有的独立价值并不妨碍其最终将被告人载入裁判结果的事实。被告人的各项权利均须通过程序这个载体予以实现，程序的简化势必会造成被告人某种程度的权利限缩，而权利行使的结果直接关乎被告人的自由和生命。所以，被告人知情是简易程序适用的必要条件，但并不足以成为充分条件，因为"自由只能因为自由本身的原因被限制"。被告人行使辩护的权利只能由其主动放弃，而非其他因素导致。

三是简易程序需要充分保障被告人的辩护权利。确定简易程序的适用范围，确保被告人知情并且自愿，主要目的便是保障被告人能够充分行使辩护权利。"刑事诉讼的发展历史可以说是辩护权的发展史。"[1] 允许被告人进行自我辩解并且委托辩护律师进行辩护，构成了现代刑事诉讼制度的基石。辩护权的行使不仅具有自然法意义上的道德价值，即使站在功利主义角度，控、辩、审不同职能的协调运行也有利于发现实体真实。不论是强调当事人两造对抗的普通法系，抑或强调职权探明真相的大陆法系，均十分注重对被告人辩护权利的保障。即使在以效率为价值导向的快速审理程序中，也应当为被告人留存必要的辩护权利。然而，辩护权虽然具有不可克减性，[2] 但行使时有可能被稀释或者压缩。稀释主要指诉讼程序不合理拖延导致的辩护权行使效果的弱化；压缩则针对诉讼程序简化时，辩护权在某些关键环节的集中行使。站在经济学角度，快速审理程序"仅存"的辩护权利更显得"弥足珍贵"，应当得到额外的保障。同时，程序的简化应当以为被告人提供额外保护作为补偿，这也意味着法律援助需要更广泛地适用于简易程序中，以使被告人在律师的帮助下，更好地与国家机关进行合作。

四是被告人应当能够通过简易程序换取适当的利益。一方面，适当的利益刺

---

① ［日］田口守一：《刑事诉讼法》（第七版），张凌、于秀峰译，法律出版社 2019 年版，第 179 页。

② 李本森：《关于刑事诉讼中辩护权性质的认识》，载《中国司法》2007 年第 3 期。

激能够加速更多被告人同意适用简易程序，从而带来额外的诉讼收益。尽管这并非对所有被告人均有效，但此处主要讨论被告人的总体趋势而非每名当事人的具体选择。另一方面，被告人冒着失去自由的风险为国家节省了司法资源，获得一些额外利益具备合理性。这也会对被告人产生一定诱惑，从而增加错案发生的概率，所以对价的幅度把控至关重要。利益过大，不利于实体公正，也有损于被告人权益保障；利益过小，则无法起到推动作用，难以产生实质化效果。

我国简易程序目前可以适用于所有基层法院的一审案件，即除了"危害国家安全、恐怖活动案件"和"可能判处无期徒刑、死刑的案件"以外均可以适用，案件适用范围非常广。如果程序得到有效运行，对于缓解我国案多人少的矛盾具有重要意义，但也需警惕为提升诉讼效率而牺牲权利保障的情形。我国法律规定被告人认罪并且同意是适用简易程序的前提，法院在庭审前应当对其自愿性进行核实，同时确认认罪是否具备相应的事实基础，一旦发现不应适用有权转回普通程序进行审理。同时，简易程序庭审过程中赋予被告人充分的辩论权利，只要辩方对某些证据或者案件事实产生异议，即使不属于主要证据或基础事实，法庭均应当允许其进行质询和辩论，这客观上造成了司法实践中普遍存在的"简易程序不简易"的弊端，司法机关对于适用简易程序的热情较低，使简易程序总体适用率低位运行（见表1-1）。因此，我国在简易程序的基础上设立了速裁程序，希冀通过程序的进一步简化带动诉讼效率的提升。

表1-1 2013—2017年速裁程序、简易程序适用情况

	判处5年以下有期徒刑刑罚人数	生效判决人数	占比	适用速裁程序案件数	适用简易程序案件数	基层法院一审判决数	速裁案件占比	简易案件占比
2013年	1033005	1158609	89.2%	147647	26793	259992	56.8%	10.3%
2014年	1072904	1184562	90.6%	363007（744）	74368	719048	50.5%	10.3%
2015年	1117231	1232695	90.6%	382472（23380）	75315	779250	49.1%	9.7%
2016年	1122829	1220645	92%	362721（34276）	73969	809588	49.4%	9.1%
2017年	1094979	1270141	86.2%	442992（53113）	79572	905855	48.9%	8.8%

（数据来源：《中国法律年鉴》、威科先行法律数据库）

数据说明："判处5年以下有期徒刑刑罚人数""生效判决人数"数据来自《中国法律年鉴》；"适用速裁程序案件数""适用简易程序案件数""基层法院

一审判决数"数据来自威科先行法律数据库。需要特别说明的是,虽然《中国法律年鉴》中有简易程序适用案件统计情况,但相应的指标解释中将简易程序适用案件限定为审判员独任审判案件,主要包括可能判处 3 年有期徒刑以下案件、亲告案件和自诉案件,除不包含被告人认罪认罚外,其余条件与 2018 年《刑事诉讼法》中速裁程序规定要求相同。本文主要为了统计简易程序适用案件情况,保持数据来源统一,便于进行数据对比,最终统一采用威科先行法律数据库案例检索获悉的数据。虽然权威程度有所下降,但不影响进行数据的对比研究。另外,《中国法律年鉴》仅于 2011 年和 2012 年公布判处 3 年以下有期徒刑人数,据此可以得到这两年判处 3 年以下有期徒刑刑罚人数占比分别为76.7%、78.3%。

此外,我国简易程序适用也会受到其他因素影响。例如,司法实践中为了保障被害人权益,一般要求附带民事诉讼的案件达成刑事和解或刑事调解是适用简易程序的前提,而能否达成则受到多方因素影响,法院很难在较短的审限内同时完成刑事审判和民事调解工作(见表 1-2)。我国目前推进的刑事案件律师辩护全覆盖,要求"适用简易程序、速裁程序审理的案件,被告人没有辩护人的,人民法院应当通知法律援助机构派驻的值班律师为其提供法律帮助"。这意味着我国对于简易程序中被告人辩护权利保障较为重视,在对简易程序的法律援助方面迈出了第一步,但由于法律帮助并不等同于辩护,所以仍存较大提升空间。目前,我国程序法尚未对被告人选择适用简易程序提供相应的量刑减让,主要是实体法上通过被告人认罪的坦白情节而给予相应的从轻处罚。能否将被告人选择适用简易程序或速裁程序作为量刑的因素,也是下一步立法应当考虑的重要方面。此外,《刑事诉讼制度改革意见》要求"适用简易程序的案件一般应当当庭宣判",此举也能够体现出通过庭审实质化增强被告人的辩论意见对裁判结果的影响,有助于激发辩方积极主动履行权利。

表 1-2　2013—2017 年刑事财产刑或附带民事赔偿案件执行情况

	一审收案数	刑事财产刑或附带民事赔偿生效判决、裁定、调解书申请执行案件数	占比
2013 年	971567	105514	10.9%
2014 年	1040457	105837	10.2%
2015 年	1126748	151884	13.5%
2016 年	1101191	302428	27.5%
2017 年	1294377	450391	34.8%

(数据来源:《中国法律年鉴》)

数据说明：2017 年及之后《中国法律年鉴》将"刑事案件"执行情况改为"刑事财产刑或附带民事赔偿生效判决、裁定、调解书申请执行案件数"，两者范围大体相同。刑事附带民事案件由于案情复杂，调解工作难度较大，被告人是否赔偿到位是量刑的重要考量因素，所以，适用简易程序很难在审限内同时将刑事和民事部分处理完毕。此类案件在轻罪中占比较大，对于简易程序适用带来较大影响，刑事执行案件主要以此类案件为主。①

二、简易程序的功能分析

讨论了简易程序的正当性问题后，本部分将目光转向建制向度，将简易程序嵌入社会特有现象的框架之中，对其进行功能分析。罗斯科·庞德曾在《通过法律的社会控制》一书中提出了他极富实用色彩、包含功能主义的正义观。在他看来，正义与其说是一种个人的德行和人们相互之间的理想关系，毋宁说是一种体制。正义是"一种关系的调整和行为的安排，它能使生活物资和满足人类对享有某些东西和做某些事情的各种要求的手段，能在最小阻碍和浪费的条件下尽可能多地给以满足"。法律秩序则通过司法程序按照权威性技术所发展和适用的各种法律规范来确定在何种限度内承认与满足人类对于某些东西和做某些事情的需求，以及对这种需求在确定限度内予以保障。② 同时，作为实现法律秩序的重要方式，诉讼程序使法律秩序从一种抽象和匿名化的语言代码转变为一种互动的框架和语境，也使得社会关系被潜在的司法主宰化。③ 同时，诉讼程序通过对法律的语言代码进行翻译而使其进入普遍的理解视域（庭审公开），进而将法律规范中蕴含的信息转变为影响公众行为之准则。法律的这种社会性整合功能主要通过诉讼程序予以呈现，④ 社会整合某种程度上体现出的是国家的意志和功能。

按照此脉络，功能分析可以由宏观至微观划分为国家功能分析、法律功能分析、诉讼功能分析三个层次。具体到刑事诉讼程序的功能分析，可以按照程序繁简程度的不同划分为普通程序的功能分析、简易程序的功能分析和速裁程序的功能分析。上一层次的功能分析势必包括下一层次的全部内容，亦即下一层次的功能分析应当体现出上一层次的某个面向。这同时印证了庞德在耶林的基础上提出的"三个利益"学说，人们主要通过法律权利来实现对各种利益的

---

① 《刑事简易程序适用率降低原因及对策》，河南省商丘市中级人民法院，http：//hnsqzy. hncourt. gov. cn/public/detail. php？id＝11168，最后访问时间：2020 年 4 月 5 日。
② ［美］罗斯科·庞德：《通过法律的社会控制》，沈宗灵译，商务印书馆 2010 年版，第 39 页。
③ ［比］马克·范·胡克：《法律的沟通之维》，孙国东译，法律出版社 2008 年版，第 87 页。
④ 关于法律的社会性整合功能，详见［德］哈贝马斯：《在事实与规范之间——关于法律和民主法治国的商谈理论》，童世骏译，三联书店 2003 年版，第 80-103 页。

主张以及对这个主张的保障。① 换言之，法律具有维护和保障不同层面需求的属性。因此，简易程序的功能分析至少应包括对于社会利益、公共利益和个人利益的确认、保障和限制。

（一）社会利益层面

相对于普通程序，简易程序能更快地恢复社会秩序，更有利于保护社会资源。不确定性是诉讼程序赖以存在的基础，② 因为只要裁判结果尚未作出，诉讼程序便尚未结束。虽然区别是否有罪、罪轻与罪重由于法律规则的划分而成为可能，但尚在进行中的诉讼程序并没有十足的把握确定最终的裁判结果将如何作出。恰恰相反，诉讼程序具有通过放大这种不确定性进而刺激、引导自我扩大化的趋势。例如，当事人主义诉讼模式下控辩双方通过刑事诉讼程序进行激烈对抗，双方均以裁判结果的不确定性作为内源动力，攻守不断交替的双方呈现出穷尽各项权利手段的态势，最终将诉讼程序演变成一场马拉松式的拉锯战。双方看似均握有得到有利结果的机会，共同促成了漫长的诉讼接力，裁判结果作出后残存的不确定性仍然带有将各方卷入新诉讼程序的诱惑（上诉）。越是漫长的诉讼案件，越容易得到社会的关注。无尽的程序不仅损耗着各参与方的时间和精力，也在无形中通过博取社会眼球、媒体聚焦的方式损耗着社会资源。此外，只要刑事诉讼程序尚未尘埃落定，社会秩序便尚未得到修补。虽然犯罪对于社会造成的伤害很难仅仅依靠诉讼程序得以完全弥合，但久拖不决的诉讼程序却有进一步撕裂社会伤口的可能。刑事诉讼程序需要差异化的存在，快速审理程序应运而生。快速审理程序能够在较短时间内完成刑事诉讼流程，使各参与方尽早摆脱讼累，引导社会资源流向更加需要的领域。更迅速的刑事诉讼程序能够降低裁判结果的不确定性，进而增强法律的社会整合和社会修复功能。

社会资源和社会秩序需要得到保护和恢复，但不应以牺牲更多社会秩序和安全利益为代价。刑事诉讼活动是维护社会秩序与安全的重要手段，相比于其他法律手段各具权力色彩。③ 因此，刑事诉讼程序的差异化应当建立在区分案件情况的基础之上。如果没有一个理性基础作为底线的话，刑事诉讼程序将演变成权力恣意表演的舞台，而社会秩序和安全利益将荡然无存。打击犯罪和人权保障是现代刑事诉讼制度的两大基石，④ 一方面，刑事诉讼通过对犯罪行为进行控制，投入更多的资源以维护社会秩序、消除社会混乱，引导社会生活有

① 关于"三个利益"学说，详见［美］罗斯科·庞德：《通过法律的社会控制》，沈宗灵译，商务印书馆 2010 年版，第 41-61 页。

② ［德］卢曼：《社会的法律》，郑伊倩译，人民出版社 2009 年版，第 109 页。

③ 左卫民、唐雪莲：《宪法与刑事诉讼》，载《中外法学》1994 年第 1 期。

④ 郭枭：《技侦证据审查相关问题的思索求解》，载《理论探索》2019 年第 3 期。

序化开展；另一方面，刑事诉讼应当避免过度侵入社会生活领域，保持谦益性，社会成员应当保有基本的选择权利和对抗权利。换言之，节省社会资源是为了更大限度地增加社会利益，刑事诉讼程序需要为普通程序留有恰当的适用空间，并且简易程序和速裁程序需要明确以当事人意思表示和案件事实情况为基础的适用边界。因此，快速审理程序以被告人自认的覆盖范围、可能遭受的惩罚以及案件具体事实为基础进行区分便十分必要。只有如此，才有可能达到与公共利益和个人利益相协调。

（二）公共利益层面

简易程序对于公共利益的影响，主要体现在以下几个方面：

一是提升司法机构的效率，降低司法机构运行的成本。司法是公正的最后底线，底线的守护需要更多资源的投入，而司法资源来源于公众利益的供给，所以，司法机构运行的效率将对公众利益产生影响。上文提到了简易程序具有诉讼经济的价值需求，此处主要强调这种价值需求对于维护各方利益平衡的重要作用。公众利益需要资源的合理配置以实现价值最大化，但此目标的实现关涉多方面因素。秩序的稳定是发展的基础，为了使自身利益得到持续丰富，公众将部分资源让渡于司法程序，用于打击危害社会秩序的犯罪行为，降低外部环境恶化对利益增长带来的负面影响。司法过程中消耗大量资源会引发公众利益的再分配，但无法产生价值。司法机构运行的效率提升意味着资源需求的降低，公众利益的留存便相应增多，反之亦然。简易程序对于司法机构运行效率的提升毋庸置疑，所以简易程序能够起到维护公众利益的效果。但公众利益不仅包括经济价值，正义所带来的安全感同样必不可少，所以，简易程序的底线是正当性的守护和被告人必要权益的充分保障。

二是引导诉讼程序多元化发展。人类文明的发展越来越体现出多元化的特征，"百花齐放、百家争鸣"的多元化思想能够满足公共利益对于文明的不同需求，这不仅局限于文学创作领域，也适用于艺术展示、科学研究乃至司法运行，即便在更为强调人权保障的刑事诉讼程序中也不例外。刑事诉讼程序逐渐呈现出日益多样化的特点。[①] 域外法治国家通常根据被告人是否认罪或案件事实情况进行区分，设置了不同的审理程序。例如，美国根据被告人的不同认罪方式在正式庭审前专门设置了认罪答辩程序；德国根据案件情节的轻微程度设置了处罚令程序、快速审查程序；法国则建立了轻罪矫治制度和刑罚替代措施，并设置了立即出庭程序、认罪答辩程序和简易审查程序；日本则设置了略式审判程序、即决裁判程序和简易审理程序；意大利也设置了处罚令程序、快速审判程序和简易审判程序。多种审理程序并行使得刑事诉讼程序呈现出更加多样

---

① 叶青、吴思远：《认罪认罚制度的逻辑展开》，载《国家检察官学院学报》2017 年第 1 期。

化和立体化的阶梯式特征，更好地实现了对于不同情节、不同被告人适用不同的刑事程序进行不同的处理方式，纾缓了刑事犯罪增多带来的案件积压。

三是赋予了公权力可协商的特点。公权力由于涉及不特定人群的共同利益，而公众利益由于短期内很难达成协调一致，所以，国家将公众权利凝结成某些类别的总体性规范，通过强制执行力保障其有效实施，实现社会秩序的总体平稳。因此，公权力往往不具备协商性，否则法律规范将沦为朝令夕改的废弃文书。尤其是公权力主导的刑事法域，更加强调完备的程序所赋予被告人权益的保障以及对程序本身正当性的证成。根据权责对等的要求，侦查、起诉和审判职能带给相应机关的更多是随之而来的责任。由于缺乏对刑事诉讼程序进行调整的"自由"，刑事法律通常展现给世人一副冰冷、刚硬的面孔，对所有被告人均一视同仁、平等以待，严格地按照刑事诉讼流程对每一名被告人可能实施的罪行予以甄别，最终通过裁判结果宣示罪行的轻重和惩戒的方式。此举虽然闪耀着理性的光辉，但缺乏了感性的温度。尤其是在被告人认罪的情况下，追诉机关对于犯罪的追诉活动由于被告人的配合从紧迫变得适度减缓，传统的审判程序也因为缺乏对抗性而显得过于烦琐和冗长。刑事程序对于其正当性的证成也应当转变为另一种模式，从强调无罪推定、控辩平等等原则转变为通过对认罪自愿性、案件基础事实和争议问题的审查，将惩罚的减让作为被告人配合追诉犯罪的"奖赏"。公权力在此过程中完成了与被追诉方的"讨价还价"，通过量刑建议的形式固定了与私权利的协商成果，使得追诉机关能够抽身转向处理更多的犯罪，公共利益也得到了更好的保障。

（三）个人利益层面

简易程序对于个人利益的保障，主要体现在以下几个方面：

一是保障被告人自由行使个人意志的权利。对被告人权利的保障不仅构成了简易程序正当性的根基，也实现了简易程序保障个人利益的功能。

二是有利于弥补被害人的损失。被告人自愿认罪、真诚悔罪除了主观意志的深刻反省，更重要的是通过具体行动对被害人进行赔偿，并争取与被害人达成和解。是否达成和解也作为法官判断是否适用简易程序的重要考量因素。被告人如果希冀通过简易程序尽早摆脱讼累，势必竭尽所能弥补犯罪行为对被害人造成的损失，否则有可能需要忍受失去自由的漫长煎熬。因此，简易程序有助于被害人得到一定程度的补偿。

三是能够增加律师的竞争。相较于适用普通程序的案件，适用简易程序的案件事实更加清晰，并且由于被告人认罪，庭审过程中的对抗激烈程度往往较低。由于此类案件很难带给律师较大的专业技能挑战，能够胜任的律师数量相对也较多。此处主要站在专业角度衡量，不考虑包括律师伦理道德或者个人偏向等特殊范畴的影响，或者因为被告人当庭翻供以及法官经过审查发现案件不符合适用简易程序条件等特殊情况。较低的专业水准要求从表面上看不会对律师行业专业化发展带来推动作用，由于潜在竞争者的增多，律师间对于担任辩护人的竞争便趋向激烈。"竞争是成本最小化压力的经验主义事物，反过来又会唤醒专业化中的更大利益，由此促进更高生产率的更大专业化。"① 当客户拥有更多可供选择时，常规的专业知识和辩护经验便不足以将其打动，也很难激发起客户签署代理协议的冲动。律师需要更加富有见地的法律建议、更加精彩的职业履历以及良好的口碑声誉，才更有可能担任过去并不需要付出较多精力的此类案件的辩护人。

这也促使可能从事刑事辩护的律师将更多精力投放于刑事案件的研究，② 这一方面增加了刑事辩护的专业化，但另一方面也降低了律师专业技能的多样化。律师专业技能的收窄又进一步促使其将仅有的技能作为主要收入来源，加剧了律师在刑事辩护领域的深耕，最终形成以刑事辩护为主要业务来源的专业化律师。如果刑事辩护对于律师的要求过高，导致能够参与的律师数量过少，或者律师从事刑事辩护所获得的收入不足以覆盖其所付出的时间和精力成本，律师又会转向其他领域。这种趋势会进一步形成反作用，抬高律师收费的价码、降低刑事辩护需要的水准。因此，刑事辩护领域便在这一高一低中波浪式前进，法律援助律师在其中起到了一定的调节和缓冲作用，避免出现收费畸高、畸低的情况。简易程序的出现，无疑对降低律师收费、增加律师竞争、加速专业化进程起到一定的促进作用。

按照上述逻辑，速裁程序在此方面应当比简易程序更具优势。这主要涉及量变和质变的问题。刑事辩护领域的高峰和低谷虽然是一个相对概念，但客观上存在一个阈值区间。如果超过这个区间，则上述逻辑便会失效，而适用速裁程序的大多数案件由于太过简单，案件事实和法律适用几乎无争议性，直接超出了有效的阈值区间范围，导致司法实践中很少有当事人愿意在此类案件中付出一定成本聘请律师辩护，所以，相比于简易程序，速裁程序对于刑事辩护领域的调节作用非常有限。

---

① ［美］理查德·波斯纳：《法律的经济分析》，蒋兆康译，中国大百科全书出版社 1997 年版，第 768 页。

② 我国目前尚未实行专业化律师制度，取得执业资格的律师可以代理的案件类型没有限制。刑事案件由于收费和风险等因素，往往是某些律师的"副业"，即主要代理其他类型的案件，偶尔担任刑事案件的辩护人。

第二章
刑事简易程序的比较研究

第一节 比较对象的对标逻辑及选定

一、与我国简易程序相对应的程序的对标逻辑

我国 1996 年《刑事诉讼法》正式增设了简易程序，规定可以适用于基层法院管辖的下列案件：可能判处 3 年以下有期徒刑、拘役、管制、单处罚金，且事实清楚、证据充分，人民检察院建议或者同意适用简易程序的公诉案件；告诉才处理的案件；被害人起诉的有证据证明的轻微刑事案件。2012 年修正的《刑事诉讼法》取消了对适用简易程序的案件类型和刑罚限度的限制，不再刻意区分轻罪和重罪，案件的适用范围扩大至所有刑罚，只将被告人是盲、聋、哑人或精神病人，辩护人作无罪辩护，被告人可能不构成犯罪等作为排除情形不许适用。

修正后的简易程序以案件事实是否清楚、证据是否充分作为案件的筛选条件，同时看重被告人承认自己所犯罪行，并对被指控的犯罪事实无异议，旨在强调案件的事实无争议性和审理过程的可简化性。与修正之前的简易程序的适用条件相比，新的简易程序不再强调犯罪行为的轻重，亦不再强调案件事实的复杂程度，即使被告人所犯罪行较重或者案情很复杂，只要事实够清楚、无争议，证据足够充分，依然可以适用简易程序。

2018 年，我国《刑事诉讼法》又增设了速裁程序，其适用于由基层人民法院管辖的、刑罚可能在 3 年有期徒刑以下的被告人认罪认罚案件。速裁程序可以被视为简易程序的进一步简化。在程序上，适用简易程序审判的案件可以不受关于送达、讯问被告人、询问证人和鉴定人、出示证据、法庭辩论程序规定的限制，法官可以根据案件情况进行引导。但是，在庭审中，经审判人员许可，被告人及其辩护人依然可以同公诉人、自诉人及其诉讼代理人互相辩论。适用速裁程序审理的案件可以不受送达期限的限制，一般不进行法庭调查和法庭辩论，而且原则上要求在受理后 10 日以内审结并当庭宣判。在庭审中，速裁程序

强调法庭对被告人是否不构成犯罪或不应当被追究刑事责任、被告人是否自愿认罪认罚等阻却程序适用情形的审查，如果发现不适用情形的，应当适用普通程序或简易程序重新审理。因此，认罪认罚并不导致必然适用，也不局限于速裁程序，对于被告人认罪认罚但并不符合速裁程序适用条件的，可以转为普通程序或简易程序进行审理，但对被告人可予以从宽处罚。① 同时，速裁程序保留了在判决宣告前应当听取辩护人的意见和被告人的最后陈述意见的程序步骤，以确保被告人认罪认罚的自愿性、真实性，以及适用程序的合法性。

修正后的简易程序的定位由原来的"轻罪快速处理程序"转变成"对普通审判程序的简化"，要求事实无争议、被告人认罪而无须认罚，简化了庭审步骤和"被告人定罪"的问题，将庭审的重心放在量刑上。而速裁程序无论在被告人所犯罪行的轻重程度还是被告人的认罪认罚态度方面都比简易程序更进一步，既要求"罪轻"又要求"认罚"，既简化了"定罪"又简化了"量刑"，从而与简易程序加以区分。虽然保留了庭审过程，但庭审的重心放在对程序适用合法性的审查之上，是为保障公正的谨慎之选。笔者认为，简易程序的内核在于"简化定罪"，而速裁程序的内核在于"在简化定罪的基础上同时简化量刑"。由此，我国刑事一审程序形成了由普通程序、简易程序和速裁程序三个常规程序组成的功能不同、层次合理的架构。

综观世界其他国家，虽然各国的司法传统和体制差异巨大，并且各个国家《刑事诉讼法》的发展历史和水平也相去甚远，但对轻罪和重罪采取不同处理策略的做法仍是主流。大致可以概括为两种模式：一是以罪行的轻重为区分标准设立轻罪审理法院（如轻罪法院、违警罪法院、治安法院、初审法院等）和重罪审理法院（如重罪法院、刑事法院、高等法院等），并将其作为轻罪和重罪差异化处理的主要逻辑，同时辅以普通程序和简易程序作为提高审判效率的手段。二是不刻意区分轻罪和重罪的级别管辖，而是以行政区划或级别为主要依据划分法院等级，设立区法院、州法院、最高法院等不同层级的法院区分级别管辖，同时设立普通程序和简易程序或快速审理程序等对案件加以分流。

基于司法制度的差异，在很多国家的刑事诉讼制度中确实很难找到与我国简易程序完全对应的程序或制度。就像我国简易程序经历了从无到有、从限定轻罪到适用所有刑罚，我国刑事一审程序架构经历了从"单一普通程序架构"到"普通加简易的双层架构"，再到"普通、简易加速裁的三层架构"一样，他国的刑事诉讼制度可能正在经历我国改革之前的阶段，明确的程序分层格局尚未形成。我国在正式确立速裁程序之前，该程序的一些立法精神和制度做法

---

① 最高人民法院刑一庭课题组：《刑事诉讼中认罪认罚从宽制度的适用》，http：//www.360doc.com/content/18/1218/07/39717550_802564805.shtml，最后访问日期：2020 年 4 月 21 日。

是被纳人或已经包含在简易程序中的，其他国家可能也正是如此。为此，在选择国外的比较对象时，不能苛求完全套用我国现有的简易程序标准去按图索骥。我们需要寻找的是各个国家为了实现程序分流、提高诉讼效率，而进行的诉讼程序简化的有益探索，完全不必拘泥于某些程序或制度一定被其本国称为或在法律中被规定为"简易程序"。按照当前我国简易程序与速裁程序的功能划分，本文选择比较对象的逻辑和标准为：首先，确定某国的一审程序有几种审判形态，如果仅有两种且除了普通程序以外的程序具有认罪或认罚的特征，则可以将其视为本国简易程序发展历程中的一种形态，直接确定为比较对象。其次，如果一审审判形态为两种以上，且其中有关于被告人认罚或简化量刑的特殊程序，则认定其对标我国的速裁程序，从而予以排除，进而选择具有认罪或简化审判步骤的程序作为本文的比较对象。

二、比较对象的选定

当前世界各国公诉案件的一审审判程序的架构主要分为三种立法模式：一是"普通程序"+"简易审判条款"模式；二是"普通程序"+"简易程序或快速处理程序"模式；三是多层次审判程序架构模式。根据前述标准与逻辑，笔者对 20 多个国家的刑事诉讼制度进行了考察，选择并确定了 17 个国家的程序作为简易程序的对比对象。与我国简易程序相对应的程序称谓及对应国家情况见表 2-1。

表 2-1　与我国简易程序相对应的程序称谓及对应国家情况

国家	程序称谓
哈萨克斯坦、南非、阿根廷、巴西、法国、西班牙、加纳、意大利	简易程序（简易审判程序、简易诉讼程序）
日本、韩国	简易公审程序
新加坡、喀麦隆	认罪答辩程序（条款）
埃及	刑事命令程序
埃塞俄比亚	轻罪程序、乡镇法官的简易程序
德国	快速审理程序
俄罗斯	刑事被告人同意对其提出的指控时法院裁判适用的特别诉讼程序
葡萄牙	简捷诉讼程序

（一）"普通程序"+"简易审判条款"模式

采用该模式的国家，其刑事诉讼法中没有专门的简易程序或快速处理程序，只在普通程序中有部分条款对简化审判过程加以规定，或者将简易程序的规定放在普通程序中。但是，该模式下简易审判或者被告人认罪的规定较为粗略，很多步骤依赖普通程序的规定。采用这种模式的典型国家有哈萨克斯坦和喀麦隆。

（二）"普通程序"+"简易程序或快速处理程序"模式

该模式在普通程序之外，专门规定了简易程序或者快速处理程序，其中快速处理程序具有简化审判的实质内涵。在埃及，对刑事轻重犯罪的管辖既有法院级别上的区分，又有程序适用上的差异。首先，埃及的法院组织分为四个级别，自下而上为简易法院、初级法院、上诉法院和最高法院。其中，简易法院目前大约有 150 个，主要负责审理轻微的刑事案件以及少于 5000 埃及镑的小额民商事案件，由一名法官独任审理。初级法院则审理普通的刑事案件、5000 埃及镑以上的民商事案件，以及不服简易法院判决的案件。[①] 其次，在普通程序外，埃及审判程序中还有专门针对轻罪案件的刑事命令程序。因为埃及没有专门的简易程序或其他简化程序，因此，笔者选择刑事命令程序作为对比对象。新加坡的一审程序除了普通程序外，还在《新加坡刑事诉讼法典》第 11 章第 3 节规定了认罪答辩程序，其与普通程序相比更为简便、快速。在埃塞俄比亚，除了普通程序外，还有专门的轻罪程序和乡镇法官的简易程序，这两个程序均包含简易程序的实质内涵，可以作为比较对象。德国的刑事诉讼中除了普通程序以外，还在《德国刑事诉讼法》第 6 编 "特别程序" 中规定了 "快速审理程序"。俄罗斯除了普通程序以外，也在《俄罗斯联邦刑事诉讼法典》第 10 编 "法庭审理的特别诉讼程序" 的第 40 章中，规定了 "刑事被告人同意对其提出的指控时法院裁判适用的特别诉讼程序"（以下简称 "俄罗斯的被告人认罪程序"），该程序是与普通程序相比更为简便的程序。此外，加纳、阿根廷、巴西、南非除了公诉案件的审理程序以外，也有专门的简易审判程序或简易诉讼程序。

（三）多层次审判程序架构模式

该模式下的诉讼程序存在普通程序、简易程序、更简易程序等多层架构，它们组成更为复杂的案件分流机制。当前世界上大多数国家采用这种模式。

《日本刑事诉讼法》中同时存在简易公审程序、简易程序和即决裁判程序。《日本刑事诉讼法》中规定的 "简易程序" 实际上是指简易命令程序。该程序

---

① 汤鸿沛：《埃及的司法制度》，中国法院网，https://www.chinacourt.org/article/detail/2004/10/id/134556.shtml，最后访问时间：2020 年 4 月 20 日。

是指简易法院对于其管辖的案件，可以依据检察官的请求，在公审前以简易命令的形式作出 50 万日元以下的罚金或罚款，以及缓刑、没收或其他附加处分的判决。检察官请求简易命令前，应当向犯罪嫌疑人告知有关简易命令的必要事项及其有权选择适用公审程序被审判的权利，在此基础上征求犯罪嫌疑人对适用简易命令的同意，并取得其书面确认。简易命令的请求以书面形式与公诉同时提出，并提交必要的文书和证据。简易命令应当载明被告人构成犯罪的事实、裁决适用的法律、判处的刑罚和附加处分，以及对检察官和被告人有权在收到简易命令之日起 14 日内请求法院适用公审程序对案件进行审判的权利告知内容。如果检察官或被告人欲请求法院开启公审程序，那么应当以书面形式提出，并且在一审判决前可以撤回。但检察官或被告人超出期限或者违反法定方式提出公审请求的，法院将不予受理。无论是基于检察官还是被告人提出的请求，适用公审程序进行审判并作出判决后，简易命令即失效。如果超过请求期间或适用公审程序进行审判的请求被驳回的，那么简易命令即具有与确定判决同等的效力。

即决裁判程序是对于预备提起公诉的案件，检察官认为罪行轻微且案情清楚、证据调查可以迅速终结，或者基于其认为适当的其他情况，而在提起公诉的同时，请求法院以书面形式进行即决裁判的程序。但是，被告人可能被判处 1 年以上惩役或监禁、无期惩役或监禁、死刑的案件除外。同样，检察官在提出请求前，应当向犯罪嫌疑人告知有关即决裁判程序的必要事项及其有权选择适用公审程序被审判的权利，在此基础上征求犯罪嫌疑人对适用即决裁判的同意，并取得其书面确认。在该过程中，如果犯罪嫌疑人因为贫困或其他原因没有聘请辩护人的，可以请求法院为其选任辩护人，法院应当为其选任辩护人。

虽然日本简易命令程序被其本国视为"简易程序"，但并不能与我国简易程序相对应。其程序特征与我国民事诉讼法中的支付令程序有些相似，均是不经审判直接作出实体裁决。其与公审程序之间的关系反倒类似于我国审判制度中一审与二审的关系——均是超过异议期间则判决生效、均是之后的裁判可令之前的裁判失效等。在我国《刑事诉讼法》修正之后，日本的简易公审程序更贴近我国简易程序强调被告人认罪从而简化审判细节的精神实质。因此，本文选取了日本的简易公审程序作为我国简易程序的比较对象。

韩国的刑事诉讼制度与日本有很多相似之处，因为韩国在被日本殖民时期曾适用《日本刑事诉讼法》，虽然在解放之后引入了英美法系的当事人主义因素，以改变旧的《日本刑事诉讼法》浓重的职权主义色彩，但至今仍保留着很多《日本刑事诉讼法》制度的痕迹。《韩国刑事诉讼法》也同时规定了"简易公审程序"和"简易程序"，即决裁判程序已经被删除。与日本一样，《韩国刑事诉讼法》中的"简易程序"也是指简易命令程序，而简易公审程序与我国简易程序较为接近，因此被选为比较对象。

巴西的法院体系由联邦法院和地方法院两个系统组成。地方法院按照行政区划设立，每个州设立一个高等法院和若干初审法院，审理绝大部分案件。联邦法院则是跨区设立，可以管辖跨区域的案件，主要受理与选举、劳动争议有关的案件，以及对高等法院上诉的案件。全国设立一个联邦最高法院。在审判程序方面，根据1941年《巴西刑事诉讼法典》（2012年修正）的规定，其刑事诉讼程序分为普通程序和特别程序。其中，普通程序又分为常规诉讼程序、简易程序和最简易程序。简易程序被规定在《巴西刑事诉讼法典》第2编第5章，最简易程序则没有专门的规定。从适用范围上看，常规诉讼程序适用的是最高可能被判处4年及以上剥夺自由刑罚的犯罪，简易程序适用的是最高可能被判处不超过4年剥夺自由刑罚的犯罪，最简易程序适用的是潜在的轻微伤害的刑事违法行为。[①] 简易程序没有规定的，补充适用常规诉讼程序的规定。从适用范围与特征上看，其简易程序与我国的简易程序相对应，可以作为比较对象。

葡萄牙的刑事诉讼程序中规定了简易诉讼程序、简捷诉讼程序和最简易诉讼程序。其中，简易诉讼程序适用的是在起诉时已经由司法机关或者警察机关对犯罪嫌疑人进行拘留的，或者由其他机关在抓捕后的2个小时内将犯罪嫌疑人移交至司法机关或者警察机关，并由被移交的机关作了简要笔录的现行犯。该程序的精神内核是将被拘留的现行犯在较短时间（通常最长不超过48个小时）内移交检察院并提交法院审判，相应的程序也比普通程序更为快速和简化。简捷诉讼程序是对于可能判处最高不超过5年有期徒刑，证据充分且明显地显示有犯罪行为发生以及具体的行为人的案件，检察院根据案件记录或者经过简要侦查后提出控告所适用的程序。对于可能判处刑期超过5年有期徒刑或者数罪并罚可能判处超过5年有期徒刑的案件，检察院认为不应该执行超过5年有期徒刑的，也应当适用该程序。最简易诉讼程序是对于可能判处不超过5年有期徒刑或者仅处罚金的案件，经由被告人主动向检察院提出适用，或者检察院在听取被告人意见后认为应当对其判处非剥夺自由的刑罚，或者非剥夺自由的保安处分的，也可以向法院申请适用的程序。从各程序的特征和定位来看，最简易诉讼程序作为轻罪快速处理程序，与我国速裁程序更为接近；简易诉讼程序的关注点更着眼于对被拘留的犯罪嫌疑人的快速审判，对案件本身特征的关注反而较少。由此看来，简捷诉讼程序与我国简易程序的精神内核更为接近，可以作为比较对象。

法国有普通法院和行政法院两大法院组织系统，二者互不隶属。普通法院系统负责审理民事和刑事案件，分为基层法院（包括初审法院、大审法院、违

---

① 孙谦：《刑事审判制度》，中国检察出版社2017年版，第470页。

警法院、轻罪法院)、中级法院（包括重罪法院、上诉法院、国家安全法院等）和最高法院。其中，违警法院、轻罪法院和重罪法院负责刑事案件的审理。行政法院系统负责与行政相关的事项，主要包括两个方面：一是负责对现行法律和行政法令作出解释，提供建议和拟订草案；二是负责处理行政机关之间的纠纷，以及审理公民对行政机关的控告。法国各省分设行政法庭，共计 27 个，与最高行政法院共同组成行政法院系统。此外，法国还有不同的特别法院，负责协调普通法院与行政法院的争议，以及处理一些特殊犯罪等。在法国刑事审判领域，对于轻罪和重罪的处理除了以轻罪法院和重罪法院的不同管辖权加以区分外，还有不同的审判程序进行分流。《法国刑事诉讼法典》中既规定了轻罪的简易程序和违警罪的简易程序，也有适用于轻罪的"事先认罪出庭程序"和适用于违警罪的"定额罚金程序"。鉴于"事先认罪出庭程序"和"定额罚金程序"与我国的速裁程序更为接近，本文仅选择轻罪和违警罪的简易程序作为比较对象。

在印度的刑事诉讼制度中，既有治安法院法官签发命令的案件审判程序，也有治安法院法官审理的签发传票案件的程序，两个程序中均有被告人认罪，法院可以进行快速定罪量刑的规定。但同时，1973 年《印度刑事诉讼法典》在第 21 章也专门规定了简易审判程序，该程序与我国简易程序的定位相似，可以作为比较对象。

在西班牙，除了普通程序以外，还有简易程序和特定案件的快速审理程序。其中，特定案件的快速审理程序与我国的速裁程序更为接近，简易程序作为对普通程序的简化，可以作为比较对象。

在意大利，除了普通程序以外，《意大利刑事诉讼法典》第 6 编"特别程序"还规定了简易审判、快速审判、立即审判等程序。其中，快速审判更强调对于被羁押或者被逮捕的犯罪嫌疑人在短时间内进行审判，类似于葡萄牙刑事诉讼中的简易诉讼程序。意大利的立即审判程序与我国的速裁程序更为接近，而简易审判程序作为普通程序的简化，更适宜作为比较对象。

第二节 刑事简易程序的效率保障制度之微观考察

为了更直观且全面地与其他国家的简易程序或相关规定进行对比，以审视是否存在我国简易程序可以借鉴的优秀做法，笔者将围绕"诉讼效率保障"和"审判公正与权利保障"两个方向，按照程序的启动、审前准备阶段、法庭调查阶段、法庭辩论阶段、法院裁判阶段、裁判后的救济等程序步骤的主线，探讨哪些程序步骤可以简化以提高效率，而又有哪些措施必须保留甚至加强以保障公正和权利。具体而言，笔者将从程序的适用条件、指控与程序启动的简化、法庭调查的简化、裁判作出的简化、审限、对上诉的限制等可以简化的指标，对诉讼效率的保障制度进行考察；从权利告知、辩护权保障、异议权保障、被害人权利保障等指标对审判公正的保障制度进行考察，以进行直观的横向比较。

一、适用条件或范围之比较

对效率的追求会导致公正在一定程度上的折损，这是法学的基本规律。简易程序在庭审的很多方面都比普通程序更加简便、快速，但也增加了事实查明不清或证据审核不严的风险。为了对冲这种风险，使那些简单且案情明晰的案件在保证公正的前提下尽可能地适用简易程序，从而提高诉讼效率、节约司法资源，世界各国均对简易程序的适用条件作了限制，这些限制基本围绕刑罚轻重、被告人认罪、法院层级、案件事实清楚等因素而规定。世界各国的做法大致可划分为四种模式。

（一）以"被告人可能判处的最高刑罚"作为适用限制

世界上部分国家以被告人可能判处的最高刑罚作为对简易程序的适用限制，也有部分国家既限制了最高刑罚，又规定了其他方面的限制。总体而言，对被告人可能判处的刑罚进行限制是世界各国简易程序的适用条件最常见的规定。

例如，埃及的刑事命令程序适用于法律不强制判处监禁的轻罪案件。如果检察院认为案件无须判处除罚款、补充补偿、担保金、应退还款和诉讼费以外的其他处罚的，则有权要求简易法院法官签发对被告人进行处罚的刑事命令。刑事命令只可以判处数额不超过 1000 埃及镑的罚金、补充赔偿、担保金、应退还款和诉讼费，以及判决无罪、驳回民事上诉或停止执行处罚，不得判处其他刑罚。[①]

在加纳，区法院、巡回法院和高等法院均可以适用简易程序。1960 年《加纳刑事诉讼法典》第 3 章规定了"简易审判"，适用于即决犯罪和可通过简易程序审判的犯罪。同时，如果《加纳刑事诉讼法典》对某犯罪适用简易程序还是公诉程序进行审理未明确规定时，则将该罪作为即决犯罪进行审理，这意味着该罪可适用简易审判程序。

《阿根廷刑事诉讼法典》在特别程序中规定了简易程序，其适用范围为：被告人可能被判处 6 年以下剥夺人身自由的刑罚或者非剥夺人身自由的刑罚，即使非剥夺人身自由的刑罚由剥夺人身自由的刑罚而引起，检察官也可以在起诉时请求适用简易程序。在此情况下，检察官应当明确申请判处的具体刑罚。对于《阿根廷刑事诉讼法典》第 32 条规定的刑事管辖权的案件，自庭审预备活

---

① 孙谦：《刑事审判制度》，中国检察出版社 2017 年版，第 305 页。

动起直至宣布确定《阿根廷刑事诉讼法典》第 359 条规定的法庭辩论裁定书的阶段，同样可以适用简易程序第 431-1 条第 1 项和第 2 项的规定。①

巴西的简易程序适用的是最高可能被判处不超过 4 年剥夺自由刑罚的犯罪。西班牙的简易程序适用于可能被判处不超过 9 年剥夺自由刑和其他性质刑罚的案件，而其他性质的刑罚可以为单一刑罚、多种刑罚或选择性刑罚，无论其刑罚幅度或者期间如何。

（二）以"被告人认罪"作为适用限制

在哈萨克斯坦，根据《哈萨克斯坦刑事诉讼法典》的规定，简易程序的适用并不以罪行的轻重为标准。无论是轻度犯罪、中度犯罪还是重度犯罪，如果满足以下条件，则可以适用简易程序进行审理：一是被告人承认自己所犯的全部罪行，包括因犯罪行为而导致的物质损害的数额，以及基于此而提起的诉讼请求；二是在审前诉讼阶段，被告人没有发生侵犯诉讼参与人权利的事项；三是刑事诉讼参与人就本案所收集的证据的相关性和可采性无争议，不需要在法庭上对证据进行审查；四是对案件实施快速的审前调查程序；五是签订诉讼协议或者依据调解程序达成和解协议。

《韩国刑事诉讼法》第 286 条规定，如果被告人在法庭上对被指控的事实坦白认罪，那么法庭可以决定就其被指控的事实适用简易公审程序进行审理。在之前的《韩国刑事诉讼法》中，简易公审程序只适用于地方法院及其分院的独立审判长所管辖的案件，对于可能判处 1 年以上有期徒刑、无期徒刑、死刑的案件，以及合议部认为应当自行审理的案件，则不可以适用简易公审程序。自 1995 年《韩国刑事诉讼法》修改至今，简易公审程序不再区分轻重罪，而适用于所有犯罪类型和任何程序，目的在于能够更快速地处理在被告人是否有罪的问题上争议不大的案件，而使那些对该问题争议较大的案件得到更充分和完全的审理，以兼顾效率和公平。②

在新加坡的认罪答辩程序中，被告人在检察官宣读和解释指控书后作认罪答辩的，其认罪答辩将被记录在案，法官可以此罪名进行定罪。

喀麦隆的普通法院体系分为初审法院、大审法院、上诉法院和最高法院。根据 2005 年《喀麦隆刑事诉讼法典》的规定，其刑事诉讼程序中并无明确的简易程序，而是以不同的法院层级对轻罪和重罪的管辖进行了区分，并辅以被告人认罪程序以简化庭审过程，提高审判效率。

（三）以"法院级别"作为适用限制

1977 年《南非刑事诉讼法》（2010 年修正）第 12 章专门规定了简易程序。

---

① 孙谦：《刑事审判制度》，中国检察出版社 2017 年版，第 468 页。

② 金柄权：《韩国刑事诉讼制度简介（下）》，载《诉讼法论丛》（第 5 卷），法律出版社 2000 年版，第 220 页。

根据该法第 75 条的规定，有权适用简易程序的法院有：有管辖权且被告人以本法第 38 条的方法实施犯罪而第一次出庭的法院；有管辖权且是总检察长或其授权的人为适用简易程序而指定的其他法院，不论是普通案件还是特别案件；被告人虽然在治安法院出庭，但检察官认为被告人所犯罪行超过了治安法院可以量刑的管辖权，且未超过地区法院的管辖权，那么依据检察官的请求，治安法院应当要求将被告人移送至地区法院接受简易程序的审理，不管被告人是否已经就指控作出了答辩。①

（四）混合式限制条件

混合式限制条件是采用国家最多的一种形态，不同国家选择"刑罚轻重、被告人认罪、法院层级、案件事实清楚"中的两种或更多要素进行组合，以作为本国简易程序的适用限制。例如，如前所述，我国采用的是"案情"+"认罪"模式，既强调事实清楚、证据充分，又强调被告人认罪、对事实和适用程序无异议。

德国的快速审理程序采用的是"法院"+"案情"模式，既强调由刑事法官或参审法庭审理，又强调案情简单或证据清楚。

印度采用的是"刑期"+"法院"模式。其简易审判程序的适用条件有两个：一是法官的要求，简易程序只有治安法院法官可以适用；二是罪行轻重程度的要求，简易程序一般限定于轻罪案件适用。具体而言，其一，任何首席治安法院法官、任何大主教区的治安法院法官、任何高等法院特别授权的一级治安法院法官，可以在任何情况下对以下案件决定适用简易程序，包括：不被判处 2 年以上有期徒刑、终身监禁、死刑的罪行，1860 年《印度刑法典》中第 379 条、第 380 条或第 381 条所规定的赃物价值不超过 2000 卢比的偷盗罪，第 411 条所规定的赃物价值不超过 2000 卢比的接收或保留赃物的行为、帮助隐匿或销毁赃物的行为，第 454 条和第 456 条规定的罪行，第 504 条规定的违反治安的侮辱行为，以及任何以上罪行的教唆、犯罪预备。此外，还包括基于《牲畜非法侵入法案》（1871 年第 1 号法案）第 20 条所作控诉的任何罪行。② 其二，任何具有二级治安法院法官权力的治安法官均可以被高等法院授权，对可能被判处只处罚金、只处不超过 6 个月的监禁或同时并处罚金的案件及其任何预备犯罪或教唆犯罪的案件，适用简易程序进行审理。

日本和俄罗斯采用的是"刑期"+"认罪"模式。《日本刑事诉讼法》第 291 条之二规定，被告人对第 290 条第 2 款所规定的诉因作出有罪陈述时，法庭应当就简易公审程序的相关事项向被告人加以说明，在核实被告人的有罪陈述

---

① 孙谦：《刑事审判制度》，中国检察出版社 2017 年版，第 406 页。

② 孙谦：《刑事审判制度》，中国检察出版社 2017 年版，第 265 页。

是出于自愿且合法，并听取检察官、被告人及其辩护人的意见后，可以作出对被告人的有罪陈述部分适用简易公审程序进行审判的裁定。但同时该法又对被告人的刑罚作了排除性限制，即被告人可能被判处 1 年以上惩役或监禁、无期惩役或监禁、死刑的案件不适用简易公审程序。俄罗斯的被告人认罪程序的适用条件为：刑事被告人有权对《俄罗斯联邦刑事法典》规定的刑罚不超过 10 年剥夺自由刑的犯罪作出声明，承认对其的指控，并递交不进行法庭审理即可作出判决的申请。但是，作出声明和提出申请应当经过公诉人或者刑事自诉人、被害人的同意。如果被告人作出以上声明并提出申请，且其能认识到申请的性质与后果，申请的提出是出于自愿且向辩护人咨询过的，那么法院有权不依据普通程序进行法庭审理并作出刑事判决。[①]

　　法国和葡萄牙则采取的是"刑期"＋"案情"的模式。法国的轻罪简易程序，是指对于法律所规定的部分轻罪，如果经过司法警察调查确认被告人被指控的犯罪事实简单，且在已经充分了解被告人的人格、收入与负担等情况的基础上，认为犯罪情节轻微，没有必要宣告监禁刑，或者宣告最高数额为法定最高罚金数额的一半但不得超过 5000 欧元的罚金，在不损害被害人权利的情况下，检察官可以决定适用的，由审判长不经法庭辩论即作出刑事裁定的程序。《法国刑事诉讼法典》第 495 条第 2 款对简易程序的适用罪行进行了详细而全面的规定，其适用限于轻罪及与之有关联的违警罪。但是，被告人在实施犯罪时是未成年人的，或者被害人在简易刑事裁定作出前已经向法院直接传讯被告人的，或者被告人同时实施了轻罪及不适用简易刑事裁定程序以外的轻罪或违警罪的，或者其实施的轻罪属于累犯的情况下，不适用简易刑事裁定程序。违警罪的简易程序适用于所有的违警罪，包括累犯实施的违警罪。但由《法国劳动法典》规定的违警罪以及未成年被告人实施的第五级违警罪，不适用该程序。此外，如果被害人在刑事裁定书作出前已经向法院直接传讯被告人的，不得继续适用简易程序。葡萄牙的简捷诉讼程序适用于可能判处最高不超过 5 年有期徒刑，证据充分且明显地显示有犯罪行为发生以及具体的行为人的案件，以及虽然可能判处刑期超过 5 年有期徒刑或者数罪并罚可能判处超过 5 年有期徒刑的案件，但检察院认为不应该执行超过 5 年有期徒刑的案件。如果犯罪嫌疑人属于现行犯被拘留，且不能通过简易程序审判的，或者主要证据为书证且可以在规定期限内收集到的，或者以目击证人的证言作为证据基础且证言基本可信的，那么可以视为存在简单明显的证据。

---

　　① 孙谦：《刑事审判制度》，中国检察出版社 2017 年版，第 771 页。

二、指控与程序启动的简化之比较

一般情况下，简易程序主要是指审判过程的简化。但是，为了与简化的审判程序相对应，很多国家都对公诉机关的指控程序——主要指向法院提交的材料以及指控的步骤，也作了简化规定。该项指标主要考察世界各国的简易程序在公诉机关指控、程序的启动以及审判的准备方面，有哪些可以节省操作步骤、提高效率的优秀做法。另外，因为审前准备阶段与指控程序联系较为紧密，在此一并进行考察。

我国对于简易程序的提起，主要规定了检察机关审查起诉时应当向犯罪嫌疑人了解其是否承认所犯罪行、对事实是否有异议、是否同意适用简易程序的意见，以及检察机关在起诉时可以建议适用简易程序。同时，2019年《刑事诉讼规则》第395条规定了检察机关可以建议法院召开庭前会议；在庭前会议中，检察机关可以就与审判相关的问题提前了解情况、交换意见，以提高效率。

南非的简易程序简化了对检察官提交的材料要求。检察官只需要向法院的书记官提交载有指控的罪名以及被告人姓名、地址、性别、年龄等信息的指控书即可，但被告人被传票传唤到庭的除外。

德国的快速审理程序对检察官的起诉方式也进行了简化。检察院提出快速审理申请的案件，无须提交起诉书，可以在法庭审理时进行口头起诉，并将起诉的主要内容记入庭审笔录。同时，快速审理程序的法庭审理启动也更加快速，适用快速审理程序的案件可以不经过是否启动审判程序的裁决而立即或者在短期内开始法庭审理。对于适宜由快速审理程序审判的案件，刑事法官或参审法庭应当核准检察院的申请。法庭收到申请与启动法庭审理之间的间隔最多不超过6周。

葡萄牙的简捷诉讼程序中也同样有对提交指控书的时间的约束，以及法院快速确定审理日期的规定。对于公诉案件，应当在获取案件消息之日起90日内提交控告书；对于其他情况，则从提出告诉之日起算。法院收到卷宗后，应当对可能妨碍法官对案件实体问题进行审查，且可以立即进行审理的无效或其他审前事项或附带事项进行审理。此外，法院应当指定审理日期，审理日期应当先于普通程序审判的日期，且不影响紧急程序的优先进行。

哈萨克斯坦和巴西都对开启法庭审理的时间作了规定，要求比普通程序更加快速、省时。《哈萨克斯坦刑事诉讼法典》第322条规定，普通诉讼程序的审理应当自指定实施法庭主体审理程序的裁决下达之时起，不晚于15日开始，而简易程序应不晚于10日开始；特殊情况下，法官可以下达裁决延长该期限，但最长不得超过30日。在巴西的简易程序中，预审和审判的听证应当在30日内进行。

听取所有的证人证言等。[①]

巴西的简易程序对证人数量和控辩双方的陈述时长均作了限制。在巴西简易程序的听证中，应当在可能的情况下听取被害人的意见，依次询问控方证人和辩方证人、听取鉴定人的意见并进行质证、进行人或物品的辨认、讯问被告人，最后进行辩论。首先，在常规程序的预审中，可以询问的控方证人和辩方证人均为最多 8 名。但在简易程序的预审中，可以询问的控方证人和辩方证人最多 5 名。其次，调查证据应当在一次听审中进行，且法官有权驳回其认为无关的、不当的或拖延的证据调查。控方和辩方各有 20 分钟时间进行最终陈述，该时间可以延长 10 分钟。最后，陈述应当以口头方式进行，然后由法官作出判决。被告人为多人的，每个被告人的辩护时间分别计算。检察官辅助人在检察官陈述后有 10 分钟时间进行陈述，相应地，辩护时间也以相同的时间予以延长。在听审中，任何活动都不能推迟，除非需要调查的证据为不可或缺的。法官有权且应当命令必须出席的人到庭。在必要时，即使中止听证也应当保证出席的证人均被询问，但在任何情况下均应当遵守前述法庭调查的顺序。此外，当特别刑事法庭将属于潜在轻微伤害的刑事违法行为已有的文书，移送普通法庭进行其他诉讼程序时，应当遵守法律规定的简易诉讼程序。

葡萄牙的简捷程序也对控辩双方的陈述时间作了限制。证据调查结束后，检察院、辅助人代表、民事代理人和辩护人依次发表意见，各方发言时间不得超过 30 分钟，有需要的可以申请延长。对上述发言的反驳时间不得超过 10 分钟。[②]

德国快速审理程序则是将对诉讼参与人的询问或讯问方式作了简化。例如，允许通过宣读证人、鉴定人或者共同犯罪嫌疑人的笔录或者包含其书面声明的文件以代替对他们的询问和讯问，允许宣读公共机构和其他机关以及它们的工作人员出具的职务性的观察、调查和发现声明。如果被告人或其辩护人、检察官出席法庭审理的，上述替代性询问和讯问以及宣读职务性观察、调查和发现声明的程序，应当经过其同意。由刑事法官审理的程序中，证据调查的范围由其确定。

俄罗斯的被告人认罪程序对法官审查证据的范围作了限制。对被告人承认指控并要求不经法庭审理而作出判决的申请进行审理时，法官不能依据普通程序对已经收集的证据进行审查和判断，而只能对与被告人身份相关的情况以及刑罚减轻或加重的情节进行审查。

[①] 孙谦：《刑事审判制度》，中国检察出版社 2017 年版，第 372 页。

[②] 孙谦：《刑事审判制度》，中国检察出版社 2017 年版，第 982 页。

四、法官作出裁决的简化与快速之比较

该指标主要考察世界各国的简易程序中，法官经过审理或不经审理作出裁判的程序或步骤有哪些简化与快速的做法。例如，法官可以不经过法庭辩论即进行宣判，程序要求法官当庭宣告判决，法官可以口头方式宣告裁判等。

在法官裁判的简化方面，我国《刑事诉讼法》规定，适用简易程序审理的案件，一般应当当庭宣判。

哈萨克斯坦对法官在简易程序中作出裁判依据的证据范围进行了限定。根据《哈萨克斯坦刑事诉讼法典》第 331 条的规定，所有与案件有关的证据都应当在法庭审理阶段经过法庭的直接审查，而且法院仅能将在法庭上经过审查的证据作为裁判的基础和依据。但是，在简易程序中，法院只能依据在侦查和调查阶段取得的而且控辩双方在法庭审理时没有争议的证据作出裁决。换言之，在简易程序中，法院据以裁判的证据范围较普通程序更窄，限定于侦查与调查阶段取得的且强调控辩双方无争议的证据。

在俄罗斯的被告人认罪程序中，如果法官认为被告人所承认的指控能够被已经收集到的证据所证实，则应当判决被告人有罪，并作出相应的刑罚处罚。[①]有罪判决的说理部分应当包括以下内容：对被告人承认的指控中所记载的犯罪行为进行的有关描述，以及法院不进行法庭审理而作出判决的结论。关于法官对证据的分析与判断则不在判决中反映。法院所判处的刑罚不得超过法律对该犯罪行为规定的最严厉的刑罚种类的最高刑期或者罚金数额的三分之二。

在法国的简易程序中，法官可以仅依据简易调查而不经法庭辩论即作出判决。检察院决定适用简易程序时，应当向审判长提交指控的卷宗及其书面意见。审判长可以不经过法庭辩论即作出刑事裁定书，对被告人判处最高罚金数额为法定最高罚金数额的一半但不得超过 5000 欧元的罚金，并罚一个或多个附加刑，亦可将附加刑作为主刑宣告，或者宣告被告人无罪。简易刑事裁定书应当写明被告人的基本信息、被指控的罪名、适用的法律条文，以及宣告的刑罚内容。同时，裁定书应当说明裁判理由，对作出裁定所考虑的案件事实、被告人人格和收入情况、犯罪情节等内容加以阐释。在违警罪的简易程序中，检察官选择适用违警罪的简易程序的，应当将案卷及其意见书送交违警罪法院的法官或者社区法院的法官。法官可以不经辩论，以刑事裁定书的形式对被告人判处罚金，并罚一项或多项附加刑，亦可宣告被告人无罪。违警罪简易程序的裁定书中所载明的事项与轻罪简易程序的裁定书内容基本一致，只是法官无须说明裁判的理由。

---

① 孙谦：《刑事审判制度》，中国检察出版社 2017 年版，第 772 页。

葡萄牙的简捷程序强调了裁判作出的快速以及裁判方式的简化。法官在审理后应当立即以口头方式宣布，判决应当包括：归纳已经核实和未核实的事实；简要说明判决的事实和理由；有罪或无罪的决定；判处的刑罚种类及其程序所依据的法律条文；适用的法律规定；说明与案件有关的物或对象的处置；送交登记表以作刑事记录的命令。但是，对被告人判处徒刑的，或者法院根据案件需要，在辩论后应当立即作出书面判决并宣读。

在埃及的刑事命令程序中，法院可以依据记载了综合分析结论和证据的庭审笔录签发刑事命令，而无须进行调查或听取辩护意见。[①] 阿根廷与埃及类似，如果法官认为案件可以适用简易程序审理的，应当根据预审中被采信的证据进行判决，且不得判处比检察官申请的刑罚更重的刑罚。

埃塞俄比亚的轻罪程序对裁判的流程、方式和说理进行了简化规定。法院在收到被告人附注的传唤令后，应当对其认罪答辩情况进行记录，在向原告确认案件事实后，可对被告人作出判决，并向其送达判决书副本。对于可能单处罚金的案件，法院也可以按上述程序审理。即使在被告人出庭的轻罪案件的审理中，法院也可以口头作出判决，并简要说明判决的理由和法律依据。如果被告人没有合理理由而缺席审理的，法庭仍然可以判决。[②] 在乡镇法官的简易程序中，乡镇法官对于其辖区出现的侮辱、故意伤害、轻微财物损失或者不超过5埃塞俄比亚比尔的轻微盗窃等案件，应尽可能以和解方式解决。如果案件无法达成和解，则乡镇法官可以同两名陪审员一起对被告人作出不超过15埃塞俄比亚比尔的罚金的判决。[③]

加纳的简易程序也对裁判作出依据及裁判方式的简化作了规定。被告人作认罪答辩的，法庭应尽可能详尽地记录其答辩内容；被告人采用《加纳刑事诉讼法典》第70条规定的书面形式进行有罪答辩的，应将书面答辩状放入庭审记录中。法庭应认定被告人有罪，并对其宣判或者作出命令，除非有明显且充足的相反事由。如果被告人到庭，而检察官有合理理由未到庭的，那么，法官可以宣布休庭或再次休庭；如果检察官缺乏合理理由，那么，法院将驳回其指控。但是，如果被告人未到庭，而此前已经按照法律规定以书面方式或由其辩护律师代为作了认罪答辩，那么即使检察官或其律师缺席，法庭也可以进行定罪量刑。如果被告人既未亲自到庭，又未按照法定程序作认罪答辩的，法院应当签发逮捕令将其带至法庭。被告人作无罪答辩的，法庭应当在听完控辩双方提交的证据以及指控、辩护之后，综合考虑进行裁判。判决可以采取口头形式，在必要时可将裁判内容和理由予以简要记录。

---

① 孙谦：《刑事审判制度》，中国检察出版社2017年版，第305页。
② 孙谦：《刑事审判制度》，中国检察出版社2017年版，第328页。
③ 孙谦：《刑事审判制度》，中国检察出版社2017年版，第333页。

在南非的简易程序中，被告人对被指控的犯罪或者其犯罪行为表示认罪，且检察官接受认罪时，按照如下两种情况进行处理：一是，如果被告人的罪行被认为不足以处以监禁或任何其他形式的不能以罚款代替的羁押，或者处以超过部长决定的、定期在期刊上公布金额的罚款的，那么主审法官、地区治安法官或者治安法官可以按照被告人所承认的罪行对其定罪并作出判决，但是监禁或任何其他形式的不能以罚款代替的羁押，或者处以超过部长决定的、定期在期刊上公布金额的罚款除外。法院也可以依照法律规定与被告人达成认罪协议。二是，如果被告人的罪行被认为应当处以监禁或任何其他形式的不能以罚款代替的羁押，或者处以超过部长决定的、定期在期刊上公布金额的罚款的，或者应检察官请求，主审法官、地区治安法官或者治安法官可以就被告人被指控的事实讯问被告人，以确认其是否实施了其承认的犯罪。如果确认被告人实施了其所承认的犯罪，那么法院可以据此进行定罪并作出相应判决。如果被告人或其辩护人将被告人认罪的书面陈述递交法院，法院确信被告人所承认的犯罪属实，应予处罚的，可以不对其进行讯问，而依据被告人的有罪陈述对其定罪并作出判决。法院有权随时向被告人提问，以求证认罪答辩中的任何问题。但是，上述程序并不阻碍检察官出示有关指控的证据，也不阻碍法官听取证据。[①]

在新加坡的被告人认罪答辩程序中，检察官可以就被告人承认的罪行向法院提出量刑意见。量刑意见一般包括：被告人的犯罪记录、被害人有关损害的陈述，以及其他可能影响量刑的因素。被告人可以向法院请求从轻量刑，控方可以回应。随后，法院应当当庭宣判或择日宣判。

五、审限限制之比较

大多数情况下，世界各国对简易程序都规定了比普通程序更短的审限，其中，很多国家直接规定法院在适用简易程序时应当庭作出宣判，这在法庭审理阶段的内容中已经有所阐述。我国规定了简易程序的审限是在受理后20日以内审结，对可能判处的有期徒刑超过3年的，可以延长至一个半月。当然，也有一些国家作了与我国类似的规定。

例如，《哈萨克斯坦刑事诉讼法典》规定，法庭的主体审理程序应当在合理期限内结束。在简易诉讼程序阶段，法庭主体审理程序应当在10日内结束，特殊情况下，法官可以裁决延长该期限，但最长不得超过20日。

在阿根廷，法官在受理检察官的简易程序申请书和被告人的认罪同意书后，可以不经审理而告知被告人适用简易程序。法院未驳回简易程序的申请，但认为需要进一步了解案件事实，或者对罪行的法律定性存在分歧的，可以命令重

---

① 孙谦：《刑事审判制度》，中国检察出版社2017年版，第407页。

新进行审理，并在 10 日内作出判决。有自诉人的，应当在作出任何决定前听取自诉人的意见，但其意见不具有约束力。①

六、对裁判的保护及上诉的限制之比较

我国对简易程序的上诉和期限并未作特殊限制，但为了保障简易程序的效率和节省司法资源，不少国家对简易程序的一审裁判的保护以及针对其上诉作了规定。

根据《哈萨克斯坦刑事诉讼法典》的规定，在对一审上诉案件的审理中，如果法庭调查是片面的或者不完整的，那么，上诉法院可以据此撤销或变更一审法院的判决。但是，如果法院依据《哈萨克斯坦刑事诉讼法典》的规定适用简易程序，或者基于控辩双方的申请而在限制证据审查的条件下开展法庭调查，那么，此种情形下的法庭调查不应当被认定为片面的或不完整的，也不得据此撤销一审法院的判决。《哈萨克斯坦刑事诉讼法典》依该规定保护一审法院在简易程序中可以简化法庭调查的权力。

《印度刑事诉讼法典》第 376 条规定简易程序不得上诉，包括：高等法院作出的单处不超过 6 个月有期徒刑或单处不超过 1000 卢比罚款，以及二者并罚的判决；庭区法院或都会区域治安法官作出的单处不超过 3 个月有期徒刑或单处不超过 200 卢比罚款，以及二者并罚的判决；一级治安法官作出的不超过 100 卢比罚款的判决；被高等法院授权的一级治安法院法官作出的不超过 200 卢比罚款的简易判决。

《埃及刑事诉讼法》第 402 条规定，对于简易法院作出的判处 300 埃及镑以下罚款、被驳回上诉且判令被告人支付诉讼费用的判决，除了判决本身违反法律，或者在执行过程中对判决的解释存在错误等违法情形以外，不得针对该判决再次提起上诉。

在俄罗斯的被告人认罪程序中，法院依据被告人承认指控并要求不经法庭审理而作出判决的申请作出刑事判决并宣布后，应当向控辩双方说明其拥有对判决提起申诉的权利及其程序。但是，针对该判决不得以"第一审级法院确定的刑事案件事实与刑事案件判决的结论不一致"为由，提起第一审级的申诉。

葡萄牙的简捷程序则限制了可以上诉的范围，仅可以对判决或者结束诉讼程序的批示提出上诉。

---

① 孙谦：《刑事审判制度》，中国检察出版社 2017 年版，第 468 页。

第三节　刑事简易程序的权利保障和救济制度之对比考察

虽然简易程序在指控、庭审、裁判、上诉等方面均较普通程序作了简化，但同时各国在保障程序及裁判的公正、保护被告人权利等方面也进行了慎重的考量。按照诉讼程序的不同阶段，本文确定的考察指标大致分为：审前的程序选择与适用；审前或审理中对被告人权利的告知或自愿性审查、对被告人辩护权的保障；审理后被告人异议权和救济权的保障等。

一、程序选择中的权利保障之比较

如前所述，既然对效率的追求会对公正造成一定程度上的折损，那么，被告人对程序弊端的知情权以及对程序适用的自愿选择权就极为重要。可以说，被告人对程序的自愿选择权是简易程序公正性的基石。该指标主要考察在简易程序的选择适用与开启阶段，各国的规定是否有效保障了被告人的知情权和自愿选择权，以及有关优越做法。

我国简易程序将被告人的程序选择权规定在了适用条件中，以被告人同意适用简易程序作为程序开启的条件。

在哈萨克斯坦，法律规定了专门程序用于决定简易程序的适用。根据《哈萨克斯坦刑事诉讼法典》第 319 条的规定，法院对于递交的刑事案件首先需要以裁决的形式对案件下达判决，决定案件是按照普通程序还是简易程序进行法庭的主体审理，并决定是否对刑事案件进行审前听证，同时，裁决还会对被告人所适用的强制性处罚措施及其延长是否合法进行审查。

阿根廷对简易程序的适用强调被告人的认罪和自愿性，以及共同犯罪情况下的共同选择。首先，检察官在申请适用简易程序时，应当将被告人在其辩护人协助下提交的承认案件事实、承认参与案件、接受法律定性的同意书附在简易程序申请书后，否则申请将被驳回。自辩护人接受委托开始，检察官可以在庭审的任何阶段接受被告人及其辩护人的陈述，并将该陈述制作成简易程序笔录。其次，在一人犯数罪的案件中，被告人对所有犯罪均不承认的，不适用简易程序，但法官依职权将案件分开审理的除外。刑事附带民事诉讼案件不可以适用简易程序审理，但当事人同意适用该程序的除外。如果刑事案件的判决结果可能影响附带民事诉讼结果的，附带民事诉讼当事人还可以就该判决向法院进行申诉。[①] 最后，在共同犯罪的案件中，只有所有被告人均同意适用简易程

---

① 孙谦：《刑事审判制度》，中国检察出版社 2017 年版，第 468、469 页。

序的，才可以适用简易程序。

俄罗斯的被告人认罪程序中规定了被告人提出适用程序申请的自由权利及时间：被告人有权在案件的阅卷阶段提出不进行法庭审理而作出判决的申请，并应当在阅卷笔录中加以记录。此外，对于必须举行审前听证的案件，被告人也可以在审前听证阶段提出申请。

二、被告人的认罪自愿性审查保障之比较

除了在审前程序选择与适用时注重对被告人的选择权和自愿性保护以外，在庭审中对被告人的自愿性进行再确认也是很多国家的理性选择。当然，部分国家的做法在前述"法庭审理的简化之比较"的部分已经进行过阐述，在此将对部分国家的做法进行展开。

虽然我国的简易程序以被告人认罪作为适用条件之一，但是在审查起诉、审前准备和庭审过程中还是强调对被告人认罪的审查。例如，法院在向被告人送达起诉书副本时就应当向其告知简易程序的法律规定，并询问其对被指控事实和适用简易程序的意见。在庭审过程中，法院还要再次对上述问题进行询问、确认。

新加坡的认罪答辩程序非常注重对被告人的认罪自愿性及其后果认知的审查。法院在记录被告人的认罪答辩前，应当确认被告人意图无条件作出认罪答辩，并且理解其认罪答辩的性质和后果及该罪行的法定刑罚。被告人有辩护人的，法院应当要求辩护律师对以上事项进行确认并记录。被告人对可能被判处死刑的罪名作认罪答辩的，高等法院不能进行记录，除非被告人已经因为该罪名按照法定程序被移送高等法院审理，且控方在庭审中出示证据证实了指控。此外，对于被告人从轻量刑的请求，法院可以依职权或应控辩双方的申请，听审任何证据或者在庭审中提出的可能实质性影响量刑的因素。如果法院认为被告人从轻量刑的请求中包含可以对犯罪构成要件造成实质性影响的要素，即影响犯罪构成时，必须驳回被告人的认罪答辩。

在俄罗斯的被告人认罪程序中，法官也会对被告人的认罪进行再次确认。对被告人提出的申请进行审理时，首先由公诉人或者自诉人陈述对被告人的指控。法官应当就以下问题讯问被告人的意见，包括：被告人是否明白公诉人或自诉人对其的指控；是否承认指控并确认提起不经法庭审理即作出判决的申请；申请是否基于自由意志而提出；是否就申请咨询过辩护人；是否知晓不进行法庭审理而作出判决的程序后果。[1] 如果有被害人参加对该申请的庭审，法官还应当向其说明该申请可能导致的后果，并询问其意见。

---

[1] 孙谦：《刑事审判制度》，中国检察出版社 2017 年版，第 772 页。

由于新加坡和俄罗斯均没有专门的简易程序，本文选取的比较对象是两国的被告人认罪程序。可以看出，在认罪答辩或者认罪特别程序中，两国均非常注重向被告人说明认罪及程序的后果，对被告人认罪和适用程序的自愿性以及是否获得了辩护人的帮助等情况的再审查，这与其他国家简易程序中的审查相比要更为严格。

三、被告人辩护权保障之比较

虽然在很多方面，世界各国的简易程序与普通程序相比都作了简化，但是，为了保障审判公正与被告人权利，很多事项是不能简化甚至是需要加强的，表现最为明显的就是被告人的辩护权，如注重被告人的答辩、保障被告人的辩护人在场、为被告人指定辩护人等。

在我国的简易程序中，被告人有辩护人的，法院应当通知其出庭，以保障被告人的辩护权。同时，我国还对简易程序中的法律援助作了规定，如法院应当告知被告人及其近亲属可以申请法律援助。

埃塞俄比亚的轻罪程序中强调了被告人的出庭辩护问题。如果被告人可能被判处拘捕、强制劳动、警告或谴责的刑罚，那么，法院应当传唤被告人到庭，以保障其在法院判决前进行辩护的权利。[①]

在加纳，无论被告人作有罪答辩还是无罪答辩，抑或检察官变更指控，法律都特别强调法院对被告人辩护权的保障。首先，特别重视被告人的到场。法庭可以在开庭前或庭审中依据自由裁量权推迟庭审，同时有权决定是否对被告人予以羁押，或者裁量被告人在有担保的情况下被释放，而担保的条件是保障被告人在下一次庭审时到庭。如果被告人在再次开庭时未到场，法庭可以继续庭审，如同被告人在场一样，但被告人被指控重罪的除外。如果法官确认被担保的被告人在休庭恢复庭审时，因生病或意外事故不能亲自到庭的，可以进一步宣布休庭，且被告人在担保中所约定的时间也作相应改变。如果法官欲在被告人缺席的情况下判其有罪，那么应当确保其缺席是因为不可控的原因，且被告人已经就其缺席作过可能的辩护。同时，法官应当对刑罚的执行作出指示，并颁发令状或任务书。被告人被指控犯了重罪的，法院应当签发令状将其带至法庭。法庭在对被告人作出判决后，应当告知被告人有上诉的权利。其次，重视被告人辩护权的行使。被告人亲自到庭或者由其律师代为到庭听审的，应当向其或其律师陈述并解释指控书中的内容，并询问被告人是否要作有罪答辩或无罪答辩。被告人作无罪答辩的，法庭应当继续听审检察官所收集的证据，且被告人或其律师有权向证人提问。被告人没有聘请律师的，法官应当在控方询

---

① 孙谦：《刑事审判制度》，中国检察出版社 2017 年版，第 328 页。

问证人后，询问被告人是否向证人提问并将问题记录在案。如果法官认为控方针对被告人的指控和举证足以要求被告人进行辩护时，则应当要求被告人进入辩护阶段，并告知其被指控的内容以及提交证据的权利。法官应当倾听被告人的辩护及其提出的任何证据。如果被告人提出有辩方证人，但辩方证人未到庭的，经法院确认此情形并非被告人的疏忽或过错，且证人出庭对被告人可能有利时，法庭应当中止审理并启动相应的程序或采取其他措施，强制证人出庭。最后，重视变更指控后被告人辩护权的保障。在控方结束案件陈词之前，如果法庭认为控方的指控无论在形式上还是在实质上存在缺陷，则均可以要求控方变更指控或增加新的指控。控方变更指控后，法官可以要求被告人就新的指控进行答辩。被告人有权请求再次传唤证人接受其或其律师的询问。而且，如果控方变更指控后，有意见认为被告人可能因为指控与证据之间的变化而被误导或欺骗，那么，法庭应当决定休庭。①

巴西的简易程序对被告人辩护权的保护主要体现在两个方面。首先，非常注重被告人的答辩。在简易程序中，法院应当对检举和自诉予以受理，除非检举或自诉明显不当，或者缺乏启动刑事诉讼的前提条件或合理理由。受理后，法院应当传唤被告人并命令其在10日内以书面方式进行答辩。采用公示方式进行传唤的，辩护期间自被告人或其辩护人出现时起算。被告人可以在书面答辩中进行初步争辩，包括作出一切对其辩护有利的陈述、提交文件和解释、列明请求的证据、提交载明证人身份的名单，必要时还可以申请通知证人。其次，注重辩护人对被告人的辩护，甚至还规定了指定辩护人的制度。如果被告人在法定期间未作答辩，或者被传唤后未委托辩护人的，那么，法官应当为其指定一名辩护人，并给予辩护人10日的期间进行答辩。辩护人有权查阅卷宗。如果法官认为明显存在不构成违法的事由，或者明显存在阻却被告人构成犯罪的事由，或者事实明显不构成犯罪，或者行为的可罚性消失的，可以立即宣判被告人无罪。②

德国和法国也都规定了指定辩护人制度。德国在快速审理程序中规定了指定辩护人制度。对于可能判处6个月及以上自由刑且未聘请辩护人的犯罪嫌疑人，适用快速审理程序的初级法院应当为其指定辩护人。而在法国简易程序的法庭审理过程中，被告人可以由律师协助，也有权请求法院依职权为其指定律师，法庭应当告知被告人。如果轻罪法院认为其被指控的犯罪事实成立，且法律对该罪行规定了监禁刑，那么法庭有可能对其宣告监禁刑。

俄罗斯的被告人认罪程序则强调辩护人的在场，以保障被告人享有充分的

① 孙谦：《刑事审判制度》，中国检察出版社2017年版，第337页
② 孙谦：《刑事审判制度》，中国检察出版社2017年版，第470页。

辩护权。被告人提起承认指控并要求不经法庭审理而作出判决的申请，应当是在辩护人在场的情况下。如果被告人或其法定代理人，或受其委托的其他人未聘请辩护人的，法院应当保障被告人提出申请时有辩护人在场。在对申请进行开庭审理时，也要求被告人及其辩护人必须到庭。

四、被告人异议权或上诉权保障之比较

在简易程序中，被告人异议权或上诉权可以说是被告人权利保护或救济的最后一个环节。当然，很多国家为了保障简易程序的效率，规定简易程序不可上诉，或者对上诉内容作了限制。但是，也有部分国家对于被告人在简易程序中的异议权和救济进行了规定。

例如，在法国，轻罪的简易刑事裁定书作出后应立即送达检察院，检察院有权在 10 日内对该裁定以向法院提交声明的方式进行抗诉，亦有权要求执行裁定书的内容。对于违警罪的简易程序裁定书，检察院同样有权在 10 日内以声明的方式对裁定的执行提出异议。对于被告人，法院可以挂号信并要求回执的形式向其送达，也可由检察院或者其他被授权的人通知被告人，被告人有权在收到通知之日起 45 日内对裁定书提出异议。被告人未通过上述方式收到通知的，自其收到执行通知书或者通过其他方式知道法院对其作出的处罚之日，或者自其知道可以提起异议的期限与方式之日起 30 日内，仍然有权对裁定书提出异议。如果被告人对裁定书没有异议，或者裁定书未被检察院移送轻罪法庭进行开庭审理的，裁定书将产生既判力，并按照有关的执行规则交付执行。检察院或者被告人对简易刑事裁定书提出异议的，案件将移送轻罪法庭进行开庭审理。但在开庭前，被告人可以随时明确表示放弃异议权，此时简易刑事裁定书将恢复执行力，被告人也不得再次就裁定书提出异议。

如果简易刑事裁定书对被害人的民事损害赔偿或返还财产的请求作出裁判，并且可以在轻罪法庭进行公开的对席审理时，被告人可以选择仅针对裁定书的民事或刑事部分提出异议。如果被告人或提出民事请求的被害人仅对裁定书的民事部分提出异议的，法院可以命令其做审前准备，也可以依职权决定择日对民事部分进行审理，还可以应民事当事人的请求决定延期审理，然后经过审理作出裁判。如果法院对被告人的异议作出缺席判决，那么被告人可以针对缺席判决提出异议。

在违警罪简易程序中，如果检察院未对裁定书的执行提出异议，那么裁定书将以挂号信并要求回执的方式通知被告人，而裁定书则按照有关执行规则交付执行。被告人有权自挂号信寄出起 30 日内对裁定书的执行提出异议。如果根据回执不能确认被告人收到通知的，那么自其通过执行令或其他方式知道法院对其作出的处罚之日或者自其知道可以提起异议的期限与方式之日起 30 日内，

仍然有权对裁定书的执行提出异议。检察院或者被告人对裁定书的执行提出异议的，案件将以普通程序规定的形式被移送违警罪法院进行开庭审理。同样，在开庭前，被告人可以随时明确表示放弃异议权，裁定书将恢复执行力，且被告人也不得再次提出异议。如果没有对裁定书提出异议的，裁定书即产生既判力。在阿根廷，对简易判决不服的，可以依据一般规则提起不服申请。[①] 这与我国简易程序同普通程序的上诉、抗诉规则一样的情况类似。

第四节　刑事简易程序与其他程序的转换之对比考察

"简易程序与其他程序的转换"既可以说是简易程序审理中的特殊问题，也可以说是对被告人权利的保护机制之一。本文将其作为特殊问题进行考察，以探寻不同国家的简易程序在与其他程序的转换过程中，机制如何运作以及是否顺畅的问题。由于世界各国的司法体制不同，各国的简易程序转换或处理方式也分为两种模式。

一、由"简易程序转为普通程序"模式

该模式是指当法院在预审或者法庭审理的过程中发现不适宜采用简易程序进行审理的情形时，裁定转为普通程序或者公审程序进行审理的做法。世界上大多数国家采用了这种模式。

我国的简易程序转换规定了两种情形：一是在审理过程中，发现被告人可能判处的刑期超过3年有期徒刑的，那么应当将独任制的审判组织形式转为合议庭。二是在审理过程中发现不宜适用简易程序审理情形的，如被告人不构成犯罪、不负刑事责任、否认犯罪事实或者案件事实不清、证据不足等，应当将程序变更为普通程序，重新计算审限进行审理。

在哈萨克斯坦，如果在庭审阶段确定出现了不适宜适用简易程序进行审理的情形时，法院应当作出裁决，以对案件进行充分的法庭调查。这类似于我国简易程序转为普通程序的做法。

在日本，法院如果认为案件适用简易公审程序进行审判不适宜的，或者检察官未按规定程序提出简易命令请求的，那么法院应当撤销适用简易公审程序的裁定，对案件改用公审程序进行审理。同时，《日本刑事诉讼法》规定，如果开庭后更换法官或适用简易公审程序的裁定被撤销的，那么法庭应当更新审判程序，但是检察官、被告人或辩护人对不更新审判程序无异议的可以除外。

---

① 孙谦：《刑事审判制度》，中国检察出版社 2017 年版，第 468 页。

《韩国刑事诉讼法》第286条之三规定，法官如果认为被告人的认罪可信度不高，或者适用简易公审程序明显不当时，可以撤销之前作出的适用简易公审程序的决定，但法官应当听取检察机关的意见。而对于更新审判程序的规定，韩国同日本一样。

在印度的简易程序中，如果治安法官认为案件不适宜适用简易程序进行审理的，应当决定用普通程序传唤证人进行重新审理。

在新加坡，如果被告人依据《新加坡刑事诉讼法典》第178条的规定被交付审判，或者案件被按照规定移送高等法院审理的，听取被告人认罪答辩的日期也已经确定，但是被告人在认罪答辩的当天拒绝答辩、不作答辩或要求审判的，那么认罪答辩程序要更换为《新加坡刑事诉讼法典》第10章第5节的"移交程序"。① 如果案件适用了刑事案件开示程序，且听取被告人认罪答辩的日期也已经确定，但是被告人在认罪答辩的当天拒绝答辩、不作答辩或要求审判的，那么该案要适用刑事案件开示程序的相关规定。

加纳的做法与新加坡类似，但是增加了检察官的决定程序。如果法庭在简易程序的任何阶段认为被告人的罪行通过公诉程序也应受罚，案件不适宜用简易程序审判时，则应当通知检察官并休庭等其回复，休庭时间不超过15日。在此期间，如果法庭被检察机关告知将以公诉程序起诉被告人，则法庭应依据常规程序审理该案。如果该案本应由高等法院或巡回法院审理的，那么相应地，区法院也将拥有高等法院或巡回法院的相关权力。除上述以外的任何情形，法院都应当继续以简易程序审理该罪行。②

在阿根廷，法院驳回简易程序申请的，应当根据一般审理规则对案件进行审理，并将案件移送轮值法官。此时，被告人及其辩护人提交认罪同意书不会对被告人造成不利影响，检察官的刑罚申请书也不会在法庭辩论时对检察官造成影响。③

在德国，在法庭审理的过程中，法院可以在判决宣告前拒绝快速审理程序的申请，且该裁定不得被异议。如果快速审判的申请被拒绝，且犯罪嫌疑人有足够的犯罪嫌疑的，法院可以裁定启动审判程序。

在俄罗斯，如果法院能够确认被告人的申请违反了不超过10年剥夺自由刑的刑罚限制，或者其对指控罪行的承认为非自愿的，或者并未向辩护人咨询过的，或者其并不了解申请的性质与后果的，或者公诉人、刑事自诉人或被害人反对其申请的，则案件应当依据普通程序进行审理。同时，法院也可以依职权主动决定案件依据普通程序进行审理。

---

① 孙谦：《刑事审判制度》，中国检察出版社2017年版，第229页。
② 孙谦：《刑事审判制度》，中国检察出版社2017年版，第339页。
③ 孙谦：《刑事审判制度》，中国检察出版社2017年版，第468页。

在法国，如果法官在适用轻罪的简易程序中认为有必要进行对席审判或者应当对被告人处以监禁刑的，应当将案卷退回检察院。法官在适用违警罪的简易程序中认为有必要进行对席审判的，也应当将案卷退回检察院，以普通程序对犯罪行为进行追诉。如果在警察的调查过程中，被害人提出民事损害赔偿或者归还财产的请求，那么法院应当在简易刑事裁定书中对其请求予以裁决；不能作出裁决的，应当将案卷退回检察院，以便被害人向法院提起诉讼。

在葡萄牙，当案件不适宜适用简捷程序时，法官应当将案卷移送检察院，以变更其他程序进行审判。检察院收到卷宗后，提出适用普通程序由独任法官进行审理的控告，或者提出最简易程序中适用非剥夺自由的刑罚或保安处分的，原法院仍有权对相关问题进行审判。

二、"类似移送管辖"的程序转换模式

该类模式主要基于部分国家以轻罪与重罪划分管辖法院而产生，当轻罪法院在适用简易程序进行审理的过程中发现对案件没有管辖权，或者不适宜适用简易程序进行审理时，就会发生类似于我国"移送管辖"制度的程序转换情形。

埃及的程序转换分为"轻罪向重罪的转换"和"重罪向轻罪的转换"两种情形。其一，根据《埃及刑事诉讼法》第305条的规定，如果简易法院查明被告人所犯为重罪或者是通过报刊等对他人造成伤害的轻罪，则其无权管辖，应该移交检察院采取必要措施。如果简易法院认为检察官提出刑事命令的请求未经调查确认或辩护，或者无法根据诉讼的情况进行判决，或者有必要给予被告人比罚金更重的刑罚的，可以拒绝发布刑事命令。法官以决议的方式驳回检察官的书面申请，且决议不允许申诉，案件改由一般方式进行诉讼。此外，根据《埃及刑事诉讼法》第327条的规定，在法官作出刑事命令3日内，检察官有权请求法院出具一份报告以宣布其不接受该刑事命令。在检察官宣布不接受刑事命令后的3日内，当事人也有权请求法院出具报告宣布其不接受刑事命令。报告的发布意味着命令作废，并被视为从未作出过。法院须按照规定重新确定法庭审理的时间，并提醒控辩双方和其他诉讼参与人到庭。在庭审中，法院按照常规程序进行审理，控辩双方要当面对质，且法院有权判处比刑事命令更重的罚金处罚。需要注意的是，如果当事人在常规程序中缺席，那么此前作出的刑事命令再次生效，并且必须予以执行。在共同犯罪中，如果部分被告人认为刑事命令不利于他们，决定不接受该命令并在庭审时不到庭的，那么该命令对他们而言即为最终结果。对于出席庭审的部分被告人，则按照常规程序进行审理。但是，如果被告人因不可抗力未出席庭审的，那么法官应在不听取辩护意见的情况下对刑事命令作出判定。

其二，如果刑事法庭在庭审中发现被告人所犯的罪为轻罪，且与移交命令中所描述的一致，那么刑事法庭可以作出该案不需要专业审理的判决，将案件移交至简易法院。[①] 但如果刑事法庭已经进行了实质性庭审调查，那么就由该刑事法庭继续审理案件。如果某个轻罪因与其他罪行有关联而被移交至刑事法庭，且刑事法庭在未开始对罪行进行实质性调查前就认为二者之间不存在关联性，那么刑事法庭可以将轻罪单独分离出来移交至简易法院。

在南非的简易程序判决宣布前的任何阶段，如果法官对被告人所承认的罪行是否构成犯罪持怀疑态度，或者认为被告人并未承认被指控的罪行，或者认为被告人错误地承认了罪行，或者被告人对指控作了有效辩护，或者存在其他可能使被告人罪行不成立的事由，那么法院应当将案件记录为无罪答辩，并要求检察官继续起诉。被告人在简易程序中作无罪答辩的，法官可视情况讯问其是否陈述答辩依据。如果被告人未陈述答辩依据，或者其陈述并不能表明其对答辩事项的承认或否认态度，法院可以讯问被告人以确认哪些指控尚存在争议。如果被告人的法律顾问代其回答法院的提问，法院应当要求被告人声明其对法律顾问的答复是否认可，无论答复是书面形式还是口头形式。被告人作无罪答辩后，治安法院应当根据规定将被告人移交地区法院进行审判。同时，治安法院关于程序的记录，经地区法院确认后，将被作为记录的一部分。

在简易程序中，无论治安法院依据被告人的有罪答辩还是无罪答辩对其予以定罪，但在作出判决前，如果认为被告人之前的犯罪行为或者本案被定罪的犯罪行为应当判处的刑罚超出了治安法院的管辖范围，或者被告人是《南非刑事诉讼法》第286A条第1款规定的人员的，均应当停止审理，将被告人移交给有管辖权的地区法院进行审理。案件被移交至地区法院后，治安法院所作的案件记录应当作为地区法院记录的一部分。被告人的认罪和供述应被视为真实的，除非被告人声明其认罪和供述是被错误记录的。在被告人认罪答辩的情况下，地区法院应当进行正式裁决并宣判，除非发现被告人所作的认罪或供述是被错误记录的，或者被告人根本不构成其所承认的犯罪。但是，如果法院确信被告人的认罪或供述被错误地记录，或者法院并不确信被告人构成其所承认的罪行，或者被告人未对指控提出有效辩护，那么法院应当正式提出无罪答辩，并按照简易程序继续审理。在被告人作无罪答辩的情况下，地区法院应当在考虑治安法院的诉讼记录后作出判决。如果治安法官认为诉讼程序不符合正义或对其正义性存疑，则可以要求主审法官向其说明定罪的理由。如果治安法官认为定罪理由符合程序正义，则可以对被告人进行判决；如果其认为仍不符合正义，则不应作出判决。如果治安法官认为程序符合正义，那么其应当记录自己的理由

---

① 孙谦：《刑事审判制度》，中国检察出版社2017年版，第310页。

和主审法官的理由以及治安法院的诉讼程序，同时一并移交具有管辖权的省级分院。[①]

如果下级法院的被告人对被指控的罪行作无罪答辩的理由，是针对其指控所依据的省级法令或总统公告已经失效，那么依据法律规定，被告人应当被移交给有管辖权的上级法院按照简易程序审理。如果被告人在简易程序中辩称无罪，那么在举证尚未进行的情况下，无论法官基于何种原因不能继续审理案件，均可以更换法官继续审理。

[①] 孙谦：《刑事审判制度》，中国检察出版社 2017 年版，第 407、408 页。

第三章
刑事简易程序实施状况的调研报告

2012 年《刑事诉讼法》对简易程序进行了大范围的修改，修改后的简易程序规范在实践中的实施效果是检验立法效果最直接的证据。为了对修改后的简易程序实施情况进行调查研究，课题组于 2017 年 8 月在江苏四个城市（包括常熟、泰州、盐城和东台）进行了调研。对简易程序调研的四个城市都不是速裁程序和认罪认罚从宽制度的试点城市，基本上没有受到与简易程序密切相关的速裁程序和认罪认罚从宽制度试点的影响。因此，这四个城市可以比较准确地反映修改后的简易程序的实施状况。本次调研主要通过召开座谈会的方式进行，调研组与法官、检察官、律师以及司法行政工作人员就简易程序实施中取得的经验和存在的问题等进行了广泛交流，并在此基础上形成了本调研报告。本调研报告为了比较客观真实地展示调研单位反映的情况，在资料的选取上尽可能保留座谈会的原始记录。

第一节　修改后的刑事简易程序实施状况

一、常熟市的实施情况和主要做法

醉驾入刑后，犯罪数量逐年上升。以前盗窃案是主流，现在危险驾驶案的数量逐步上升。盗窃案平均每年约 700 起，危险驾驶案有 500 多起，占案件总数的四分之一，比重较大。在常熟尤其是农村地区，醉驾案比较多。劳动教养废除之后，小额盗窃案和多次盗窃案较多，轻微刑事案件数量也有所上升。经济发达地区，轻刑化案件比较多，重刑案件比例有所下降。交通肇事、轻伤害的案件占 60% 左右，其中，有三分之一适用缓刑、50% 单处罚金。犯罪圈扩大后，刑事案件数量增长了一倍多。

2016 年，常熟市在适用简易程序的案件中，盗窃案占 83%、危险驾驶案占 98%；法律援助方面，没有危险驾驶案，盗窃案只有一起。上诉率为 3% 左右，适用普通程序为 30 天左右，简易程序平均为 8.8 天。截至 2017 年 8 月，常熟市还不是速裁程序的试点地区，但适用轻刑快审，从案发到审结 10 天左右。涉及轻刑快审的案件，法院 3 天左右审结。

法院在处理简易程序案件方面的做法是，法官对简单案件轮流办理。常熟法院目前每年受案 2000 多起，简单案件 1000 多起，这些案件由两个法官审理。适用简易程序的案件，大概每 10 分钟就有一个开庭，流程是：核实身份信息、权利告知、宣读起诉书，95% 以上都是当庭宣判。最多时，半天开十几个庭。如果法官都办简单案件，复杂案件的审判压力就会比较大。简易案件、复杂案件均匀分配，简单案件适量轮着办，复杂案件也轮着办，其他案件随机分配，这样会比较公平。在如何区分案件是否应该适用简易程序方面，如果被告人完全无异议，就适用简易程序审理；若被告人认罪，但对部分事实有异议的，就直接适用普通程序审理。但是，对于扩大简易程序范围的部分过去适用普通程序简易审的案件，修法基本没有大的作用，普通程序审理的案件量并没有因此下降。

检察院在处理简易程序案件方面的主要做法是：院内公诉科成立快速组，主要承办适用简易程序的案件；其他人办理的故意伤害、寻衅滋事案，如果被告人认罪，案情简单，证据没有问题，基本也是以简易程序起诉。案情复杂的案件，如有可能被判处 3 年以上有期徒刑的被告人不认罪的，会以普通程序起诉。如果检察院觉得可以适用简易程序审理，会给法院开具《适用简易程序通知书》，但法院不一定采纳，因为法院有自己的考量。所以，适用简易程序的决定权在法院，检察院只有建议权。检察院只有收到开庭通知书，才知道适用何种程序。普通程序和简易程序的开庭程序基本相同，都是根据《刑事诉讼法》的规定，不可能为了办案子而省掉相应的权利和义务。在该检察院办理的案件中，一年内适用简易程序的占到 70%～80%。由此可以看出，为了提高效率，能适用简易程序的，检察院就以建议程序起诉。在上诉的案件中，有些被告人只是为了避免去监狱服刑，才进行了技巧性上诉，其中真正因不服判决而上诉的其实很少。

律师处理简易程序案件的主要做法是：很多适用简易程序的案件，是律师通过工作提出的。例如，被告人如果对犯罪事实没有异议，只是对构成刑事案件有些心理上的不平衡，律师以前的做法是给当事人很多心理预期，从证据角度和检察官、警察博弈，现在的做法则是，如果案件清楚的就尽量疏导当事人认罪，让他们知道触犯了哪些法律、能不能尽量减轻处罚。另外，在简易程序的法律援助方面，法院会根据实际情况指定法律援助，法律援助中心指派律师。

二、泰州市的实施情况和主要做法

2015—2017 年，泰州市法院一共受理案件 10113 件，涉及被告人 14603 人。其中，适用简易程序的案件为 7115 件，适用率为 70.35%。泰州市下辖的区县实施情况差异比较大，主要情况如下：

（一）靖江法院

该院统计的数据来源于 2016 年 1 月—2017 年 7 月。其间，全院总共收案 1062 件，适用普通程序审理的是 234 件、适用简易程序审理的是 828 件，其中，适用简易程序独任审理 578 件、适用合议庭审理 250 件。适用简易程序的案件数占总收案数的 77.97%，独任审理占简易程序审理案件数的 69.81%。案件在适用简易程序上比重较大，缩短了案件的审限，节约了大量的司法资源，为成功开展以审判为中心的诉讼制度改革留下了足够时间。在犯罪类别上，主要涉及危险驾驶、交通肇事、盗窃、吸毒等被告人认罪、事实清楚的案件。在司法效率上，简易程序的适用避免了大量案件的羁押、超期审判现象。认罪的被告人可以早日接受社会改造，因此，社会效果很好。

该院的创新做法主要是与检察院共同出台了《轻微刑事案件快速处理的实施意见》，用适用简易程序的范围、在案件上面所做的标识、程序转换（包括案件简易程序的快速审理情况）来解决羁押和流窜作案的问题；法院可以在羁押期内作出判决，避免被采取强制措施的被告人找不到的情况发生。另外，三位一体巡回审判的刑事案件也适用简易程序，其三位一体主要做法是：通过简易巡回审判，将裁判、普法和矫正统一起来。2016 年 1 月—2017 年 7 月，上诉案件 104 件，其中简易程序上诉案件 48 件，占比 46.6%。大多数上诉案件并不是真正对法院判决不服，主要是剩余刑期在 3 个月以上的被告人所采取的技术性上诉，其目的是拖延留守，避免在监狱服刑。

（二）海陵区法院

2017 年 1—6 月审结案件 248 件，其中 135 件适用简易程序，适用率达 54.4%；犯罪类别集中于危险驾驶、盗窃、容留吸毒等；平均审理天数不超过 15 天；上诉率低。该院因为司法改革，形成轻微刑事案件快速审理程序，当时处于探索阶段。其适用范围和条件是：（1）案件事实清楚、证据充分；（2）被告人自愿认罪的；（3）被告人及辩护人同意适用简易程序的。不适用被告人是盲聋哑人、精神病人、未成年人、有重大社会影响的、共同犯罪不认罪等情形。这个快速审理程序，主要通过以下几个机制来运行。

第一，构建"三快通道"。（1）快立案。对于适用快速审理程序的案件，立案庭当天收案、当天立案、当天移送，实践中没有达到理想效果。（2）快分案。刑事法庭收到移送的案件后，按照类案专审机制，经审管办直接分案到专审法官。（3）快审理。承办人在立案当天即排期确定开庭时间，和书记员一起在立案后 3 日内统一送达相关起诉材料及权利义务告知书等，并以笔录形式核实被告人的基本情况及征询其是否同意适用快速审理程序，为开庭审理奠定基础。庭审时间控制在 30 分钟左右，原则上当庭宣判、当庭送达判决书，力争在立案后 10 日内结案。

第二，推行"三化"模式。（1）推行审理人员专业化。（2）推进审理方式集约化，对多起简易案件，进行集中开庭审理。但实践中也存在困惑，如是否可以几个当事人一起交代权利、核对身份，目前没有这样做，因为要保障被告人的权利。一般来说，简易程序的案件早上可以开 4~5 个，如果可以集中告知，被告人虽然也会被交代权利义务，但是被告人反应会快些，因为已经听过前面的人权利义务相关介绍。（3）庭审过程简约化。简化庭审中被告人身份核实、诉讼权利义务告知、证据展示、法庭辩论等环节，重点就量刑事实和情节进行审理、辩论，并当庭宣判。程序简约化也存在困惑，即到底哪些程序可以简化。探索检察院出具庭前示证书，庭前示证书在给被告人送副本时，如果允许被告人提前看一下，开庭时能够快一些。其实，比较理想的状态是被告人看完庭前示证书后，如果没异议，当庭就可以简要讯问一下，不需要被告人读，这样既节约时间，也更直观。

第三，构建快速办案联动机制。目前，效果比较好，但也存在一些问题。一是，审前调查比较吃力。被告人居住地和户籍地往往不在一个地方，而审前调查希望在审前就可以解决该问题。二是，简易程序转普通程序的事由。如果认为被告人构成自首，仅仅因为其认识上的问题而选择适用简易程序，是否需要转普通程序以保护其诉讼权利尚不明确。三是，被告人委托辩护人的问题。在送开庭副本时询问被告人委不委托辩护人，其回答不确定，但是开庭前告知要委托，这可能就要改期，从简易程序转普通程序。四是，判决书是否可以简化，适用简易程序的案件判决书和适用普通程序的案件判决书能否有更明确的区分。醉驾、盗窃、容留吸毒案件的量刑要素比较固定，如果能够把这些要素形成统一的规范，完全可以采取要素式裁判文书。

（三）高港区法院

高港区法院是泰州地区的小法院，2014—2017 年共审结刑事案件 518 件，其中，适用普通程序案件 192 件、适用简易程序案件 326 件，简易程序适用率为 62.9%。简易程序案件平均审理天数为 13.4 天。适用简易程序的案件类别主要是危险驾驶、盗窃、交通肇事、容留卖淫、诈骗，这五类案件占案件总数的 73.3%。2015 年高港区法院联合区检察院、区公安局、区司法局联合制定了《轻微刑事案件快速办理机制》，并形成会议纪要。该纪要明确了公安机关在简易程序中起的作用，公安机关若发现是简易程序案件或者是轻微案件，就会在文书上标注，如果没有把握，公安机关就会发调查函。到了检察院，制作起诉书时也会标注，并在一个星期之内完成所有的法律文书，且在移送法院之前，先进行审前调查委托。所有简易程序案件先进行审前调查委托，不然立案庭不予立案。法院开庭时，集中告知权利，集中送达，集中开庭，即所有被告人一起在被告席上，一起被告知权利、核对身份，如果该程序在庭前就已完成可直接开庭。法庭调查、法庭辩论也都一起进行。有人质疑，这可能与《刑事诉讼法》要求的一案一庭审理原则不一致，特别是将互相间没有联系的案件放在一起开庭，会不会对其他被告人造成影响。现在开庭，多的时候一天 10 个案件当庭宣判，一般情况下是 4~5 个案件。简易程序审理的案件都是认罪认罚从宽的案件，这部分案件一般是事实清楚、证据十分简单且被告人认罪的案件，在认罪从宽上没有什么障碍。三年来，共适用简易程序审理案件 326 件，其中，上诉的 22 件，没有抗诉的案件。上诉的案件中，改判了 3 件，其中，2 件是因为罚金的问题，1 件是因为在上诉之后已缴纳罚金。发回重审的概率为 13.6%。总的来说，适用简易程序审理的案件效果比较好，既节约了庭审时间，裁判的公正性也得到了有效保障。

（四）高新区法院

该法院于 2012 年组建，刑事案件比较少，主要审理醉驾案件、交通肇事案件。2014 年只有 3 名法官审理刑事案件，法院出台并实施了《关于轻微刑事案件快速办理规定》，规定了轻微刑事案件的范围、审理原则、受理与送达、庭前准备、庭审程序、审判审前调查与审限的相关规定。2014—2017 年适用轻微刑事案件快速办理程序审理的案件有 1172 件，案件类型主要集中在危险驾驶、交通肇事、盗窃、寻衅滋事。平均审理天数不到 10 天，上诉案件 5 件，当庭宣判率为 99.8%。高新区法院在审理轻微刑事案件方面的特点是：

第一，确立了轻微刑事案件的范围及审理原则。对于案情比较简单、证据确实充分、事实清楚，被告人认罪，可能判处有期徒刑 3 年以下的案件，可以独任审理。

第二，确立了"三集中"原则。所谓三集中，即由专人集中立案、集中送达、集中审理。集中立案，即对一个时期内的某类轻微刑事案件由专门法官集中审理。另外，对于这部分案件还可集中送达、集中审理，如将 8 个醉驾犯罪案件分到一个承办人手上，可以同一天集中送达起诉书副本，安排同一天集中开庭审理和进行集中诉讼权利告知。

第三，将社区矫正审理调查前置，和公安机关、检察院联系之后，对于可以适用缓刑的，审前调查由检察院委托进行。

第四，在庭前送达起诉书副本的，同时公开起诉的事实证据内容。即由检察院将证据目录、主要内容附一个证据量刑格式表，将相关证据、量刑要素写在前面，在送达起诉书副本时就送达给被告人，保证被告人在庭前就可以看到相关证据以及量刑要素。在开庭审理时，证据出示、辩论环节可以有所简化，直接问被告人对庭前出示的相关证据有没有意见，一般来说，被告人没有意见，因为有意见会在接收起诉书副本时告诉承办人。此外，可以在庭审程序之前对被告人身份进行核实。

三、盐城市的实施情况和主要做法

（一）东台市检察院

适用简易程序办理案件中存在的问题主要是：检察院建议适用简易程序呈上升趋势，而法院采纳率则呈下降趋势。2013—2016年，该院一共受理案件2509件，经审查提起公诉的有2264件，建议适用简易程序的有案件有1360件，占60.7%。其中，2013年建议了344件，2014年316件，2015年328件，2016年372件，案件适用比例呈上升趋势。法院同意适用简易程序的有1116件，占案件总数的49.07%，占建议数的81.69%，呈逐年下降的趋势，2013年同意329件、2014年同意269件、2015年同意267件、2016年同意246件。3年以上量刑的案件，法院最终适用简易程序的比例不高，2013—2016年共建议22件，法院同意适用2件，其他转为普通程序审理。适用简易程序的罪名比较集中，危险驾驶案458件、盗窃案321件、交通肇事案132件、故意伤害案49件、非法狩猎案45件，占适用简易程序的73.89%。

办理简易程序创新办案模式，实现质效统一，具体做法包括：

（1）"四集中"的办案机制。设立集中移送的模式，公检法对签了快速办理的模式，形成了长效机制，确保同罪名同类型的案件相对集中起诉。检察机关落实集中办理的机制，实现同罪名同类型的案件交给专门的检察官或者专门办案组；设立集中起诉的模式，要求承办人在简化制作的基础上，按照出庭举证的顺序进行制作，并且要求承办人对同罪名同类型的案件在同一时间内提起公诉，数量在3~5件；助推集中审判机制，主动与法院加强沟通，与法院关于集中出庭、集中审判达成一致意见，通过联席会议就短期内简易程序案件办理过程中存在的共性问题进行通报、达成共识，提升办案效率。

（2）注重加强内外执法监督。保障诉讼参与人的权利，制作书面权利义务告知书，做到不简化犯罪嫌疑人的相关权利。严格监督内部机制，简化程序的启动，对于符合简易程序审理的案件，要求承办人在审查报告中明确列出并报公诉部门的负责人以及分管检察长备案审查。案管部门定期进行督查。

（3）抓外部监督，做到诉讼监督简而不松。对公安侦查的监督，建立警检协助机制，对违法情节予以纠正。2013—2016年，提出3件案件需要纠正侦查违法行为。对于审判监督方面，书面提出2件审判监督违法，对简易程序提出了抗诉意见。通过内外执法监督，保证了案件质量。

（二）大丰区检察院

大丰区检察院在 2013—2017 年共办理适用简易程序的案件 1382 件，占 58.25%。其中，危险驾驶、盗窃、交通肇事类的案件占所有简易程序案件的 95%以上。从办案周期看，90%以上在 15 天内审结；从委托辩护人看，自行委托辩护人的较少；从上诉案件看，上诉少，主要是刑期比较短，部分被告人希望通过上诉留所服刑，二审之前把案件撤回。

该院办理的简易程序案件在确保质量的基础上，采取的是应繁则繁、应简则简以及"三集中"的原则，与公安机关、法院达成对轻微刑事案件（主要是交通肇事和危险驾驶案件）集中受理、集中起诉、集中审判的协议。检察院与公安机关、法院达成共识，在每个月的一定时间内对一批交通肇事或者危险驾驶案件集中受理，这样便于集中提起公诉、集中开庭，简化办案流程，缩短办案期限，提高效率。对事实清楚、被告人认罪的案件，在讯问举证、辩论方式上实行简化，提高出庭支持公诉的效率。同时，成立了专门办案小组和专办检察官，合理简化了审查报告，在庭前充分听取被告人、辩护人的意见。

（三）盐都区检察院

2014—2017 年，盐都区检察院出庭支持公诉案件 1200 余件，其中建议适用简易程序案件 400 多件，最终法院同意适用 277 件，占比 22.6%，适用率较低。犯罪类别主要是交通肇事、危险驾驶、盗窃、故意伤害等。该院大部分简易程序案件采用集中受理、集中办理以及对同类案件集中审理的模式，减少了公诉人出庭的时间。在刑事简易程序的上诉、抗诉方面，因为案件简单事实清楚，证据比较充分，上诉率比较低。法院对检察院的定性、量刑均有采纳。

在简易程序中，虽然被告人对自己的犯罪事实没有异议，但是在审理案件时不能以被告人认罪作为唯一依据。不过，和普通程序相比，简易程序对证明标准的要求相对宽松。在庭审过程中，质询也比较简略。

（四）庭湖区检察院

庭湖区检察院每年案件量为 900 多件，但员额检察官只有 6 个，办案任务比较重。检察院对案件建议适用简易程序的有 60%，法院同意适用简易程序的为 50%左右。由于其他原因，如审限、庭前审查，再一次开庭转为普通程序审理的占 10%，其实这类案件的事实、证据、定性没有任何变化。检察院建议适用简易程序，而到法院形成争议点、形成分歧的很少，只占建议总量的 5%。

在案件办理的过程中，2012 年《刑事诉讼法》修改以后对逮捕的适用条件更加严格了。对于一些不符合逮捕条件但是又不能保证到案参加诉讼的人，检察院就和公安机关有个绿色通道，公安机关认为证据符合起诉标准，犯罪嫌疑人认罪，案件事实清楚、定性准确的话，在移送案件时会附表建议适用简易程序办理。对此类案件，检察院优先受案、优先办案，一般在 7 个工作日以内办完。发现不符合条件的，将程序倒流；符合条件的，在检察院最多 3 个工作日，到法院也可立即开庭。由于证据标准是统一的，但是案件来了之后，是不是可以适用简易程序，检察官根据经验法则再判断，只能有大致的判断标准。但是，每个案件在审查过程中会出现很多情况，如毒品犯罪案件有专门的举证规则，如果审查过程中发现证据存在瑕疵，不符合举证规则，但不代表证据的客观性存在问题。继续按照简易程序进行的话，就不符合对当事人权利保障的要求了。所以，在审查案件的过程中，简易程序和普通程序在公诉环节的相同点是没有差异化的证据标准。建议在庭前主罪符合的情况下，提讯犯罪嫌疑人时就同步展示证据，讯问其对相关证据合法性有没有异议，然后根据相关证据告诉犯罪嫌疑人：不是他认为案件事实是怎么样的，定性就是怎么样的；提前释放是程序选择的红利，如果他认罪了，预期刑是怎么样的；如果同意适用简易程序会怎么样。但是，该程序也会带来弊端，就是被告人会滥用这个权利，先认罪认罚，获取从轻的处罚，再利用上诉不加刑提出上诉，提出本应该在一审程序中提出来的争议点，然后在二审中导致该调查的没有调查，事实不清就发回重审。

（五）建湖县检察院

建湖县检察院采用"轻案快办"模式，具体做法是：

第一，解决"简而不易"的问题。建湖县检察院在简易程序的案件上，改变文书的制作方式，简化办案组，解决了办案人员的大量精力耗费在简而不易案件上的问题。首先，集中制作文书。公诉文书和现实的需求存在差异，办理轻微刑事案件时，为了提高办案效率，可集成化制作文书。在不改变起诉书基本格式的情况下，对起诉书内容进行细化，细化起诉书所列举的证据内容和证明内容。同时，增强起诉书的说理性，达到起诉书集指控、举证、说理功能于一体，不再单独制作庭审举证、质证提纲及公诉意见书。在庭审中，公诉人宣读起诉书和量刑建议之后，不再单独设立举证和发表公诉的时间。其次，集成化制作案件审查报告。在制作审查报告的过程中，按照起诉书的制作要求，列明各证据所能证明的内容，增强审查报告和起诉书的统一对比性。不再制作阅卷笔录，并且集中制作量刑建议书，将法定的酌定建议都写进量刑建议书。

第二，对案件进行"上下游"的疏导工作。检察引导侦查，对纳入轻案快办的案件，制作证据化采集清单，交由公安机关照单取证、照单审查。同时，通过这样的方法提高证据准确性，并且对简易案件进行专业化办理，对受理案件从适用法律是否存在分歧、阅卷的复杂程度、作案次数多角度进行评估，实现轻案快办，实行两类案件繁简分流，解决轻案快办中存在的问题，确保高质量运行简易程序。

四、东台市的实施情况和主要做法

创新简易程序办案模式，实现简易程序质效统一，东台市的具体做法是：

（1）采用"四集中"的办案机制，设立集中移送的模式。公检法对签了快速办理的模式，形成了长效机制，确保同罪名同类型的案件相对集中起诉。检察机关落实集中办理的机制，实现同罪名同类型的案件交给专门的检察官或者专门的办案组。集中起诉的模式，要求承办人在简化制作的基础上，按照出庭举证的顺序进行制作，并且要求承办人对同罪名同类型的案件在同一时间内提起公诉，数量在3~5件。助推集中审判机制，主动与法院加强沟通，与法院关于集中出庭、集中审判达成一致意见，通过联席会议就短期内简易程序案件办理过程中存在的共性问题进行通报、达成共识，提升办案效率。

（2）注重加强内外执法监督。保障诉讼参与人的权利，制作书面权利义务告知书，做到不简化犯罪嫌疑人的相关权利。严格监督内部机制，启动简化程序，对于符合简易程序审理的案件，要求承办人在审查报告中明确列出，报公诉部门负责人以及分管检察长备案审查。案管部门定期进行督查。

（3）抓外部监督，做到诉讼监督简而不松。对公安侦查的监督，建立警检协助机制，对违法情节予以纠正。2013—2016年，提出3件案件需要纠正侦查违法行为。对于审判监督方面，书面提出2件审判监督违法，对简易程序提出了抗诉意见。通过内外执法监督，保证了案件质量。

第二节　刑事简易程序实施中存在的问题

一、常熟市

常熟市法院在简易程序实施方面提出的问题是：

第一，我国规定判缓刑的实行社区矫正，但是常熟流动人口多，带来了很多问题。主要是：犯罪的人素质不高，落实监管是回原籍还是在常熟进行？回原籍的调查时间长，要10天左右，现在的做法是由检察机关发调查函，主要矫正地如何落实，居住地如何落实，公检法机构没有衔接好，很多人被认为在常熟但是在常熟又没有固定住址。

第二，从程序方面怎么来节省时间。司法改革后，规定只有员额检察官才能出庭，助理检察员不能出庭，而很多简易程序审理的案件都是助理检察员办理的，出庭时要换一个员额检察官，还要凑时间，排档期，时间紧张。还有法警的时间，也要安排。以前很多案件不需要出庭，现在要开庭很占时间。现在庭审是三同步，但全都放在庭前也有问题，盗窃、危险驾驶就有冒名顶替的案件。这都需要足够的时间来审查，否则难以保证案件审理的质量。

第三，对于适用简易程序的标准如何把握，在简易程序的审判中突然冒出其他问题怎么办。例如，对犯罪事实没有异议，对犯罪时间有异议、对鉴定价格有异议，能不能继续适用简易程序审理。又如，自首的案件，一般情况下都会转普通程序，那么转普通程序之后，是否还要再核实一次程序，按照规定可能要再进行一次，有没有这个必要。再如，外国人犯罪的案件适用普通程序审理，但是港澳台同胞犯罪的案件，是否适用简易程序，法律没有规定。

二、泰州市

（一）泰州市法院在简易程序实施方面提出的问题

第一，简易程序不简易。原来规定普通程序简化审，现在法律没有规定，但是实践中，普通程序一般简化审。在一起故意杀人案中，被告人不认罪，举证到第三个目击证人时，被法官制止让分组举证。也就是说，普通程序是分组举证，简易程序也是分组举证。为什么说简易程序一点也不简，因为侦查没有简化，审查起诉也没有简化，简化就简在庭审，庭审简也是因为被告人认罪了，不是因为诉讼制度规定得简。速裁程序庭审快捷，简易程序何去何从，上面有普通程序简化审，此外还有速裁程序，简易程序成为"鸡肋"。

第二，简易程序主要受益的不是检察院、公安机关，而是法院。公安机关和检察院的动力不足，如要把审前调查挪到检察院。刑事诉讼制度的运行和刑法不同，表面上是规定了一部分，但实际运行中，各个地方的检察院、法院、公安机关都有自己的内部规定，考核都可以转化为诉讼程序，但是这些程序在《刑事诉讼法》中并没有规定。简化程序不仅仅是审理过程的简化，还应该包括侦查、审查起诉的简化。法院七八天解决的问题，侦查、起诉可能要1~2个月的时间，因此，光审判阶段简化，对简易程序的简化意义不大。庭审的简化达不到实质上的简化，开庭原来20多分钟，现在简化到10分钟，案卷还是要看，判决书上面也没有创新，简化的意义在哪里？

第三，简易程序案件的证明标准是否降低。如果程序简化势必导致证明标准的降低，可能会导致很多问题。例如，被告人认罪了，但检察院很多证据不到位，在审判庭上只宣读证据目录，不宣读具体内容，可能导致法院在阅卷的时候发现问题，但检察院不提，被告人也不提，法院作为居中裁判如何引导被告人抗辩？很多案件被告人没有辩护律师，也不懂法，但是很多细微差距可能影响案件定性。因此，证明标准是否降低有待商榷。

第四，简易程序与现在提倡的诉辩对抗有冲突。2012年《刑事诉讼法》修改之前公诉人不出庭，和现在比反而更简化。现在提倡诉辩对抗，为了保护被告人的辩护权，可能存在冲突。还有一个冲突就是繁简分流与员额制考核的冲突，因为员额制考核的是案件质量，其实简易程序的案件和普通的案件相差得很小，如果专门办理复杂的案件，到年底考核的时候就达不到员额制的要求。还有与社区矫正的冲突，把简易程序适用社区矫正的调查放在审查起诉阶段还是取保候审之前，公安机关和检察院、法院的观点不一样。靖江法院的做法是对少数过失犯罪（交通肇事、危险驾驶）不调查社会危害性，除非发现有前科的。

（二）泰州市检察院在简易程序实施方面提出的问题

第一，简易程序审理非常迅速，而《刑事诉讼法》要求公诉人出庭，那公诉人法律监督的作用体现在何处？公诉人在一个开庭几分钟的案件中，如何体现法律监督的作用？这是立法初衷和实践中产生的矛盾。司法体制在改革，员额检察官制度也在改革，员额检察官承担的案件量比之前要大很多。

第二，2013 年之前，在简易程序案件中，公诉人不需要出庭，现在需要出庭，增加了公诉人的出庭量。现在庭审要实质化，举证要实质化，质证也要实质化，但是一个三分钟开庭的案件很难体现实质化。如果要体现实质化，是不是就会和简易程序产生矛盾？规定要求每个办案人真正去办每个案件，亲历性就体现在办案人亲自去看卷宗上。如果案件由书记员承办，如何体现亲历性？如何终身负责？这存在一定的矛盾，即案多人少的矛盾没有解决。

第三，快速化审理在创新，即设立专业化办案小组，专人办理专人的案件。这表面上看很好，但是也存在很多问题。（1）职业化队伍的建设，不是靠简易程序就能达到的，必须靠办理疑难复杂的案件进行千锤百炼，并且成熟的公诉人也必须通过庭审和辩护人对抗才能实现。简易程序形成不了对抗，不能对职业化建设有帮助。（2）案件审查是否像我们所想的那么妥当？在简易程序案件中，如交通肇事案中，需要对事故责任认定书进行审查，因此事故责任认定书被认为是结论性意见。2013 年，法律规定将鉴定结论变成鉴定意见，由此我们就能看出，科学的意见也是会受到质疑的，何况是一个交警出具的事故责任认定书。而在办案小组中，大量检察官、法官刚开始从事刑事检察工作，他们没有司法实践经验，能否把握这样一个标准、能否作出正确的判断，答案是显而易见的。

第四，证据审查问题。能否要求检察官进行归纳工作？如果检察官再进行反复归纳，是否在加大工作量，和简易程序设立的初衷是否有冲突？因此，对于简易程序庭审证据的审查不能过分苛责。

第五，关于简易程序上诉、抗诉的案件。适用简易程序审理的案件有一定上诉率。如果对刑期不满意，被告人就会在二审阶段翻供，因为翻供不承担不利后果，因此二审的办理就非常棘手。被告人不需要承担不利后果，因此浪费了司法资源，这和简易程序是否矛盾？是否要让被告人放弃一定的权利？社区矫正机构的意见是否需要采纳？社区矫正是重要的环节，工作人员的调查是否符合程序？适用缓刑是要求对所居住地区没有重大影响的，这是适用的一个条件，如果没有这样一个调查就判了缓刑，产生不利后果谁来承担？这些问题目前在立法和司法上还都没有得到解决。

三、盐城市

（一）大丰区检察院提出的问题

适用简易程序的案件，在审查起诉阶段相对比较简单，但是所有程序都要走一遍，并没有减轻工作量。简易程序在法院审理阶段转为普通程序案件的可能性比较大，主要有两个原因：一是法院在规定时间内审结不了，转成普通程序，变相延长了审限。二是公诉机关提出简易程序的意见，法官认为案件复杂，需要转为普通程序，变相延长审限。此外，当庭宣判的比例比较少，只有少数案件能达到这个标准。

（二）盐都区检察院提出的问题

检察机关建议适用简易程序，法院为了延长审限将简易程序转为普通程序，在一定程度上消耗了司法资源。在转为普通程序方面，检察院和法院在认知上存在一定差距。法院将检察机关建议适用简易程序的案件变更为适用普通程序的案件，是否需要书面告知检察院理由？实践中，法院往往是在开庭时直接通知，且不告知理由。检察机关对于审理程序是否有救济的权利并不明确。

（三）亭湖区检察院提出的问题

适用简易程序的案件和适用普通程序的案件，怎样建立差异化的证据标准？简易程序、速裁程序已经释放了程序红利，在当事人已经收获程序红利的情况下，对于取证中存在的瑕疵，如果不影响证据客观效用，是否可以适当放宽？例如，毒品犯罪案件、电子证据案件，因为这些程序的取证操作很严格，是不是可以在简易程序中放宽适用条件？

简易程序、速裁程序、普通程序之间怎样科学定位？应当说，简易程序适用于当事人对指控事实无异议，认罪但是不认罚的案件。普通程序也不完全排除适用当事人认罪认罚的案件。而未成年人、聋哑人则不适用于简易程序，这些程序的设置是为了保障当事人的诉讼权利，但是进行程序选择是可以获得程序红利的，而将其排除在外，是不是不利于当事人权利的保障？普通程序是最严格的证据标准；简易程序则要求认罪，对事实无异议；速裁程序是独立于这两个程序之外的程序。

（四）射阳县检察院提出的问题

第一，审查程序并未简化，《刑事诉讼法》没有设置庭前审查程序，公诉部门承担了非法证据排除、简易程序选择等环节，对审查工作提出了很高的要求。第二，简易程序出庭工作机制要求必须由员额检察官出庭，办案量明显增大，要耗费大量时间往返于法院、检察院之间。实践中，出现了轮流代庭的现象，这就造成检察官不熟悉案情的情况，如果被告人当庭翻供，出庭检察官就不能很好地应对，从而影响了出庭的质量。第三，简易程序转为普通程序的规则也要进一步完善。法院在审理中将简易程序转为普通程序的情况比较多，缺少相关的审查、监督。

（五）阜宁县检察院提出的问题

第一，证据审查比较严格，在简易程序的适用中证据的证明标准并没有降低。检察院在审查起诉阶段肩负着查清事实真相的职能，而证据的证明标准比较单一，检察院就可能因为程序瑕疵而将案件退补，导致审前程序倒流。第二，侦查阶段繁简分流不精细。公安机关在侦查终结后就直接将案件移送检察院，其造成的问题是：可能根据案件剩余时间的长短进行取舍，在复杂案件中穿插简易案件，从而导致适用简易程序的案件无法集中起诉到法院。第三，对犯罪嫌疑人的权利保障不到位，指定辩护律师或者法律援助的比例较低。

（六）响水县检察院提出的问题

办理案件过程中，遇到问题最多的是刑事附带民事诉讼的案件和适用简易程序的案件。涉及人身损害赔偿的案件占办案量的一半以上，其中简易程序转普通程序的案件最多，因为这类案件大多涉及赔偿问题，所以法院一般按普通程序审理。但是，这些案件基本都是事实清楚、证据充分，是否可以适用简易程序办理？按现有规定，适用简易程序一般是滞后处理，但是不能拖延诉讼程序，因此，能不能在公安侦查阶段就进行调解，将和解程序前置，因为和解是重要的量刑情节。

（七）开发区检察院提出的问题

第一，聋哑盲人、尚未完全丧失行为能力的人如果认罪，是否可以享受认罪的红利？这两种类型可能要进行改革。第二，审查起诉的期限。现在公安机关有很多量刑倒挂的情况，如果认罪认罚有期限，那么公安机关是否也要注意侦查的期限？

四、东台市

东台市检察院提出的问题是：

第一，对法律规定适用条件的认识存在分歧。《刑事诉讼法》规定，被告人对指控的事实没有异议的，可以适用简易程序。但在实践中，法官对该条文的理解却存在分歧：被告人认可影响定罪的事实，但不认可影响量刑的事实，是否可以适用简易程序？被告人对多起犯罪事实予以认可，但对其中一起犯罪事实不予认可，是否可以适用简易程序？

第二，对当事人合法权益的保障有待加强。由于适用简易程序要求被告人对基本事实没有意见，那么庭审时就可以简化讯问程序，但如果被告人对法律认识不足、对适用简易程序的后果和罪名的认知在理解上有所欠缺，就可能为了获得较轻的处罚而进行认罪，而对于其行为是否真的构成犯罪并不深究，因此对被告人合法权益的保障有待加强。

第三，检察院建议适用简易程序比例逐年上升，而当庭宣判的案件很少。根据法律规定，适用简易程序的案件一般应当当庭宣判，但实践中当庭宣判的却很少，这在客观上影响了办案效率的提升。

第三节　关于本次调研的若干思考

调研组在江苏常熟、泰州、盐城和东台等市县的调研情况，结合其他已有的学术资料，可以说比较全面地揭示了简易程序在实施中的运行状况。这次实地调研获得的丰富的第一手资料，对于我们研判简易程序的改革路径具有重要的意义。根据本次调研的情况，简易程序的改革应当考虑到以下重点问题。

一、适用范围问题

从调研的情况看，在简易程序的案件适用方面，检察院的建议率为60%左右，而法院采纳适用的为50%左右。这个比例与2012年《刑事诉讼法》修改之前的情况变化并不大。这说明简易程序的适用问题并没有因为2012年《刑事诉讼法》对简易程序的修改而有所扩大。特别是在调查中发现，合议庭审理3年以上有期徒刑的案件适用简易程序的很少，这说明2012年《刑事诉讼法》修改对简易程序适用范围的扩大，并没有在实践中产生显著的作用。速裁程序立法实施后，适用简易程序案件的比例必然会进一步萎缩。因此，在基层法院刑事一审案件的适用范围上如何合理安排简易程序的受案范围，是未来简易程序改革需要解决的重点问题。

笔者初步建议：（1）明确和规范简易程序的适用范围以及简易程序的转化。进一步限定被告人认罪的条件，严格规制简易程序转化为普通程序，因为程序反复转变，意味着诉讼成本的增加。（2）进一步完善案件分流和分类的审理机制。检察机关建议适用简易程序的，除法定情形外，都应当适用简易程序。同时，扩大简易程序独任审判案件的范围。（3）合理确定简易程序的审理期限，对可能判处 3 年以上有期徒刑的案件可以延长至一个半月。在司法实践中，有的案件需要补充证据，在 20 日之内无法审结。这些案件一旦转化为普通程序，审限就要重新计算，诉讼时间也会延长，审判周期当然也就相应变长。笔者建议在原先规定的基础上，延长审理期限，对判处 3 年以下有期徒刑的案件如果 20 日无法审结可以转化为一个半月，这就缩短了诉讼时效。

二、过度程式化问题

速裁程序和简易程序的共同特点就是简化刑事案件的起诉和审理程序，但是过度简化或者程式化必然会削弱程序的法定性和程序本身的教育功能。有些简易程序是快速集中审理，有的庭审仅仅几分钟，庭审的仪式感不足。实际上，在简易程序中，公诉人和法官的释法说理也很重要。这方面，办案机关没有强制性的责任，但是程序法定和建设法治社会非常需要发挥法庭的教育功能。因此，应进一步加强公检法司之间的良性互动，完善简易程序的证据规则。简易程序的适度简化应当有很明确的标准，否则简易程序与速裁程序之间的程序混同问题将随着速裁程序的实施进一步加剧。目前，速裁程序案件审查模式，基本上采取模块化、格式化法律文书制作，相对集中分案、相对集中审查、相对集中庭审、相对集中提讯。在调研中，简易程序也实行这种速裁的办案模式。速裁办案模式与简易程序办案模式之间如何区分，还需要进一步研究。

三、办案机制的改革问题

我国《刑事诉讼法》和相关司法解释对可能适用简易程序的案件，仅仅规定了审判程序的简化。简易程序运行还是比较复杂的，只是对普通程序的部分简化，运行效率不高。简易程序只是注重审判阶段的部分简化，规定审限为 20日。不少简易程序在审前阶段还要进行补充侦查，而在案件的源头，对公安机关的侦查期限是没有限制的。审前阶段相对而言没有简化多少，讯问被告、审查报告和普通程序相比并没有什么简化，只是审查报告稍微简一点。在审判阶段的庭审中，检察院需要出席法庭，这就增加了庭审反复的可能性。庭审结束之后，法院按部就班，没有完全从普通程序上脱离出来。对于简易程序的办案流程是否也需要和速裁程序一样进行审前简化和优化，也是简易程序改革面临的重要问题。例如，在简易程序中，办案程序应该更加优化，根据案件的难易程度设置不同的审查程序。对于适用简易程序的案件，制作审查报告时，不必要的内容应当予以删减，改变起诉书展示证据的方式，让当事人一目了然，从而决定是否同意适用简易程序。在简易程序案件的审理方面，必须加强公检法机关之间的沟通和资源合理配置，建立信息互通平台，引导公安机关和检察机关合理分流案件，与审判机关进行信息互动。特别是在司法实践中，公检法三机关对简易程序案件证据的采信是有差异的，为了节约诉讼成本，可以规定简易程序的常见罪名证据标准，解决办案程序中证据适用不规范的问题。

四、被告人的权利保障问题

被告人权利保障是简易程序改革中的重大问题，因为简易程序因程序的简化不可避免地会冲击被告人的法定诉讼权利。在调研中，有的地方反映法律援助的建立并没有保障每个简易程序案件中的被告人获得有效的法律帮助。速裁程序实施后，简易程序中被告人的权利保障问题就更加凸显。事实上，如果没有律师的帮助，很难充分保障被告人认罪的自愿性。降低法律援助门槛，扩大法律援助的范围，保证每个刑事案件的被告人都有权获得法律帮助是必然趋势。这方面的工作既需要立法的推动，更需要各级地方政府和司法机关在提供充足的法律援助资金和人员机构保障等方面的推动。

五、被告人的上诉问题

虽然简易程序案件中被告人的上诉率相当低，但是在调研中，简易程序中被告人的上诉问题，仍然是基层法院反映比较突出的问题。有些被告人利用二审不加刑，而滥用上诉权。例如，有的案件，被告人不明确地说认不认罪，说听律师的，是律师帮他认罪的，二审的时候又说一审没有认罪。这样就给二审的审判和是否需要进行程序回转带来很复杂的问题。这个问题在速裁程序实施中同样存在，如何统筹考虑速裁程序与简易程序的上诉问题，也是简易程序规范化改革面临的重要问题。简易程序和速裁程序以及认罪认罚从宽制度中涉及的犯罪嫌疑人的反悔和上诉问题的复杂性已经超出"留所服刑"问题的范畴，需要根据不同诉讼程序中上诉案件的类型进行区别处理，并在立法上有所体现。根据《认罪认罚从宽指导意见》，对于被告人的上诉权在速裁程序和简易程序中并没有加以特别限制。目前，学术界研究中的主流观点是保留上诉权，但是在司法实践中，呼吁限制上诉权的声音比较大，如何在二者之间进行平衡是未来相关修法的难点。

第四章
刑事简易程序实施状况的问卷调查

为了更好地了解 2012 年《刑事诉讼法》修改后简易程序在实践中发挥作用的状况，本文除了通过实际调查等方法之外，还通过大范围的问卷调查来作进一步的了解。为此，本文在全国 18 个试点城市就简易程序的实施状况对法官、检察官、律师和被告人进行了问卷调查。问卷调查的结果显示，简易程序在实施方面，总体上比 2012 年《刑事诉讼法》修改前平稳，但效率提升幅度并不大，仍然面临很多需要解决的深层次问题。

第一节　问卷样本描述和问卷方法

本文试图通过问卷调查的方式对 2012 年《刑事诉讼法》修改后简易程序的实施状况来进行了解，同时基层法官、检察官、律师和案件相关被告人对其运行规则也进行了评价。本文中的调查问卷主要涉及以下几类问题：

第一类，简易程序的适用范围。问卷问题包括：简易程序中限制性案件的规定是否可行，法律职业人员年度参与办理简易程序案件的数量，等等。

第二类，审查起诉阶段简易程序的运行机制。问卷问题包括：简易程序中检察官的角色和功能性定位，简易程序案件的控辩协商机制如何建立和操作，等等。

第三类，审判阶段简易程序的运作机制。问卷问题包括：是否应当降低简易程序案件中的证明标准，简易程序如何进行事实查明和证据确认，简易程序中的上诉、抗诉问题，等等。

第四类，简易程序中被告人的权利保障。问卷问题包括：值班律师的有效法律帮助是否可以充分实现，简易程序中被告人的诉讼权利是否得到有效保障，被告人在简易程序中不同的权利被告知的情况分布，等等。

第五类，简易程序的运行状况。问卷问题包括：法官、检察官、律师和被告人对简易程序运行的满意度如何，简易程序的运行效率如何，等等。

一、样本分布

本次问卷调查通过问卷星平台共收回用于分析的有效问卷样本 1000 份（见表 4-1）。回收的问卷涉及 18 个城市，覆盖司法人员以及部分被告人。从问卷的诉讼主体分布看，法官、检察官和被告人占比较大，律师占比较低。从地域上看，上海、辽宁、重庆、山东的问卷回收数量占比较高，天津、长沙、西安和南京的问卷回收占比较低。

表 4-1　简易程序运行状况回收的问卷样本分布

地区	法官	检察官	律师	被告人	总数
北京	17	20	9	22	68
天津	4				4
上海	49	33	31	50	163
重庆	54	29	19	24	126
辽宁	40	98	7	5	150
南京	9	5	2	2	18
杭州	19	28	5	5	57
福建	7	8	7	15	37
山东	39	14	23	50	126
郑州	20	14	22	48	104
武汉	25	6	9	12	52
长沙	4	2	2		8
广东	42	7	12	9	70
西安	12	1	1	3	17
N	341	265	149	245	1000

注：本表中辽宁包括沈阳和大连，福建包括福州和厦门，山东包括济南和青岛，广东包括广州和深圳。

二、研究方法

首先，采用定性研究，对答卷中的陈述或特定性的建议或意见进行问题导向的质性分析。本文以揭示和发现共性问题为研究路径，针对答卷的特殊性意见展开研究。在方法上，突破传统的重比例的单向度问卷研究思路，对开放性的任意性回答进行描述性研究。本文利用答卷展开定性研究，以更加客观和全面地展示试点规则运行中存在的问题。

其次，在分析框架上，以刑事诉讼的纵向构造为主要分析框架，同时兼顾横向性贯通问题。本次问卷的分析框架基本上是刑事诉讼的纵向构造，对简易程序在侦查、起诉和审判等诉讼环节中的效率问题和司法运行状况进行分析。这种纵向分析主要观察该制度在不同诉讼形态上的具体样态，更加清晰地揭示简易程序在不同诉讼阶段存在的问题和立法完善的路径。

最后，本文对简易程序的实证研究以问卷分析为主要对象，但并不限于问卷设计的问题和问卷方法。笔者先后到江苏常熟、盐城等城市开展实地调研，获得了大量第一手的素材，为问卷分析提供了佐证。本文以问卷为主，但是不拘泥于问卷，而是采用多元化的基于问题导向的研究方法，不再拘泥数字比例作为价值判断，以确保本文研究结果的可靠性和高信度。

第二节　问卷调查结果报告

一、简易程序适用的范围

根据 2012 年《刑事诉讼法》第 208 条和第 209 条的规定，适用简易程序的条件既有积极条件，也有限制性条件。积极条件包括：案件事实清楚、证据充分；被告人承认自己所犯罪行，对指控的犯罪事实没有异议；被告人对适用简易程序没有异议。限制性条件包括：被告人是盲、聋、哑人，或者是尚未完全丧失辨认或者控制自己行为能力的精神病人的；有重大社会影响和其他不适宜的；共同犯罪案件中部分被告人不认罪或者对适用简易程序有异议的。本次问卷调查主要针对简易程序在适用上的限制性条件的问题，表 4-2 就是本次问卷反馈的情况。

表 4-2　适用简易程序案件限制性条件

Q1：在适用简易程序中规定的限制性条件，哪些没有必要禁止？			
	法官	检察官	律师
A. 未成年人、残障人、准精神病人	53.96%	36.6%	29.53%
B. 共同犯罪部分被告不认罪或对量刑等有异议的	37.83%	30.19%	32.21%

续表

Q1：在适用简易程序中规定的限制性条件，哪些没有必要禁止？			
	法官	检察官	律师
C. 有重大社会影响的	54.55%		
D. 其他不适宜的		30.94%	38.93%
N	341	265	149

注：为行文方便，本节中图表大写 Q 后的序号为问题的序号，与实际问卷的序号并不一致，其中的 X 为问卷设计中未显示该项，下同。

从表 4-2 可以看出，适用简易程序案件在限制性条件中，在对残障人和限制行为能力的精神病人是否可以适用简易程序方面，法官的态度和检察官、律师的态度存在比较显著的差异，一半以上的法官认为对这些限制行为能力的人没有必要进行简易程序适用上的限制。从立法目的的角度看，对于这部分限制行为能力人不适用简易程序而适用普通程序，有助于全面保障其诉讼权利。但是，从另外一方面看，适用简易程序审理案件也具有一定的优势，包括快速结案和获得更优惠的量刑。从这个意义上说，对于残障人和限制行为能力的精神病人不适用简易程序并不公平。事实上，部分残障人涉及的刑事案件事实并不复杂，适用简易程序快速结案有助于这部分人员尽快回归社会。对于共同犯罪案件部分被告人不认罪或对量刑等有异议的，法官的态度与检察官、律师的态度比较一致。但是，在共同犯罪案件中，如果事实已经查明，对被告人绝对不适用简易程序也有过于绝对之嫌。在实践中，对于共同犯罪案件中，部分被告人已经认罪，且案件事实已经查清并无其他牵连的，实际上完全可以适用简易程序快速结案，这对促使其他被告人自愿认罪与司法机关合作、提高司法效率也有实际上的帮助。至于社会影响比较大和其他不适宜的情形都是自由裁量比较大的规则，为限制适用简易程序提供法律依据，但是显然这些规定有失之过宽之嫌。

二、简易程序的证明问题

根据 2012 年《刑事诉讼法》第 208 条之规定，简易程序的适用条件是案件事实清楚、证据充分。2012 年《刑事诉讼法》第 53 条规定，刑事案件的证据确实、充分应当符合以下条件：定罪量刑的事实都有证据证明；据以定案的证据均经法定程序查证属实；综合全案证据，对所认定事实已排除合理怀疑。据此，可以看出，适用简易程序的案件的证明标准并没有实际降低。但是，由于适用简易程序的案件的运作时间有着严格的法律规定，在比较短的时间内有些案件的证据无法达到法定的排除合理怀疑和确实、充分的证明标准。在调研中，基层法官、检察官和律师不少提出应当适当降低适用简易程序案件证据的证明标准。表4-3可以反映基层法律职业人员对这个问题的不同态度。

表4-3　适用简易程序案件证据的证明标准问题

	法官	检察官
Q2：您是否同意降低适用简易程序案件证据的证明标准，实行两个基本的证明标准？		
同意	65.69%	81.89%
不同意	34.31%	18.11%
Q3：根据您适用简易程序的经验，您是如何做到证据确实、充分的？		
阅卷	97.36%	58.87%
提讯被告人	33.72%	26.42%
法庭调查	84.46%	6.79%
审查被告人的认罪自愿性	84.75%	X
其他	19.06%	4.15%
N	341	265

从表4-3可以看出，在降低证据证明标准的问题上，检察官的态度更积极，更具有迫切性。这说明在审查起诉阶段，如果适用简易程序案件的证据证明标准不适当降低，对于检察机关来说，将加大工作量，并形成审查起诉的压力。相比之下，法官在降低适用简易程序案件证据证明标准的问题上并不是很积极，因为证据归集和证明力在提交审判前都是由检察机关负责，法官仅负审查责任，因此，法官在证据证明标准是否降低方面的态度不积极是非常自然的。当然，从问卷的数据看，超过75%的司法人员赞成降低证据证明标准。这说明适用简易程序案件证据证明标准的降低是有现实基础和客观需求的。至于实践中，在法定证据证明标准没有降低的情况下，法官和检察官如何进行证据审查并达到证据确实、充分的，问卷显示法官和检察官采取的方式明显不同。法官通过阅卷方式实现的超过97%，通过法庭调查和审查被告人认罪自愿性实现的接近85%。而检察官通过阅卷方式实现的为58.87%，通过提讯被告人实现的仅为26.42%，这说明检察机关在审查证据方面相比法官面临更多的不确定性。这也印证了检察官有比较强烈的降低适用简易程序案件证据证明标准的需求。

三、简易程序中被告人认罪自愿性审查

根据2012年《刑事诉讼法》第208条之规定，适用简易程序的案件除了案

件事实清楚、证据充分之外，还特别要求被告人承认自己所犯的罪行，对指控的犯罪事实没有异议。审查被告人认罪的自愿性是检察官和法官在适用简易程序过程中的重要工作。由于认罪本身是主观性很强的行为，具有相当的不确定性，因此保证认罪的真实自愿性是确保案件审理质量的关键所在。表 4-4 是问卷调查中关于被告人认罪真实自愿性审查的调查结果。

表 4-4 关于被告人认罪真实自愿性的审查

Q4：在适用简易程序的案件中对被告人认罪的自愿性、明智性进行审查的必要性。			
	法官	检察官	律师
必要	98.83%	95.47%	97.32%
不必要	1.17%	2.26%	7.38%
N	341	265	149

从表 4-4 可以看出，在对被告人认罪自愿性审查方面，法官、检察官和律师都高度赞同。从细微的差别中可以发现，法官对于认罪自愿性的审查方面更具有警惕性，如果被告人认罪自愿性的真实性无法保证，必然会撼动适用简易程序案件审理的正当性基础。当然，法官、检察官和律师在审查被告人认罪自愿性的方式和方法以及确定的标准方面，仍然有待进一步研究和探讨。

四、简易程序中的控辩协商

2012 年《刑事诉讼法》对于控辩协商并未加以规定，2014 年《关于在部分地区开展刑事案件速裁程序试点工作的办法》和 2016 年《关于在部分地区开展刑事案件认罪认罚从宽制度试点工作的办法》实施后，控辩协商逐渐被纳入刑事诉讼制度。简易程序中是否可以推行控辩协商或者类似西方的辩诉交易制度一直都是具有争议性的问题。表 4-5 的问卷调查结果比较清楚地反映出司法人员对控辩协商的态度和差异。

表 4-5 简易程序中的控辩协商制度

Q5：您是否赞同在简易程序或者认罪认罚从宽制度中建立控辩协商制度？			
	法官	检察官	律师
赞同	89.9%	91.32%	92.62%
不赞同	10.1%	8.68%	7.38%
N	341	265	149

从表4-5可以看出，有约90%的司法人员对在简易程序中建立控辩协商制度持积极的态度。由于被告人在简易程序中已经自愿认罪，并且同意检察机关的量刑建议，采取简易程序可以节约司法资源，这就为控辩协商提供了可操作的空间。当然，在控辩协商方面，检察官和律师相比法官更有积极性或者更有兴趣，因为控辩协商事实上扩大了控辩双方在量刑上的权力。对于法官而言，控辩协商虽然在一定程度上可能会侵蚀法官在量刑上的自由裁量权，但是由于控辩双方就量刑达成协议，可以缩短庭审的时间，并可以实质性减少上诉的比例，因此，法官也持积极态度。另外，根据调查，有51.32%的检察官与辩护律师就量刑进行过"讨价还价"，有接近60%的律师反馈曾经与检察官就被告人的量刑进行过协商。这说明，在司法实践中，适用简易程序案件的控辩协商实际上已经具有一定的操作空间。

五、简易程序中的量刑建议

长期以来，有关检察机关量刑建议的法律效力和操作模式在刑事诉讼法领域争议很大。虽然2012年《刑事诉讼法》对量刑建议并没有明确规定，但是在司法实践中，特别是在简易程序中，检察机关都有针对性地提出过量刑建议。简易程序中量刑建议的操作模式在简易程序此前的改革中备受关注，其后的速裁程序和认罪认罚从宽制度的改革中进一步从立法上明确了量刑建议的法律效力。从问卷调查中可以看出，司法人员在量刑建议和操作方法上的态度明显不同（见表4-6）。

表4-6　简易程序中的量刑问题

	法官	检察官	律师
Q6：您是否同意被告人因选择适用简易程序而享有量刑上的特别优惠？			
同意	46.04%	68.3%	83.89%
不同意	53.96%	31.7%	16.11%
Q7：检察机关的量刑建议是否对法院有拘束力？			
有拘束力	58.65%	69.45%	67.11%
没有拘束力	32.84%	26.42%	26.85%
其他	8.5%	4.15%	6.04%
N	341	265	149

从表4-6可以看出司法人员对检察机关提出的量刑建议的法律效力的不同

态度。总体上看，超过半数的司法人员认为检察机关的量刑建议对法院具有拘束力。但是，很明显，这个比例比较低，与检察机关推行的量刑建议的初衷相距甚远。而且，从问卷结果可以看出，检察官和律师对量刑建议的认同度比较高，但是超过30%的法官认为量刑建议对法院没有拘束力。由此可见，对于量刑建议的法律效力在司法实践中仍然存在比较大的分歧，不仅是在法官之间，即便在检察官和律师间也存在较大的分歧。

此外，对于被告人是否应当选择适用简易程序而予以量刑的优惠上，法官和检察官、律师的态度差异很大，绝大多数律师赞同，但是法官却不到一半赞同，检察官有接近70%赞同。这说明在适用简易程序对量刑的影响方面存在显著的差异，需要在立法上进一步明确。

六、简易程序中的公诉人出庭

在2003年最高法院主导的普通程序简易审的改革中，允许简易程序中公诉人可以不出庭。但是，2012年《刑事诉讼法》修改之后，在适用简易程序的案件中，公诉人被要求必须出庭。实践中，有些检察官坚持认为，在简易程序中，由于量刑建议已经达成，检察机关出庭似乎已经没有必要。对于该问题，问卷调查的结果显示，法官、检察官和律师的态度还是存在显著差异的（见表4-7）。

表4-7　适用简易程序的案件中公诉人出庭问题

Q8：您是否赞同在适用简易程序的案件中公诉人可以不出庭？			
	法官	检察官	律师
赞同	64.22%	27.55%	69.13%
不赞同	35.78%	72.45%	30.87%
N	341	265	149

从表4-7可以看出，只有27.55%的检察官赞同公诉人在适用简易程序的案件中可以不出庭；但是，法官和律师的态度比较接近，平均超过65%赞同可以不出庭。从问卷调查的结果看，绝大多数检察官赞同出庭，因为出庭是检察官履行公诉的法定职责，同时对于诉讼监督也可以发挥一定的作用。但是，律师和法官在这个问题上的态度似乎没有检察官那样强烈，这反映了律师和法官在检察官在适用简易程序案件出庭的问题上持相对开放的态度。2012年《刑事诉讼法》修改后，《关于在部分地区开展刑事案件速裁程序试点工作的办法》和《关于在部分地区开展刑事案件认罪认罚从宽制度试点工作的办法》实施，它

们都强调检察官应当出庭支持公诉，因此，这个问题似乎在短期内没有深入讨论的必要。但是，在速裁程序的未来改革中，不排除检察官不出庭的可能，因为对于特别轻微的刑事案件如果采用书面审理的方式，则检察官出庭就失去了意义。因此，讨论检察官在快速审理的刑事案件中是否应当出庭的问题，在未来简易程序和速裁程序的改革中仍然具有意义。

七、简易程序的裁判方式

简易程序的裁判方式和当庭宣判率，直接关系到简易程序的审理效率。简易程序在法律上并未要求格式化的司法文书和裁判文书，但是，在司法实践中，不少地方的法院和检察院都实行格式化的裁判文书，这对于加快案件的审理流程、简化繁文缛节的司法文书具有积极意义。另外，对于简易程序当庭宣判法律上并没有强制性的规定，但是，从司法实践中可以看出对适用简易程序案件当庭宣判的支持力度（见表4-8）。

表4-8　适用简易程序案件的裁判方式

	法官	检察官	律师
Q9：您是否同意简易程序适用格式化司法文书？			
同意	90.91%	93.58%	94.63%
不同意	9.09%	6.42%	5.37%
Q10：您是否赞同适用简易程序的案件应当当庭宣判？			
赞同	83.87%		94.63%
不赞同	15.25%		5.37%
N	341	265	149

表4-8比较客观地反映了法官、检察官和律师对适用简易程序的案件裁判方式的态度。关于简易程序适用格式化司法文书，超过90%的法官、检察官和律师持赞同态度。当然，各地在使用格式化裁判文书方面还是有比较明显的差距的，有的地方非常简略，有的地方则比较详细。从裁判文书规范化的角度看，最高司法机关对适用简易程序案件的裁判文书还应当进一步予以规范化和适度标准化。至于当庭宣判，律师的赞同率要显著高于法官。这个不难解释，法官在大量适用简易程序的案件当庭宣判方面必然面临更多的压力和顾虑，律师则毫无例外地希望案件在审理后当庭宣判，以减少案件结果的不确定性。由于问卷设计上的疏漏，这个问题对于检察官并没有调查，但是根据律师的答卷推测，

其赞同的比例应当和律师相当。因为检察机关对适用简易程序的案件在审前提出的量刑建议，同样希望被采纳并且最好在庭审上得到立即确认。总体来说，在适用简易程序案件的审理方式上，无论是法官还是检察官、律师，绝大多数都赞同裁判方式的简化。

八、简易程序的上诉、抗诉问题

适用简易程序案件的上诉和抗诉问题一直影响着司法效率，因为适用简易程序的案件如果被告人上诉或者检察机关抗诉，必然会导致案件的拖延。适用简易程序案件中的被告人上诉和检察机关的抗诉都有复杂的原因，在不同的案件中表现形式差异比较大（见表4-9）。

表 4-9　适用简易程序案件中的上诉、抗诉问题

	法官	检察官	律师
Q11：您是否同意未来立法对适用简易程序的案件取消被告人的上诉权？			
同意	76.83%	55.09%	50.34%
不同意	23.17%	44.91%	49.66%
Q12：您是否赞同未来立法对适用简易程序的案件取消检察机关的抗诉权？			
赞同	83.87%	50.19%	67.79%
不赞同	16.13%	49.81%	32.21%
N	341	265	149

表4-9反映了适用简易程序的案件中法官、检察官和律师对待上诉和抗诉问题的不同态度，法官的态度明显比检察官和律师更为激进。关于取消被告人的上诉权，法官的态度比较肯定，有超过76%的法官同意；但是，检察官和律师只有50%左右持赞同态度。这说明，在取消上诉权方面，法官与检察官、律师的意见存在较大的分歧。此外，在取消检察机关的抗诉权方面，超过83%的法官持赞同态度，律师有67.79%持赞同态度，检察官只有50.19%持赞同态度。从上述问卷反馈的结果看，法官在对上诉权和抗诉权方面表现出了否定性态度，这里面不排除法官职权本位主义的因素，但是也说明关于适用简易程序案件中的上诉、抗诉问题存在改革的必要。对于适用简易程序案件中被告人的上诉权和检察机关的抗诉权，即便不能够完全取消，也应当加以必要的限制，以防止上诉权和抗诉权被滥用。

九、简易程序中的被告人权利保障

(一) 法院值班律师

值班律师制度是法律援助制度的重要内容，是保障犯罪嫌疑人、被告人及时获得有效法律帮助的重要举措。在看守所建立值班律师制度，在全国各地已经普遍实施。但是，在法院建立值班律师制度，各地的情况差别比较大。问卷调查显示，在法院派驻值班律师方面的工作还有待加强（见表4-10）。

表4-10　法院值班律师问题

Q13：您所在的法院或辖区法院是否有派驻的值班律师为被告人提供法律帮助？			
	法官	检察官	律师
有	64.81%		83.23%
没有	35.19%		16.77%
N	341		149

从表4-10可以看出，法官关于所在的法院是否有值班律师比较了解，因此上述数据应当说法官的问卷反馈的结果比较可信。随着速裁程序和认罪认罚从宽制度的实施，相当部分被取保候审、监视居住的被告人在案件开庭前，由于不在看守所关押，因此不可能到看守所的值班律师处进行法律咨询。在这种情况下，法院建立值班律师满足这部分特定被告人的法律帮助需求就非常有必要。法官的问卷结果显示，仍然有35.19%的法院没有建立值班律师制度，必然会影响被告人的权利保障。

(二) 程序简化对被告人诉讼权利的影响

简易程序在审理环节部分简化法庭调查和法庭辩论，更多采取格式化裁判文书，有些地方更是采取集中审理的方式进行开庭。这些程序上的简化是否对被告人的诉讼权利产生实质性的影响，是否不利于刑事诉讼中关于诉讼权利平等保护原则的实施，都是简易程序运行过程中学界和实务界关注度比较高的问题。在这些问题上，笔者主张简易程序的改革应当坚持正当程序的底线原则，即简易程序对案件的审理程序可以进行适当简化，但是必须保证诉讼结构的完整性，在提高诉讼效率和保障诉讼权利之间形成适度的平衡。调研中发现，有些地方的司法机关片面追求司法效率，过度简化程序，造成对被告人诉讼权利保障的不充分，导致被告人对案件审理活动的漠视甚至抵触，这不利于日后被告人服刑期间的社会矫正（见表4-11）。

表 4-11　程序简化对被告人诉讼权利的影响

Q14：您是否认为适用简易程序会实质性影响被告人的诉讼权利？			
	法官	检察官	律师
是	16. 13%	16. 98%	26. 85%
否	83. 87%	83. 02%	73. 15%
N	341	265	149

从表 4-11 可以看出，法官和检察官与律师在对简易程序是否实质性影响被告人诉讼权利的看法上比较一致。但是，相比而言，法官和检察官的看法更接近，而受访的律师则有 26.85% 认为简易程序实质性影响了被告人的诉讼权利。从律师辩护的角度看，这个结果并不意外。司法实践中，因为简易程序的过度程式化，律师代理被告人案件时发现被告人的诉讼权利受到削弱的情况并不奇怪。由此也可以看出，无论是立法还是司法，在简易程序的改革与运行方面还需要改善对被告人基本诉讼权利的保障。

（三）简易程序中的诉讼权利告知

犯罪嫌疑人、被告人一旦被司法机关指控，就有权知道其在诉讼中的基本权利。这些基本权利并非被告人天然就知道，必须通过司法机关和辩护律师按照权利告知程序进行告知和释明。在司法实践中，告知程序很容易被忽视，有些程序被简化，有些权利被告知程序被选择性忽视，结果造成犯罪嫌疑人、被告人并不清楚其诉讼权利。问卷调查显示，大约 12% 的被告人不知道其在刑事诉讼中的基本权利。这种情况的存在，必然会影响其在诉讼过程中作出有利于自己的正确判断，进而影响其人身权利和法定权利的实现。从表 4-12 可以比较清楚地看出被告人诉讼权利在告知方面的差异性。

表 4-12　适用简易程序案件中被告人的权利告知

Q15：根据告知程序，警察、检察官、法官和律师告知了您享有的下列哪些权利？	小计	比例
A. 申请回避的权利	206	84. 08%
B. 不自证己罪的权利	106	43. 27%
C. 程序选择的权利	165	67. 35%
D. 知道和否认指控的权利	135	55. 1%
E. 质证的权利	138	56. 33%

续表

Q15: 根据告知程序，警察、检察官、法官和律师告知了您享有的下列哪些权利？	小计	比例
F. 申请证人出庭作证的权利	153	62.45%
G. 向法庭提交证据的权利	174	71.02%
H. 申请非法证据排除的权利	131	53.47%
I. 参与法庭辩论的权利	154	62.86%
J. 法庭最后陈述的权利	180	73.47%
K. 有辩护的权利	181	73.88%
L. 聘请律师的权利	176	71.84%
M. 申请获得法律援助的权利	153	62.45%
N. 会见律师和与律师通信的权利	127	51.84%
O. 拒绝律师辩护的权利	95	38.78%
P. 获得公开公正审判的权利	137	55.92%
Q. 申请不公开审理案件的权利	104	42.45%
R. 申请管辖异议的权利	89	36.33%
S. 申请取保候审和监视居住的权利	116	47.35%
T. 控告办案人员违法办案的权利	105	42.86%
U. 不同意检察官量刑建议的权利	96	39.18%
V. 上诉权	144	58.78%
N	245	

从表4-12可以看出，被告人在适用简易程序的案件中不同权利告知的差异是比较大的。其中，在被调查的22项被告人关于权利告知中，位于前三位的：首先是超过84%的被告人被告知有申请回避的权利；其次是有辩护的权利，为73.88%；再次是向法庭最后陈述的权利，为73.47%。在被调查的被告人关于权利告知方面，位于后三位的分别是：申请管辖异议的权利，为36.33%；不同意检察官量刑建议的权利，为39.18%；申请不公开审理案件的权利，为42.45%。通过程序告知的被告人问卷结果，基本上可以看出，在被告人的权利告知方面存在比较严重的不规范情况。例如，即便被告人享有辩护权，仍然有26.12%的

被告人没有被告知；被告人享有不自证己罪的权利的告知比例仅仅为43.27%。这说明在适用简易程序案件中，当然可能也不仅仅限于适用简易程序的案件，被告人的权利告知方面仍然有比较大的规范空间。

十、简易程序中的犯罪矫正问题

在轻微的刑事案件中是否应当建立犯罪记录的前科消除制度，已经有很多讨论。轻微刑事案件前科消除制度，可以鼓励那些犯罪轻微的偶犯、初犯进行积极改正，消除犯罪标签的负面影响，顺利回归社会。这项制度的积极意义毋庸多言，但是在实践中面临很多的阻力。除了立法上的阻力外，还有司法实践操作层面的问题。此外，对于适用简易程序审理的被告人剩余刑期在3个月内的应当留所执行，还是应当转监狱服刑，也是关系到犯罪改造和滥用上诉权的问题。这两个问题都涉及犯罪矫正，问卷调查的结果显示这方面的问题远远没有统一的看法（见表4-13）。

表4-13 适用简易程序案件中的犯罪矫正

	法官	检察官	律师	被告人
Q16：您是否同意对轻微刑事案件适用简易程序的被告人可以有条件实施犯罪前科消除制度？				
同意	25.22%	23.77%	42.95%	98.37%
不同意	74.78%	76.23%	57.05%	1.63%
Q17：您是否赞同剩余刑期在3个月内的留所执行，超过3个月的转监狱服刑的立法规定？				
赞同	59.53%	83.77%		
不赞同	40.47%	16.23%		
N	341	265	149	245

从表4-13可看出，被调查人在前科消除和留所服刑的态度上差异巨大，也可看出解决这两个问题的复杂性。在建立犯罪记录前科消除制度方面，被告人的答案高度一致，几乎全部的答卷人都持赞同态度。在答卷中，有接近80%的被调查被告人担心犯罪对自己的未来和家庭产生不利的影响。这和上述的问卷结果相互印证。但是，法官和检察官只有四分之一左右赞同建立犯罪记录前科消除制度，律师也仅仅有42.95%同意建立犯罪记录前科消除制度。这里面的深层次原因主要是人们对于犯罪人传统重刑威慑的思想。另外，对于相关法律规定超过3个月剩余刑期的被告人应当转监狱服刑的规定是否赞同，检察官赞同

的比例明显超过法官。这里面的原因可能是，检察官担心被告人滥用这个法律规定进行投机上诉，进而影响自己的绩效考核。至于这方面的立法如何调整或修改，以避免对被告人通过上诉延长留所期限避免监狱服刑的问题，还有待深入研究。

十一、简易程序运行效果的司法效率

简易程序的功能性价值在于提高司法效率，但是由于实施范围的限制等因素，导致简易程序的改革并未完全实现预期目标。[1] 简易程序的功能性价值不能得到发挥，便促生了新的刑事案件快速处理程序即速裁程序。简易程序问卷调查的结果，也在一定程度上反映出简易程序在提高司法效率方面的局限性（见表4-14）。

表4-14　简易程序与司法效率的提高问题

Q18：您是否认为简易程序实质性提高了司法效率？			
	法官	检察官	律师
是	85.04%	66.42%	96.64%
否	14.96%	33.58%	3.36%
N	341	265	149

从表4-14可以看出，律师对于适用简易程序审理案件效率提高的看法比较积极，普遍认为简易程序提高了案件审理的司法效率。但是，检察官与律师的态度却有较大差距，仅仅有66.42%的检察官认为简易程序提高了司法效率。这很有可能是因为简易程序并没有触及审查起诉阶段司法效率的提高，特别是有些适用简易程序的案件在庭审前需要更复杂的准备工作，且工作的强度并未降低。在这样的情况下，检察官对于简易程序司法效率提升的感受就不深。当然，这个问题在速裁程序实施后有了一定的解决，即审查起诉阶段的司法效率有了很大提升。

十二、满意度

简易程序运行状况到底如何，满意度调查可以在一定程度上揭示其运行的实际效果。为此，本次问卷调查将满意度划分为5个层次，分别调查法官、检

---

[1]　龚善要、王禄生：《内外定位冲突下刑事简易程序的实践困境及其再改革——基于判决书的大数据挖掘》，载《山东大学学报（哲学社会科学版）》2020年第3期。

察官、律师和被告人对简易程序运行状况的满意度，力求比较全面地反映其运行效果。由于调查范围的限制，该满意度的结果可能存在一定的局限性，但是综合其他问卷调查结果和相关资料，本次问卷调查的结果在统计学上的可信度仍然比较高，具有相当程度的解释性（见表4-15）。

表 4-15　简易程序运行状况的满意度

Q19：您对简易程序运行状况的满意度？				
	法官	检察官	律师	被告人
A. 非常不满意	2.93%	5.66%	2.93%	3.27%
B. 不满意	4.11%	9.06%	4.11%	2.45%
C. 满意	47.21%	40.38%	47.21%	46.12%
D. 基本满意	40.76%	36.98%	40.76%	14.69%
E. 非常满意	4.99%	7.92%	4.99%	33.47%
N	341	265	149	245

从表4-15可以看出，在简易程序的运行状况满意度方面，包括律师在内的法律职业人员的态度总体上趋同。这说明，法律职业人员对简易程序的运行状况总体上满意，但是并没有达到总体非常满意的程度。这也说明简易程序的立法和司法状况仍然有待进一步改善。相比而言，调查问卷显示被告人对简易程序的"非常满意"度达到33.47%，远高于法律职业人员的"非常满意"度。这说明被告人在简易程序中获得了实质性的实惠，同时也表明被告人对简易程序权利保障方面给予比较充分的肯定。总体上看，简易程序运行状况的满意度比较高，这也可以说明简易程序的运行状况整体上比较平稳。

第三节　若干讨论

上述调研问卷的结果报告选取了其中比较有代表性的19个问题进行分析，当然调研问卷并不仅仅限于上述问题。问卷中涉及的其他问题，包括开放性的问题，也会在本部分中讨论。从问卷的整体答卷情况看，答卷人对简易程序都有亲身感受，总体上，问卷的结果可信度比较高，比较好地反映出法律职业人员在适用简易程序过程中的主观感受和主观态度等。被告人的问卷结果则比较直观地显示出被告人在简易程序运行过程中的获得感以及对简易程序的看法。

调查问卷比较全面地反映出，对于同一问题，不同身份的人员在态度上的差异，这说明简易程序运行过程中存在实施上的偏差。当然，任何程序性制度的设计在运行过程中并不能保证每个参与人对程序本身具有相同的态度，但是程序性制度的理想状况是程序参与主体对程序的功能性价值认同的趋同性。以下结合问卷中不同程序主体的主观性看法，对简易程序立法和实施中的若干重要问题进行初步讨论。

一、关于简易程序的诉讼构造

我国简易程序的历次改革主要局限在审判阶段，这严重制约和影响了简易程序的功能性发挥。问卷调查的结果也显示了对这一问题的看法。例如，被调查的检察官建议将简易程序延伸至审查起诉阶段，进一步简化审查起诉阶段的程序和期限，从根本上提高简易程序的司法效率。从检察官关于简易程序的改革意见中可以看出，检察官比较强调简易程序中的功能性简化，包括对审查起诉内部审批流程的简化和出庭方式的简化等。这实际上已经超出了现有立法层面简易程序审判形态的庭审结构，而是要延伸至审查起诉阶段的程序简化。显然，关于审前阶段的程序简化观点，受到了速裁程序的试点和立法的影响。律师在问卷调查中则更多强调简易程序中控辩协商机制的建立。显然，这种控辩协商机制的建立必然要突破现有简易程序的诉讼构造，也必然要延伸到审前阶段。换言之，简易程序改革的重心将由审判阶段转移到审前阶段，由审前阶段来决定适用简易程序案件的最终走向。这种诉讼结构重心迁移的方式，必然对目前简易程序以审判为重心的诉讼构造产生本质的影响。简易程序与速裁程序诉讼构造的重心将分别迁移，将是未来刑事案件快速处理程序结构性改革的重点。

简易程序诉讼构造重心的迁移，已经带来另外一个问题，即简易程序的诉讼构造与速裁程序的诉讼构造之间如何进行区分。速裁程序已经正式立法实施，简易程序的实施空间受到巨大压缩。由于速裁程序的法庭审理结构与简易程序基本相同，简易程序存在的正当性必然受到挑战。在这方面面临几个选择：一是废除简易程序，将目前的简易程序案件全部归入速裁程序来审理，在立法上不再区分简易程序与速裁程序。二是将简易程序作为普通程序与速裁程序之间的过渡性程序，使其作为速裁程序和普通程序之间转化的替代性程序。其中，后一种选择应当比较符合实际，因为简易程序不仅处理轻微刑事案件，还处理认罪认罚从宽的重罪案件。问卷调查结果显示，简易程序的内在结构性改革是必要的。但是，这种基于完善简易程序诉讼构造的结构性改革，必须结合速裁程序和普通程序的改革进行系统化的立法设计，以使速裁程序、简易程序和普通程序在各自诉讼结构上存在互补性。

二、关于简易程序的证据问题

《刑事诉讼法》对简易程序并没有规定特殊的证据证明标准，学术界和司法界都有关于简易程序降低证据证明标准的观点或诉求。有研究者指出，简易程序在实体上对所有案件无差别地适用"证据确实、充分"和"排除合理怀疑"的定罪证明标准，无疑是阻碍快速审判的一个重要原因。该定罪标准不仅与证据证明标准差异化、多元化不符，也不利于将更多的精力投入疑难复杂案件中。在被告人认罪的案件中，事实相对清楚，争议点也比较小，适当地降低定罪证据的证明标准具有一定的可行性。[①] 调研中，有些法律职业人员明确提出应当适度降低证据证明标准，区分简易程序与普通程序的证据证明标准。但是，《刑事诉讼法》对证据证明标准有统一的法律规定，并不因程序不同而设计不同的证明标准。这与我国刑事证据在立法上强调定罪量刑的证据必须确实充分，达到客观真实的标准有着密切的关系。虽然如此，证据证明标准由于不具有度量性，司法实践中完全是司法人员根据案件事实和证据的综合判断来确定，司法人员在是否达到法定的证明标准方面的自由裁量权比较大。因此，简易程序证据证明标准问题讨论的空间相对比较大。

问卷调查显示（如表4-3所示），法律实务界的人员大多数赞同降低证据证明标准，赞成适用简易程序的案件在证据证明上能够达到"基本事实清楚，基本证据充分"的"两个基本"就可以。但是，对于"两个基本"的证据证明标准在司法实践中如何把握，是否应当有具体的衡量指标，则语焉不详。根据问卷调查，超过90%的法官认为其在审理适用简易程序的案件时能够做到事实清楚、证据确实充分，检察官则几乎100%认为审理的案件可以做到事实清楚、证据确实充分。这里面就产生一个矛盾性的问题，既然在案件审理上已经能够达到事实清楚、证据确实充分的最高证明标准，为什么还呼吁降低证明标准，特别是检察官对降低证明标准的呼声比较高。似乎只有一个理由可以解释上述矛盾，即适用简易程序案件的证据证明标准并非达到了最高层级的证明标准，而只是法律职业人员在没有降低证据证明标准的情况下对案件事实证明的"超预期"的内心确信而已。和简易程序的证据证明标准问题一样，无论是速裁程序还是认罪认罚从宽制度中的证据证明标准的讨论，最终都难免落入刑事诉讼的最高证明标准无法操作的窠臼。因此，简易程序的证据证明标准问题，虽然可以在学术上探讨，但是能够达成立法、学界和实务界都能接受的标准则几乎是不可能的。关于简易程序、速裁程序和认罪认罚从宽案件的证据证明问题，

[①] 杜以静：《刑事简易程序定罪证明标准研究》，载《四川理工学院学报（社会科学版）》2016年第4期。

比较务实的解决路径就是根据指控的犯罪类别制定相应的证据指引，在审查起诉或审理适用简易程序案件的过程中，只要符合这些证据要求就意味着达到了证明标准。

三、关于简易程序中被告人的权利保障

无论中外，简易程序最受诟病的是程序简化将不可避免地导致对犯罪嫌疑人、被告人诉讼权利的侵犯。虽然如此，世界各国的刑事诉讼法典无一例外规定了简易程序，原因就在于简易程序可以在保障被告人基本诉讼权利的情况下，通过提高司法效率来达到实现司法公正的目的。有研究者指出，我国简易程序辩护的焦点应集中于量刑问题，同时建议全面推进值班律师制度来保障适用简易程序的案件中犯罪嫌疑人、被告人的诉讼权利。[①] 被告人问卷调查的结果显示，被调查的被告人绝大多数对简易程序的运行满意。即便有些被告人认为在审前阶段受到司法人员的不公正对待，但是这与简易程序本身的关系并不大。从对法官、检察官和律师群体的调查看，他们普遍认为简易程序基本上保障了被告人的诉讼权利。从这个意义上说，简易程序本身并不因程序简化而失去其存在的正当性。在司法实践中，被告人的权利保障存在的比较突出的问题就是，法律援助值班律师对被告人提供的法律服务是否可以满足被告人的需要。值班律师在看守所阶段应当没有太大的问题，绝大多数地区的看守所基本上可以实现派驻值班律师。从调查问卷的情况看，这方面的问题并不突出。但是，在经济欠发达地区，被告人获得法律援助律师提供法律服务的权利仍然面临实际困难。值班律师在法院设立的，仍然有待加强。实际上，这个问题已经超越了简易程序本身，而是属于简易程序之外的配套管理制度。2020 年 8 月两高三部下发的《法律援助值班律师工作办法》对值班律师工作作了全面系统的规定，这对于保障刑事案件中犯罪嫌疑人、被告人的诉讼权利，特别是获得有效法律帮助的权利具有非常积极的作用。

此外，被告人在适用简易程序案件中的权利救济即上诉问题比较普遍。调研问卷对这个问题的调查与实地调研获得的情况基本吻合，大部分上诉属于被告人的"策略性"上诉，就是被告人通过上诉延长在看守所的期限，避免从看守所转监狱服刑。关于这个问题的解决路径，无外乎两种方式：一种是限制上诉，一种是禁止上诉。关于禁止被告人行使上诉权，虽然司法人员比较赞同，但是从我国诉讼结构和诉讼权利平等保护的基本原则方面考虑，似乎很难给出充足的理由。从世界各国关于刑事案件快速处理程序的角度看，

---

① 杨恪：《论刑事简易程序案件中的辩护问题》，载《理论界》2015 年第 12 期。

限制被告人在速裁程序、简易程序中的上诉权是比较可行的。但是，限制上诉权必须在审判前阶段，即控辩协商阶段，被告人在接受量刑减让方面作出不上诉的附加条件。总之，上诉权的滥用问题可以通过完善控辩协商机制来有效解决。

第五章
刑事简易程序上诉问题实证研究

2012年《刑事诉讼法》将被告人认罪简化审正式纳入简易程序，这对于提高刑事司法效率具有非常重要的现实意义。根据被告人认罪案件简化审的上诉样本案例的统计分析，无论是被告人认罪的简易审程序还是二审程序都应当进行必要的规则完善。通过明确认罪的标准和相应量刑上的考量来明确认罪案件处理的法律程序，特别是应当在保障被告人和被害人的诉讼权利的基础上，加强刑事诉讼的律师辩护和代理工作，以确保被告人认罪案件简易审理的实体与程序公正。在审判期限方面，无论是原审还是上诉审都应当考虑被告人认罪案件的特殊性，加速案件的审判流程。在提高法院审判效率的同时，还要提高被告人认罪案件侦查和起诉的效率，规范被告人认罪案件侦查和起诉的流程，提高被告人认罪案件的审前效率。2012年《刑事诉讼法》中被告人认罪案件简易审必须进行程序上的再造，才能保证被告人认罪的简易程序在刑事司法的更高层面上实现效率与公正的统一。

效率与公正是刑事司法中的关系型命题，探索程序效率与判决公正之间的关系对于解决刑事资源的优化配置具有重要的实践价值。[①] 2003年3月14日，最高人民法院、最高人民检察院、司法部发布了《关于适用普通程序审理"被告人认罪案件"的若干意见（试行）》（以下简称《"被告人认罪案件"意见》）。《"被告人认罪案件"意见》经过近十年的试行，被告人认罪案件简化审被正式纳入2012年《刑事诉讼法》中的简易程序。被告人认罪案件简易审程序更高位阶的立法，将有助于提升刑事诉讼的效率和促进刑事司法的公正。

本文以被告人认罪案件二审裁判文书作为研究对象，不仅可发现被告人认罪上诉审的程序问题，而且可反观简化审程序构造上的不足，有助于从整体上

---

① 李文健：《刑事诉讼效率论——基于效益价值的法经济学分析（上）》，载《政法论坛》1997年第5期。

把握被告人认罪案件审理中影响公正和效率的机制。① 由于 2012 年《刑事诉讼法》的实施，大部分被告人认罪的案件都将进入简易程序中审理。就此而言，探索和完善被告人认罪案件简易程序的审理规则，对于促进被告人认罪简易程序的有效实施具有重要的现实意义。②

第一节　样本和方法

笔者选取北大法律信息网案例库中 192 个被告人认罪案件简化审上诉的案例，并将 192 个案例全部编入分析样本进行赋值数据分析。③ 根据研究的需要，笔者对上诉审的被告人认罪案件的裁判文书中涉及的审判时间、罪名、罪数、是否开庭、律师辩护等数据进行编码处理，为统计分析提供基础性数据来源。表 5-1 就是该样本数据统计上的描述。案例样本共涉及 18 个省（区）市，涉及的罪名有 38 种，广东、海南和北京在样本中案例数量居前三。④ 其中，被告人上诉的案例占 93.75%，检察院抗诉的占 2.6%，被害人上诉的占 3.65%；上诉被驳回的占 99.48%，发回重审的占 0.52%。

表 5-1　被告人简化审上诉案的样本统计描述

省份	频率	被告人上诉	检察院抗诉	被害人上诉	驳回	发回重审
北京	19	18		1	19	
河北	1	1			1	
辽宁	1	1			1	
吉林	1			1	1	
上海	13	13			13	
江苏	3	3			3	
安徽	2	2			2	
福建	9	7			8	

---

① 在简化审程序案件中，除了部分被告人上诉之外，还存在部分检察院的抗诉和被害人上诉的案件。虽然检察院抗诉和被害人上诉在被告人认罪简化审的案件中占的比例比较小，但是为了全面了解简化审程序上诉机制，本文也将这两种类型的上诉纳入研究的范围。

② 2012 年《刑事诉讼法》把原来被告人认罪案件普通程序简化审归并到简易程序，势必涉及名称的变化，本文将其界定为"普通简易程序"，就是区别于原来的一般简易程序和普通程序。

③ 进入该研究样本的所有案例和相关数据都有存档。

④ 当然，这并不意味着这三个省市的被告人认罪案件的上诉率就高，因为网上公布的案例数并不代表全部上诉案件。

续表

省份	频率	被告人上诉	检察院抗诉	被害人上诉	驳回	发回重审
江西	14	14			13	
山东	7	6		1	7	
湖北	18	13	3	2	18	
广东	53	52	1		53	
广西	11	10	1		11	
海南	28	26		1	28	1
重庆	5	4		1	5	
云南	6	6			6	
山西	1	1			1	
宁夏	1	1			1	
总数	192	180	5	7	191	1
百分比	100%	93.75%	2.6%	3.65%	99.48%	0.52%

本文对样本的分析，使用的统计软件为 SPSS。对上（抗）诉主体的原因进行描述性统计分析，主要揭示被告人认罪案件上（抗）诉主体的认知缘由。对二审的效率分析，则主要通过对二审的庭审方式、律师辩护、上诉人、罪数与罪名进行双变量统计分析，以揭示各独立变量对观察变量二审期限的影响。双变量分析的作用在于观察两个独立变量对于因变量之间影响上的差别，通过独立样本的 T 检验来反映变量间的关系。此外，对部分变量间的关系，采用非参数相关性检验，以检测变量间彼此的关系。本文更多地强调定量意义的数据分析，而不是定性意义上的说明与阐释。当然，在具体问题的阐释和原因的揭示方面，还参照相关的定性研究进行综合分析和判断，以求更加科学合理地解释被告人认罪案件上诉审过程中的司法现象。

第二节　数据分析结果

一、被告人上诉

（一）上诉理由和二审审理结果

在 192 个简化审案件中有 180 个认罪的被告人上诉，绝大多数认罪的被告人上诉的理由是原判事实不清，量刑偏重。

被告人上诉的理由是无罪的案件仅有 2 个。在一起抢劫案中，被告人上诉称自己无罪，二审法院没有开庭审理，而是书面审理，最终驳回起诉。在另外一起伪造印章案中，原审法院认定被告人自愿认罪，但是一审判决后被告人完全否认指控，二审法院开庭审理后驳回起诉。

被告人上诉理由为事实不清、证据不足、量刑偏重的案件至少有 150 个。这些上诉的具体理由虽然不一，但主要分为两类：一类是强调在共同犯罪中犯罪的作用比较弱，因此需要从轻处罚；一类是在具体事实的认定上认为原审法院有出入。此类上诉理由的案件，无论上诉审开庭与否，都全部被驳回起诉。

被告人上诉理由为原审案件对罪名定性不准确的有 3 个。例如，有的案件上诉人认为是盗窃罪，不构成抢劫罪；有的案件上诉人认为构成非法持有毒品罪而非贩卖毒品罪；有的上诉人认为罪名应是故意伤害罪，不是故意杀人罪。这些案件经过审理，二审法院在理由部分都予以解释和说明，但驳回起诉。

被告人上诉要求处以缓刑的有 3 个。有的被告人认为自己犯的罪比较轻微，如主动赔偿、为初犯、认罪态度好等，要求在上诉审中判处缓刑。对于这些缓刑要求的上诉案，上诉法院都驳回起诉。

被告人对原审法院认定的鉴定证明提出异议，要求二审法院重新鉴定的有 2 个。这类案件大都经过重新鉴定，但最终驳回上诉。

被告人上诉理由为民事赔偿数额过高的有 1 个，要求二审法院改判。民事附带诉讼的被告人就赔偿数额提出异议，这类案件在样本中很少见。对于该上诉，二审法院亦驳回起诉。

被告人认为举报其他犯罪有功、有立功表现，原审没有认定，要求二审认定予以改变的有 3 个。这类案件经过二审法院的审理都驳回起诉。

被告人认为原审法院认定被告人自愿认罪错误的有 1 个。在该案中，二审法院经审理后同意被告人上诉意见，将该案发回原审法院重审。这是样本中唯一一个被告人上诉后发回重审的案件。

（二）律师辩护

在 180 个被告人认罪上诉案中，有 136 个案件没有辩护律师，占上诉案件总数的 75.6%；有 44 个案件有辩护律师，占上诉案件总数的 24.4%。对于这些上诉案件中一审被告人是否有律师辩护在二审的判决书中没有列明，因此没有这方面的统计结果。但是，总体上，根据相关的样本观察，被告人认罪案件简化审的律师辩护比例比被告人认罪案件普通程序的律师辩护率要低。

（三）审理方式

样本中对被告人上诉的二审审理主要是不开庭的书面审理方式，在 180 个被告人上诉案件中，有 165 个案件不开庭审理，占比 91.7%；有 15 个案件开庭审理，占比 8.3%。对于不开庭案件，二审判决书的语言表达方式固定为："本院依法组成合议庭，经过阅卷，讯问上诉人，认为事实清楚，决定不开庭审理"。由于 1996 年《刑事诉讼法》对二审开庭的标准没有强制性的规定，二审是否开庭完全控制在法院手中，属于法院自由裁量权的范围。由于二审法院的书面审理，可以减轻二审法官庭审的压力，并可最大限度地发挥法官的自由裁量权，因此，二审法院不开庭书面审理现象非常普遍。调查的样本再次印证了我国二审法院不开庭审理案件的普遍性。[①] 对于律师辩护与开庭之间的关系，根据样本的统计分析，律师辩护与是否开庭之间存在微弱相关关系，其相关系数为 0. 249。[②] 虽然这个相关性比较低，但还是说明有律师参与辩护的总体比没有律师辩护的开庭率可能性要高。另外，被告人上诉的原因与是否开庭之间没有相关性，即便上诉人认为是无罪的上诉案件以及认为原审审理的犯罪事实不清的案件，如果二审法院认为事实清楚，照样不开庭审理。对于是否开庭审理，被告人即使不同意，也没有相应程序上的权利进行救济。

二、检察院抗诉

检察院在刑事诉讼中履行审判监督职能，对可能影响司法公正的案件提起抗诉，这对于保证司法公正具有重要意义。实践中检察院刑事抗诉程序的提起并不困难，但是由于法院自身对抗诉的结果享有最终的裁量权，即没有清除其程序中的利益冲突，因此刑事抗诉基本上是流于形式。在 192 个被告人认罪的案件中，检察院抗诉的共有 5 个。虽然抗诉的案件数量不多，但检察院抗诉的原因集中在量刑方面，且全部被二审法院驳回，因此很能反映问题。

案件编号为（2010）汉刑终字第 63 号，贪污案。检察院抗诉的理由为原判决量刑不当，重罪轻判，减刑幅度过大，错误适用缓刑。被告人按照贪污的数量已经构成 10 年以上有期徒刑的惩罚，但是存在自首减轻处罚以及积极退赃的情节，因此一审法院判决 3 年有期徒刑，缓刑 5 年。客观地评价，一审法院的量刑给人以合理的怀疑，即存在为了满足缓刑的条件（3 年以下有期徒刑）而过度减轻的问题。二审法院审理后，驳回抗诉，维持原判。但二审法院给出的理由是，减轻的幅度没有法律规定，属于法院的自由裁量权。这个案件引起的法律上的思考包括：自首减轻处罚的幅度是多大？如何限制法院的自由裁量权？被告人认罪是否可以构成缓刑的一个重要条件？

案件编号为（2010）汉刑终字第 96 号，贩卖毒品案。检察院抗诉的理由为量刑偏轻，原审法院对被告人涉嫌贩卖的毒品重量与情节严重之间的关系在认识上存在偏差，且该犯属于累犯。本案争议点是对于多个具有量刑情节之间量

---

① 陈光中、曾新华：《刑事诉讼法再修改视野下的二审程序改革》，载《中国法学》2011 年第 5 期。

② 该系数在 P 值 0. 001 水平显著，双尾检测。

刑上的计算问题。由于司法实践中对于存在多个从重或从轻情节之间的转换计算缺乏标准，因此，在实践中很容易出现比较大的量刑上的偏差，本案就是这方面的典型案例。

案件编号为（2010）宜中刑终字第00010号，故意伤害案。检察院抗诉的理由为自首不成立，适用法律错误，量刑明显不当。但是，法院判决书并没有载明抗诉机关为什么认为自首不成立，即关于自首是否成立的争议焦点在判决书中并不明确。因此，这个判决书在客观的论证上存在瑕疵。

案件编号为（2008）穗中法刑二终字第795号，盗窃案。检察院抗诉的理由为两点，一是团伙犯罪而非单个犯罪，二是量刑不当。这个案件属于对犯罪的证据之间关联性的解释问题。从二审法院判决书的解释看，这个问题对量刑本身并不构成本质的影响。

案件编号为（2007）海南刑终字第159号，容留他人卖淫案。检察院抗诉的理由是犯罪情节严重，量刑畸轻。二审法院审理后认为，原审法院未认定多人多次容留他人卖淫案这一情节是正确的，因此驳回抗诉。这个抗诉案件也是围绕对量刑情节产生的不同认识偏差。

总体上看，检察院的抗诉主要围绕量刑的情节，对被告人的认罪以及基本的犯罪事实并无争议。二审法院审理后判决理由的撰写大都很认真，判决理由部分写作的水平明显高于被告人上诉案件裁定书的理由部分。这也反映出法院对检察院抗诉的重视程度明显高于被告人的上诉。

三、被害人上诉

附带民事诉讼的被害人上诉在实践中也很复杂，历来问题很多。[①] 在192个被告人认罪案件中，被害人（原审附带民事诉讼原告人）上诉的共有7个，经二审法院审理全部驳回上诉。由于简化审案件简易程序的审理，被害人出庭率很低，因此，被害人的权利保障问题很容易被忽视。对被害人简化审程序案件上诉的考察，有利于揭示被害人权利保障方面存在的问题。

在被害人上诉案中，案件主要集中在故意伤害案和交通肇事案，并以故意伤害案的被害人上诉为多。上诉的理由主要是赔偿数额过低。极个别案件中，上诉人提出事实认定有误和对被告人量刑过轻的问题。另外，虽然法律没有规定，但精神损害赔偿也是被害人上诉的主要理由。

在被害人上诉案中，二审不开庭审理的有5个，还有2个案件判决书没有载明。这说明，二审法院对附带民事诉讼的被害人上诉的被告人认罪的案件一般不开庭处理。由于被害人在一审中很少出庭，而二审又采取不开庭的方式，

---

① 陈卫东：《附带民事诉讼的上诉及其抗诉》，载《政法论坛》1991年第1期。

因此，被害人在诉讼中的权利保障很有限。

另外，在被害人上诉的案件中，没有一个案件被害人的原告上诉人有律师参与代理。其中，重要的原因可能是，律师费将增加被害人的诉讼成本，因此被害人上诉很少采取律师代理方式。加上法律援助制度范围的限制，被害人的权利获得法律上的帮助就很有限。

四、审判效率

被告人认罪案件简化审程序是司法部门试图提高刑事诉讼效率的重要措施。虽然《刑事诉讼法》对二审被告人是否认罪在适用程序和法定期限上并没有区分，但是我们希望通过样本来观察原审被告人认罪这一特殊变量对上诉审的影响。表5-2反映了总观察样本在上诉审理期间从刑事拘留到一审判决和到二审判决期间的均值、中位数和众数。在总的样本中，可以看出二审平均花费的时间是两个多月，该数值发生频率最高的是35天和38天，从刑事拘留日到二审判决日之间的平均时间高达8个多月。审判监督程序和部分案件有取保候审，可能是导致整个样本平均数高于法定审限的原因。总体上看，审理被告人认罪简化审案件的平均时间就要花费这么长，可以预料更加复杂的非简化审案件的审理时间可能会更长。

表5-2 简化审案件样本中审理期间（天数）描述

描述	从一审判决日到二审判决日期间	从刑事拘留日到一审判决日期间	从刑事拘留日到二审判决日期间
均值	68.97（3.085）	173.69（6.06）	243.03（7.107）
中位数	60	153	224.50
众数	35 *	135	281
观察数	192	162	162

注：这个表排除了检察院抗诉和被害人上诉的案件，仅仅限于认罪的被告人上诉的案件。由于有些案件的期限标注不明而导致数据缺省，以致有的观察数和总样本数之间存在不一致的现象。括号中为均值标准误差。中位数是指处于变量数列中间位置的变量值，众数是指处于变量中频率出现最高的值。"＊"表示在二审判决期限内有两个众数，其中一个是35，另外一个是38，表中仅显示最小值。

由于被告人上诉占整个简化审上诉的绝对多数，因此，对被告人上诉的相关选择性变量与二审期间（非独立变量）进行统计上的双变量分析并进行均值在不同参数条件下的独立样本的T检验（如表5-3所示），为该项的统计检验结果。

表5-3　选择性双变量均值比较标准差检验

选择性变量	二审期间均值差	观察数
被告人上诉审理方式（是否开庭）	−42.655（12.223）**	180
被告人上诉与检察院抗诉	−112.633（40.640）*	185
被告人上诉与被害人上诉	−13.005（14.265）	187
律师辩护（被告人上诉是否有律师辩护）	−27.435（8.315）**	180
被告人的犯罪类型（财产犯罪与暴力犯罪）	−19.191（8.809）*	192
案件涉及被告人一罪还是多罪	−11.952（8.997）	192

注：独立样本 T 检验，相关系数为 95% 置信水平。"*"P<0.05，"**"P<0.01，"***"P<0.001，双尾检测，括号中为标准差。

关于被告人上诉的审理方式即案件是书面审理还是开庭审理对二审期间的影响，开庭审理的比没有开庭审理的花费的时间多 42 天，并且具有很强的统计上的显著性（P<0.001）。这说明在被告人认罪的案件中，书面审理相比开庭审理对提高二审的审判效率具有实质的作用。

关于被告人上诉和检察院的抗诉对二审期间的影响，从表 5-3 的结果看，检察院抗诉导致的二审期间与被告人上诉的期间的均值差 112 天，并且具有很高的统计上的显著性（P<0.001）。这个结果说明，只要检察院抗诉，案件的审理期限将大大超过普通的上诉审理期限。

关于被告人上诉与被害人上诉对二审期间的差异性影响，从表 5-3 的结果看，虽然被害人上诉比被告人上诉的审理时间要长 13 天，但是由于 P>0.05，因此，可以说，二者对二审的审理期间并没有实质性的影响。换言之，无论是被告人上诉还是被害人上诉对二审的审理期间在实践中影响的区别并不大。

关于被告人在二审中是否有律师辩护对二审期间的影响，从表 5-3 的结果看，有律师辩护的比没有律师辩护的案件的期间要长近 30 天。如果控制其他因素，单纯考虑律师辩护的因素，可以说律师辩护在二审中发挥了作用。例如，凡是有律师辩护且没有开庭的，二审法院大多在判决书中注明合议庭听取了辩护律师的意见。另外，上文的统计报告也显示，有律师辩护的案件开庭审判的可能性比没有律师辩护的要高，并且开庭审判花费的时间要远远多于不开庭的案件。从这两方面看，律师辩护会导致二审期间相对比没有律师辩护的上诉案件的时间长，其实是具有合理解释空间的。

关于被告人上诉案如果涉及暴力犯罪的，暴力犯罪案件的审理时间要长于财产类犯罪的时间，并且具有较强的显著性。查明犯罪事实、区分被告人在犯罪中的作用以及部分案件需要司法鉴定等，都是导致暴力犯罪案件的审理时间要比财产犯罪案件的审理时间长的原因。因此，这个统计的结果可以说明司法实践的状况。这个结果对于审理期限改革的启示是，可以考虑根据案件的犯罪类型区分不同的审限，而不应当采取目前一刀切的方式。

此外，被告人被指控的罪数对于二审审理期限的影响，虽然总体上罪名多的案件比单一罪名的案件的二审审理期间要长11天，但是由于在统计上没有显著性，因此可以说其对二审审理期间影响并不大。

第三节 讨论和建议

一、被告人认罪案件简易审操作性问题

（一）被告人认罪案件简易审中的事实认定和证明标准

《"被告人认罪案件"意见》规定被告人认罪的简易审案件要"主要犯罪事实基本清楚"，但对于什么是"主要犯罪事实"缺乏具体的解释。2012年《刑事诉讼法》则规定适用简易程序的基本条件是，"案件事实清楚、证据充分"，这个规定相比原来《"被告人认罪案件"意见》规定的"主要犯罪事实清楚"要更严格。在样本中，相当部分认罪的被告人在上诉中认为原审认定的犯罪事实不清。从样本中可以看出，有些被告人虽然认罪，但对在犯罪中作用的认定、此罪与彼罪、共同犯罪中的作用、正当防卫等类似有争议的问题缺乏认识。这些问题显然为主要犯罪事实，但是在实践中有的原审检察院或法院认为只要被告人认罪，就可以适用简易审程序，由此造成被告人认罪之后对这些可能影响量刑甚至定罪的问题提出异议。但是，在实践中究竟如何把握被告人认罪案件简易审要求的"事实清楚、证据充分"还需要明确其具体内容，否则在实践中同样不可避免出现执行混乱的问题。

根据本文样本分析，"事实清楚"应界定为对量刑可能产生关键影响的犯罪事实和情节基本清楚，"证据充分"应当达到"排除合理怀疑"的程度。"事实清楚"是否应当包括涉及犯罪事实之外的量刑部分的情节，如是否应当包括自首与立功的认定问题，从上诉样本的分析看，有的认罪的被告人对上诉涉及的自首、立功等犯罪以外的量刑情节在认定上存在争议。由于自首、立功等情节对被告人的量刑产生关键的影响，这些情节原则上也应当纳入"事实清楚"的范围。至于"证据充分"为什么要达到"排除合理怀疑"的程度，主要考虑到认罪案件的简化审很大程度上是在审前证据认定的基础上，在审理中就已认定被告人有罪，因此，在审前事实和证据的衡量方面必须以更高的标准来要求。

从这个意义上看，2012 年《刑事诉讼法》对进入简易程序审理案件的证明要求"证据充分"是合理的。

另外，笔者认为，有部分案件需要司法鉴定，由于对鉴定的结果很容易产生分歧，并且需要法院来确认，因此，凡是对鉴定结果被告人或被害人不认可的，都应当排除在"事实清楚"的案件之外。样本中有相当部分上诉的案件，就是认罪的被告人对司法鉴定本身存有异议，因此提起上诉。当然，如果被告人对鉴定结果在简易审前予以确认，则可以对案件采取简易审程序进行审理。

（二）被告人认罪案件简易审中"被告人认罪"的确认

认罪问题看似简单，其实在实践中执行起来非常复杂。在语言层面"最容易理解的事情可能会变成最难理解的事情"①。例如，有的被告人虽然认罪，但是对指控的罪名却有异议；有的在上诉中完全否认其行为构成犯罪；还有的当事人否认自己的认罪出于自愿。由此可见，由于对于被告人认罪的确认程序缺乏具体的规范，导致部分不是真正认罪的被告人进入被告人认罪的简化审程序。如果简化审程序忽视被告人的诉讼权利，仅仅考虑程序上的效率，就违背了刑事诉讼追求公正的宗旨。避免被告人不真实和不自愿认罪，特别是要防止指控方强迫被告人认罪，是被告人认罪简易审需要着力解决的问题。司法机关在执行 2012 年《刑事诉讼法》关于被告人认罪简易审时应当通过对被告人认罪的内涵和程序作出明确的司法解释，避免不是真正意义上认罪的被告人进入简易审程序。

什么是被告人认罪？美国关于辩诉交易规则中的认罪规则可以为我们提供这方面的借鉴。② 法律上的认罪应当包括被告人对指控的罪名和指控的事实的认可，这种认可完全是在自愿的基础上作出的，是在充分知道认罪后果的基础上作出的，而且是在没有得到指控部门任何承诺的前提下作出的。根据这一要求，法院在公开的听审中需要确认被告人认罪是否符合规定的条件。如果不符合上述条件，法院应当告诉被告人有权撤回认罪，或者否决被告人的认罪答辩。对被告人认罪的关键事实，可以在审前会议或认罪答辩的特别程序听审后确认。在认罪听审前，法院有义务告知被告人认罪后产生的法律后果。需要指出的是，对于因各种原因被告人在审前听审程序中撤回认罪的，法院应当明确在之后的审判中不将这一撤回行为作为被告人认罪态度不好来加重对被告人量刑的依据。

在共同犯罪中，一个被告人认罪而其他被告人不认罪的案件是否可以进入简易审程序，从样本反映的情况看比较复杂。例如，有的被告人认罪，但其他被告人在犯罪的主要事实上不认罪。根据《"被告人认罪案件"意见》和 2012

---

① ［奥］维特根斯坦：《哲学语法》，商务印书馆 2012 年版，第 277 页。

② ABA Standards for Criminal Justice（Pleas of Guilty），Standard 14-1.5，Third Edition，61，（1999）．

年《刑事诉讼法》的规定，共同犯罪中有被告人不认罪的，该案件不可以进入简易审程序。这个规定的本意似乎是为了保证案件的整个事实与证据认定的统一问题，但是在实践中这样的规定也会带来一定的问题，主要是对认罪的被告人不公平。例如，一个案件中，大部分被告人都认罪，只有一个被告人不认罪，认罪的被告人受那一个不认罪的被告人的牵连而无法进入简易审程序。笔者认为，对于这个问题，可以考虑采取两个方案予以解决。第一个方案为并案审理，即如果共同犯罪中主要犯罪人认罪，整个案件可以进入简易审程序中审理，对于不认罪的被告人的争议部分在简易审程序中按照普通程序的审理方式来审理，案件的裁判为统一并案裁决。第二个方案为分案审理，只要共同犯罪案件中部分被告人认罪，对认罪的被告人可以采用简易审程序来审理和作出判决，而对不认罪的被告人采取普通程序来审理，进行分案判决。在实践中，司法部门可以根据案件的实际情况从审理的效率和公正两个方面进行综合考量，从而决定哪种方案更合适。

（三）被告人认罪案件简易审中的量刑问题

如果案件出现多个从轻量刑的情节，原审法院的判决书很少对多个从轻的情节在量刑上作出具体的说明。其关键是对被告人认罪而使用简易审程序在量刑上从轻没有具体的规定。被告人一旦认为自己具有多个从轻的情节，主观上认为自己会获得很轻的处罚，但是在判决中获得的量刑从轻的幅度很有限，就会心存不满而提起上诉。[①] 从判决书的表述情况看，原审判决书对被告人认罪而获得的从轻处罚的表述大都模糊，特别是存在多个从轻处罚的量刑情节时，被告人认罪获得从轻处罚的具体体现就很不清楚。在立法或司法解释方面，对于被告人认罪而进入简易审程序在量刑上的优惠应当多于同类案件的被告人认罪在普通程序中获得的优惠，这样才可以体现认罪的被告人因简易审程序而获得的实际益处。另外，对被告人认罪在简易审程序中获得的量刑上的优惠在判决书中应当载明，这样便于被告人明确自己在该程序中获得的益处。虽然最高人民法院发布了《人民法院量刑指导意见（试行）》，但是对简易审程序中被告人认罪的量刑并没有单独的规定，这意味着认罪的被告人并不会因简易程序的适用而得到任何量刑上的特别照顾。理论上，被告人认罪并且同意进入简易审程序应当比同类案件的其他被告人在普通程序中获得的量刑上的优惠多，因此，审判机关在对被告人在简易审程序中的量刑上还需要通过综合的政策或法律上的考量给予倾斜。

被告人认罪案件简易审程序在庭前解决事实问题之后，剩下的就是解决被告人的量刑问题。因此，量刑辩护是被告人认罪简易审程序的核心。目前，

---

① 项秀华、吴悠然：《被告人认罪案件简化审理中遇到的问题》，载《检察实践》2004 年第 3 期。

在没有独立量刑程序的条件下，认罪的被告人如果没有辩护律师的协助，被告人认罪的简易审判程序其实就是法官形式主义单边裁判的过场而已。被告人律师量刑辩护的机制如何在被告人认罪案件中确立，也是被告人认罪案件简易审实施需要解决的问题。对于被告人认罪后的量刑辩护不仅需要实体法律量刑幅度的调整、量刑基准的确立，而且需要被告人和辩护律师对辩护权的具体运用。①

通过样本分析可以发现，检察官在被告人认罪案件中的量刑上所起的作用同样很小。这从有限的几个被告人认罪案件的抗诉中就可见一斑。由于在对被告人的量刑上检察院缺乏具体的权力，特别是缺乏诉辩协商机制，对被告人量刑的权力很大程度上控制在法院手中。法院对被告人认罪而给予从轻处罚在实践中也可能导致过度从轻的问题。例如，法院为了给被告人适用缓刑，故意将刑罚从轻定为 3 年以下有期徒刑。这就会引起量刑上的很大争议，导致检察机关启动审判监督程序。造成这种状况的原因有二：一是对被告人认罪简易审中的量刑从轻幅度缺乏具体规定，二是检察院在量刑上缺乏必要的权限。对于前一个问题，前面已经分析讨论过。对于后一个问题，在被告人认罪的简易审程序中建立诉辩协商的机制，是提高诉讼效率和发挥检察院功能的重要措施。

在被告人认罪简易审案件中，司法机关还需要重视被害人的诉讼权利保障。在部分被害人或其代理人民事上诉的案件中，有的被害人提出法庭对被告人量刑太轻。由于刑事案件的犯罪直接给被害人带来身心和财产上的损失，在量刑中倾听他们的声音同样能反映司法的公平。因此，在被告人认罪案件的审理中，被害人及其代理人对于案件量刑部分同样要有机会表达意见，法院和检察院也应当主动听取被害人及其代理人在量刑方面的意见。另外，部分简易审案件还附带民事诉讼，对于民事部分的审理是否要适用简易审程序，缺乏相应的司法解释。笔者认为，如果被害人及其代理人与认罪的被告人达成赔偿协议，整个案件就可以进入简易审程序，而如果被害人和认罪的被告人在赔偿上没有达成赔偿协议，则案件的民事部分不宜进入简易审程序。被害人的权利保护不能因为简易审程序的适用而受到损害，这是简易审程序应当确立的基本原则。从这个角度看，原来的《"被告人认罪案件"意见》在很大程度上忽视了被害人的权利保障，简易审程序中部分被害人就赔偿部分提出上诉就说明了这个问题。另外，在对被告人认罪的量刑中，法院也应当注意听取被害人的意见。

（四）被告人认罪案件的庭前听证制度

刑事审前程序中的人权保障是我国刑事诉讼的薄弱环节，被告人由于在审

---

① 陈瑞华：《论量刑辩护》，载《中国刑事法杂志》2010 年第 8 期。

前程序中就已认罪，其人权保障问题显得尤为突出。[①] 2012 年《刑事诉讼法》第 182 条第 2 款规定："在开庭以前，审判人员可以召集公诉人、当事人和辩护人、诉讼代理人，对回避、出庭证人名单、非法证据排除等与审判相关的问题，了解情况，听取意见。"这个规定为构建中国特色的庭前会议制度提供了法律上的依据。[②] 被告人认罪案件一旦进入简易审程序，所有关键证据的证明都会简化。如果在起诉阶段和审前阶段不把关，就有可能因简易审程序导致证据的审理不充分出现错案甚至是无辜的人被冤枉的问题。美国和西方国家辩诉交易最受诟病的原因就是，该制度本身很有可能导致本来不构成犯罪的人因要获得从轻的处罚而认罪的问题。[③] 为了解决这个问题，西方国家规定，在辩诉交易之前，都要有认罪听证阶段，以保证辩诉交易的案件被告人的确是自愿认罪，并且有事实基础。[④] 我国的被告人认罪简易审程序虽然和辩诉交易有区别，但是在实践中也必须考虑防止被告人为了获得快速处理和从轻的处罚而认罪，导致本来可能是无罪的案件变为有罪的案件。

对于被告人认罪的案件，可以考虑在庭前会议中设置被告人认罪答辩听证程序。在答辩听证程序中，法官应当询问被告人的认罪是否出于自愿，了解案件是否达到事实清楚、证据充分的要求。由于对被告人认罪简易审程序的启动掌握在检察院手中，检察院起诉部门必须在听证程序上披露所有指控的犯罪事实和有关量刑的重要情节。对于被告人认罪案件的简易审，检察院的披露必须是全面的，包括对被告人有利甚至可能是无罪的证据。对于检察院在庭前披露的指控证据，被告人及其辩护律师有权进行弹劾。[⑤] 通过认罪答辩听证程序，对控辩双方已经确认的犯罪事实（包括可能影响量刑的情节）进行确认，这样进入简易审程序中的事实部分在证据上就比较扎实，可以避免后续审理上的烦琐举证质询等程序。

---

① 陈卫东：《刑事审前程序与人权保障》，中国法制出版社 2008 年版。

② 张伯晋：《构建中国特色的"庭前会议"程序——就刑事诉讼法第 182 条第 2 款专访陈卫东教授》，载《检察日报》，2012 年 4 月 1 日。

③ Stephen Schulhofer, Plea Bargaining as Disaster, 101 YL. J. 1979 (1991-1992).

④ Bennett L Gershman, Preplea disclosure of impeachment Evidence, 65 Vand. L. Rev. En Banc 141 (2012).

R. Michael Cassidy, Plea Bargaining, Discovery, and the Intractable Problem of Impeachment Disclosures, 64 Vand. L. Rev. 1429 (2011).

Steven L. Friedman, Preplea Discovery: Guilty Pleas and the Likelihood of Conviction at Trial, Vol. 119, No. 3 (Jan. , 1971), pp. 527-535.

⑤ 这个问题必然涉及检察官的职业伦理，即检察官在展示有罪证据的时候要披露检察院掌握的对被告人有利的和可能导致被告人无罪的证据。有关文章可参见：Hashimoto, Erica, Toward Ethical Plea Bargaining, 30 Cardozo L. Rev. 949 (2008-2009).

二、被告人认罪案件简易审上诉审问题

在实施辩诉交易制度的美国，辩诉交易达成并经法院确认后，原则上被告人就放弃了上诉的权利，除非法院的量刑畸重，超出了量刑规则。[①] 我国虽然实施认罪简化审，但不存在辩诉交易的环节，不但被告人的上诉权并不会因简易审而丧失，而且检察院可以抗诉，被害人也有权上诉。在二审程序中是否要考虑被告人认罪的简易审实际对被告人认罪案件的二审进行区分？本文的样本研究显示，除了对被告人认罪案件简易审有必要规范之外，还有必要在二审中对被告人认罪简易审的案件进行必要的区分，以保证被告人认罪案件简易审在整个刑事审判程序上的公正和效率。

第一，被告人认罪案件上诉审是否开庭问题。2012 年《刑事诉讼法》第223 条规定，被告人对第一审认定的事实或证据提出异议，可能影响定罪量刑的上诉案件应当开庭审理。如果严格执行这一规定，那么意味着绝大多数上诉案件要开庭审理，这将不可避免地增加二审的审判压力。在简易审程序中，被告人认罪并且对基本的犯罪事实承认的案件，如果没有新的证据，即便被告人提出上诉，二审也可以书面审理。这样就可以避免被告人认罪案件的重新审理，造成司法资源的浪费。对于上诉审的书面审理的区分，可以考虑以被告人认罪和基本犯罪事实清楚的前提来区分是否进行开庭审理。对于被害人上诉的，只要上诉部分涉及赔偿数额的，原审法院的审理征询过被害人的意见并且得到被害人或代理人认可，被害人仍然上诉的，可以进行书面审理。对于原审法院附带民事诉讼审理的简易审案件，忽视被害人的意见，或者被害人或代理人没有认可的赔偿则应当开庭审理。

第二，上诉案件律师辩护问题。在认罪的被告人上诉案件中，超过 75.6%的被告人没有律师辩护，这意味着实践中大多数上诉案件的被告人没有律师辩护。被告人在上诉案件中如果没有辩护律师的帮助，其法律上权利的保障很有可能受到影响。目前，在上诉案件中，对于没有辩护律师的，法院应当考虑指定法律援助律师为上诉的被告人提供强制性法律辩护服务。对于在上诉案件中全部指定辩护律师有困难的地区，可以先对那些符合开庭条件的案件指定律师进行强制性辩护，以确保这些争议比较大的案件二审审理和裁决的公正。

第三，上诉案件的全案审查问题。根据 2012 年《刑事诉讼法》的规定，上诉的案件都要对原审判决进行全案审查。从被告人认罪的上诉案件审理的情况看，所有上诉案件的判决书都体现了全案审理的特点，但是绝大多数案件都是

---

① Robert L. Segar, Plea Bargaining Techniques, American Jurisprudence Trials, Database updated April 2008.

肯定了原审判决的事实。对于原审基本事实清楚，被告人认罪且认定基本事实的案件，上诉审法院可以仅就上诉部分争议的事实或法律的适用问题进行审理，而并不一定要全案审查。对于那些不认罪的被告人或者虽然认罪但是事实不清的案件或法律适用存疑的案件可以考虑进行不全案审查，以便提高二审的效率。因此，在原审被告人认罪且在原审中事实清楚的案件，二审完全没有必要再进行全案审查，以避免司法审理的重复和拖沓。

第四，检察院的抗诉问题。鉴于抗诉案件成功率很低，从节省司法资源和提高诉讼效率的角度看，对于被告人认罪的简易审案件，只要审理的程序不存在问题，并且量刑在法定幅度内，检察院原则上不应再抗诉。当然，上诉审对抗诉案件应当充分考虑并尊重检察院的意见。从样本中有关被告人认罪审判监督程序的案件看，检察院抗诉的案件本身大都具有一定道理，但是在审理中二审法院无一例外全部驳回抗诉。检察院抗诉程序难度的加大，必然导致检察院对审判监督的积极性降低。[①] 固然，法院的裁决具有终极性，但是审判中也应当考虑检察院监督的功能，而不能仅仅为了维护法院的裁决权威就损害法律监督的权威。实践中，审判监督程序很大程度上流于形式，造成案件的审理期限严重滞后及效率低下。从这个角度看，检察机关的抗诉程序特别是针对被告人认罪简易审的抗诉程序需要改革。

第五，上诉案件的效率问题。从统计分析的结果看，二审法院的审理特别是开庭审理将在很大程度上延滞案件的结案时间，影响整个案件的审理效率。特别是检察院刑事抗诉的案件，审理的期限都大大超出普通上诉审的期限。解决被告人认罪案件的效率问题，除了尽可能完善原审审理程序来减少被告人上诉案件之外，就是要完善被告人的上诉审机制。法院应当制定更加严格的开庭与书面审理的规则，对被告人认罪案件的上诉原则上适用书面审理方式。当然，这样区分的前提是二审法院对案件事实查明和判决公正。对于二审书面审理的案件，司法机关可明确规定审理的期限，缩短书面审埋的结案时间。另外，从上诉案件的裁判文书样本分析，二审的判决书很大程度上重复原审判决书的内容，需要改革。特别是对被告人认罪案件的上诉审判决书的格式，可简化原审法院认定的事实部分，突出二审的事实或法律适用的争议部分，加强二审案件裁判文书的说理内容。

2012 年《刑事诉讼法》将被告人认罪简化审正式纳入简易程序，对于提高刑事司法效率具有非常重要的现实意义。根据样本案例的统计分析，无论是被告人认罪的简易审程序还是二审程序都应当进行必要的规则完善，通过明确认罪的标准和相应量刑上的考量来明确认罪案件的处理法律程序，特别应当在保

[①] 魏良荣：《刑事抗诉效果的实证分析》，载《中国刑事法杂志》2009 年第 6 期。

障被告人和被害人诉讼权利的基础上，加强刑事诉讼的律师辩护和代理工作，来确保案件审理的公正。在审判期限方面，无论是原审还是上诉审都应当考虑被告人认罪案件的特殊性，加速案件的审判流程。在提高法院审判效率的同时，还要提高被告人认罪案件侦查和起诉的效率，规范被告人认罪案件侦查和起诉的流程，提高被告人认罪案件的审前效率。总之，对被告人认罪案件审理上的程序规则予以完善，将有助于提高刑事司法效率和促进司法公正。

第六章
刑事简易程序适用范围研究

近年来，随着我国社会主义市场经济的不断发展，司法机关面临的案多人少的困境愈来愈突出。根据最高人民法院历年工作报告数据，[①] 我国法院审结刑事案件数量逐年递增，而法官总数在员额制改革下不增反减，人案矛盾更加尖锐。对此，实务界长期存在重罪案件与轻罪案件之分，3 年有期徒刑以上刑罚为重罪，3 年有期徒刑以下刑罚为轻罪。理论界认为法律中也存在"简单多数与复杂少数"的"二八定理"。所谓"简单多数"是指那些结果确定性强、容易判定的案件，"复杂少数"则意指那些结果确定性不强、不容易判定的案件。[②] 概言之，简单多数就是轻罪案件占比较大，复杂少数就是重罪案件占比较少，复杂案件与简单案件的比例约为二八分。

我国在不断地深入推进以审判为中心的刑事诉讼制度改革，其中就包括排除非法证据、庭前会议、一审普通程序法庭调查等进一步深化庭审实质化改革的"三项规程"。[③] 这是为了严格防止冤错案件的发生，保证复杂少数案件能够获得实质化审判。我国司法资源是有限的，为了保证复杂少数案件的实质化审判，就必须压缩简单多数案件的资源消耗。然而，实践中的简单多数案件反而占用了大量的司法资源。要在司法资源有限的情况下分别满足办案数量与办案质量的要求，我国就必须对司法资源进行优化配置，也就是说，必须要在复杂少数和简单多数之间寻求一种平衡程序。这种程序能够将刑事案件进行合理分流，并通过简化简单多数和优化复杂少数来实现诉讼效率与公正的统一，而这

---

① 根据最高人民法院 2014—2019 年工作报告数据，2013—2018 年各级人民法院审结一审刑事案件的情况如下：2013 年审结 95.4 万件，115.8 万人；2014 年审结 102.3 万件，118.4 万人；2015 年审结 109.9 万件，123.2 万人；2016 年审结 111.6 万件，122 万人；2017 年审结 129.7 万件，127.6 万人；2018 年审结 119.8 万件，142.9 万人。

② 李本森：《法律中的二八定理——基于被告人认罪案件审理的定量分析》，载《中国社会科学》2013 年第 3 期。

③ 2017 年，最高人民法院发布了《人民法院办理刑事案件庭前会议规程（试行）》《人民法院办理刑事案件排除非法证据规程（试行）》《人民法院办理刑事案件第一审普通程序法庭调查规程（试行）》，简称"三项规程"，并于 2018 年 1 月 1 日起在全国范围内试行。

个程序就是本文讨论的简易程序。

简易程序有广义与狭义之分。狭义的简易程序侧重立法层面，仅局限于《刑事诉讼法》规定的"简易程序"一节，即基层人民法院在审理符合特定条件的案件时所采取的相对简单的程序，也是在简化和省略普通程序中的某些环节和步骤后形成的一种程序，具体包括合议庭审理的简易程序、独任制审判的简易程序。而广义的简易程序侧重于学理层面，根据《布莱克法律辞典》的界定，广义的简易程序指的是"以相对快速、简单的方式解决争议或处理案件的没有陪审团的程序"①，换言之，只要是较普通程序的审理方式更为简化的诉讼程序都可以纳入简易程序的范畴。2018 年《刑事诉讼法》新设"速裁程序"，并与"简易程序"并列。就广义概念而言，我国的简易程序不再局限于狭义的简易程序，还包括速裁程序。自此，我国刑事案件快速处理程序不再过分单调，而是形成了立体化的三层体系。

其实，无论是对复杂案件和简单案件实现繁简分流，还是要对各种简易程序优化设计思路，其起点和归宿都要落在简易程序的适用范围。因此，研究简易程序就必须重点研究适用范围，以及其相互间的区别和各自的合理性，也有必要总结、吸收先进法治国家的制度经验。本章将分别介绍域外简易程序的适用范围并总结其特点，然后梳理我国简易程序的立法进程及每个阶段的主要问题，最后结合我国新设立的速裁程序和认罪认罚从宽制度探讨我国刑事简易程序适用范围的改革建议。

第一节　域外刑事简易程序适用范围比较研究

案多人少的问题并非我国独有，而是世界各国面临的共同难题。对案件划分繁简、实行分流也是多数国家采取的最主要的解决路径。为此，各个国家根据各自国情和司法情况设置了相应的刑事案件快速处理程序，以实现案件分流，优化司法资源配置，提高诉讼效率。通过域外比较来研究探讨我国简易程序的适用范围，对于准确判断相关改革成效、把握立法导向都有重要的现实意义。本文选择英美法系和大陆法系中 4 个具有代表性的国家和地区，对其相关刑事案件快速处理程序加以探讨与评价。②

---

① Bryan A. Garner, Black's Law Dictionary, 8th ed. West Group 2004, at 4506.

② 为了方便论述和比较，本文将最大限度地寻找简易程序的国际共性，论述的域外简易程序均选取刑事案件快速处理的简便程序之意。

一、美国简易程序的适用范围

美国在制定法上将轻罪的界限定为可能判处 1 年以下有期徒刑的犯罪，但是，美国的刑事诉讼法并没有规定针对 1 年以下有期徒刑犯罪的专门刑事案件快速审理程序。对于可能判处 1 年以下有期徒刑的轻罪和微罪案件的处理程序，虽然联邦和各州都有差异，但总体上是由州内区法院的辩诉交易程序和基层治安法庭的轻罪审理程序交替适用。① 由此可见，美国并未设定专门的简易程序，而是设立了两种刑事案件快速处理程序，即辩诉交易和轻罪程序。

（一）辩诉交易

所谓辩诉交易，是指被告人同意就某项罪名作有罪答辩以便换取公诉人的较低指控、较低刑罚或者其他有利被告人之对价的一种程序。② 在美国，大部分判决由有罪答辩构成，用答辩交易处理的案件比例高达 90% 以上。③ 可以说，辩诉交易极大地缓解了陪审团审判占用的司法资源，实现了案件的快速处理。

就适用范围而言，辩诉交易可以直接适用的范围非常广泛，几乎可以适用所有的案件。但是，在美国联邦与各州的实际运作过程中也存在一些限制。综合来看，以下三类案件一般不列入辩诉交易的适用范围。一是被告人是未成年人的刑事案件。主要原因在于未成年犯罪嫌疑人、被告人的心智尚未成熟，其可能受到控方或律师的胁迫或诱导，也尚不足以权衡辩诉交易过程中的种种利弊因素。二是特别轻微的案件，如立法中仅仅规定罚金刑的案件，因为这类案件案情过于简单，控辩双方缺乏交易的筹码。三是一些特别严重的犯罪，如叛国罪以及间谍罪等，往往也不适用辩诉交易程序。除上述三个限制外，辩诉交易程序可普遍适用于其他各类案件，适用范围相当广泛。④

辩诉交易的前提是被告人作出有罪答辩。一般而言，这种有罪答辩有以下三种形式：第一种形式是被告人同意进行有罪答辩，以换取一个较轻的指控，而控方不必用证据来支持这一指控，这种形式在司法实践中最为常见；第二种形式是控辩双方基于被告人"恰当量刑"的请求达成一致，即被告人针对自己所犯的罪行，要求换取检察官有关量刑方面的承诺；第三种形式是被告人就多项指控中的某一项指控作出恰当的有罪答辩，以换取检察官放弃或终止其他指

① 李本森：《我国刑事案件速裁程序研究——与美、德刑事案件快速审理程序之比较》，载《环球法律评论》2015 年第 2 期。

② ［美］罗纳尔多·V. 戴尔卡门：《美国刑事诉讼——法律和实践》，张鸿巍译，武汉大学出版社 2006 年版，第 51 页。

③ 《美国联邦刑事诉讼规则和证据规则》，卞建林译，中国政法大学出版社 1996 年版，第 10 页。

④ 施鹏鹏：《法、意辩诉交易制度比较研究——兼论美国经验在欧陆的推行与阻碍》，载《中国刑事法杂志》2007 年第 5 期。

控的承诺。① 概言之，上述三种不同形式的辩诉交易即罪名交易、量刑交易和罪数交易。

（二）轻罪程序

一般而言，美国的轻罪是指那些可能判处 1 年或者 1 年以下监禁刑的案件。而重罪是指可能被处以死刑或者需要在州监狱服刑（与地方拘留所的拘禁不同），或者可能被判处 1 年以上监禁的犯罪。② 轻罪程序是指对于《美国法典》规定的轻罪、微罪案件以及此类案件的申诉案件，经被告人的书面同意，由司法官或者地区法院法官进行简单审理并立即裁判的简易程序。③ 可以看出，美国对于可能判处 1 年以下监禁刑的轻罪案件也采取相对简单便捷的特别诉讼程序。但是，根据《美国法典》第 18 编第 3401 条的相关规定，这种轻罪程序的适用条件主要有三点：其一，必须符合《美国法典》规定的轻罪案件、微罪案件和两类案件的申诉案件之范围；其二，适用时必须经过被指控犯轻罪的被告人的书面同意；其三，被指控犯轻罪的被告人明确放弃由地区法院法官审判或者由司法官或地区法院法官主持下的陪审团审判权利的表示。以上三个条件缺一不可。可见，美国制定法趋于采用"列举法"来规范轻罪程序的适用范围，且尊重被告人的程序选择权。但是，本案是否在事实证据方面已经查实清楚，抑或该被告人是否认罪以及其自身是否存在不便于采取轻罪审理的特殊性等，并不在程序适用范围的考虑之列。

二、德国简易程序的适用范围

德国是大陆法系中极具代表性的国家之一，其刑法和犯罪构成理论相当发达。德国早期通过对日本法的输出对我国传统的刑法理论和犯罪构成理论影响较大，④ 又在此次速裁程序和认罪认罚从宽制度的试点过程中对我国的司法制度改革产生了较大影响。通过梳理《德国刑事诉讼法》，简易程序主要有以下三个：处罚令程序、简易程序和司法协商制度。

（一）处罚令程序

处罚令程序在德国司法实践中已经成为不可或缺的、针对非严重犯罪的快

① ［美］韦恩·R. 拉费弗、杰罗德·H. 伊斯雷尔、南西·J. 金：《刑事诉讼法（下册）》，卞建林、沙丽金等译，中国政法大学出版社 2003 年版，第 104-105 页。

② ［美］罗纳尔多·V. 戴尔卡门：《美国刑事诉讼——法律和实践》，张鸿巍译，武汉大学出版社 2006 年版，第 65 页。

③ 王国枢、项振华：《中外刑事诉讼简易程序及比较》，载《中国法学》1999 年第 3 期。

④ 王立民：《论清末德国法对中国近代法制形成的影响》，载《上海社会科学院学术季刊》1996 年第 2 期。转引自李本森：《我国刑事案件速裁程序研究——与美、德刑事案件快速审理程序之比较》，载《环球法律评论》2015 年第 2 期。

速处理程序。根据《德国刑事诉讼法》第 407 条第 1 款的规定，所谓处罚令程序，是指针对一些轻罪，法院根据检察院的书面申请，不经法庭审理而以书面形式直接作出处罚命令，确定犯罪行为法律后果的特别程序。可见，德国处罚令程序不经庭审程序，而是以书面审代替，刑事案件的处理相当迅速。当然，处罚令程序仅适用于轻罪案件。根据《德国刑事诉讼法》第 407 条第 2 款的规定："处罚令只能单处或并处以下法律后果：1. 罚金、保留处刑的警告、禁止驾驶、收缴、没收、销毁、废弃、有罪判决的公告和对法人或任何团体的罚款；2. 不超过两年的剥夺驾驶许可；2a. 在一至三年的期间内禁止饲养、照管及交易任何种类或某一特定种类动物，或者在此期间内禁止与上述动物进行职业性接触活动；3. 免除刑罚。如果被诉人有辩护人且刑罚缓期执行，亦可判处一年以下自由刑。"可见，处罚令程序的特点在于法官不用开庭，仅以口头方式直接决定发布处罚命令，而且处罚命令是以法庭决定的形式作出，其处罚的形式只能是罚金、没收驾驶执照等几种轻微刑罚。① 如果想要将刑罚上限提至最高为 1 年有期徒刑的刑罚，被告人必须要有辩护人提供辩护，而且判处有期徒刑的同时要宣告缓刑。

此外，适用处罚令程序还要注意以下两点：其一，检察官认为被指控人有足够的犯罪嫌疑被指控犯罪，足以提起刑事公诉，但是没有公开审理的必要，可以根据《德国刑事诉讼法》第 407 条第 1 款提出处罚令申请。② 可见，在处罚令程序中，检察院占据主导作用，即没有检察院的申请，法院无法自行颁发处罚令。这一规定类似于我国 1996 年《刑事诉讼法》确定的简易程序的适用标准。其二，处罚令程序适用与否，法院无须预先听询被诉人之意见，也就是说，德国法院仅根据检察院的申请即可决定适用处罚令程序，被告人的意见并不重要。如此牺牲程序正当性也说明了处罚令程序的确是在拯救"不堪重负的国家刑罚审理权"③，但这也仅能适用于处理最为轻微的刑事案件，且相应刑罚较轻。

（二）简易程序

简易程序也是《德国刑事诉讼法》"特别程序"中明确规定的刑事案件快速处理程序，尽管遭到德国理论界的强烈批评，且在实务中的适用率不高，但其旨在减轻检察院和法院的负担立法之本意并无偏错。德国的简易程序是专为轻微犯罪迅速审理、判决的程序。根据《德国刑事诉讼法》第 417 条至第 419 条的规定，适用简易程序需要满足以下情形：（1）案情简单或证据清楚，适宜

---

① 王以真：《外国刑事诉讼法学》，北京大学出版社 2004 年版，第 250 页。
② 李倩：《诉讼分流背景下刑事速裁程序评判——以德国刑事处罚令为参照》，载《中外法学》2020 年第 1 期。
③ 《德国刑事诉讼法典》，宗玉琨译注，知识产权出版社 2013 年版，第 283 页。

立即法庭审理；（2）检察官书面或口头提出申请；（3）判处不超过1年的自由刑或者判处矫正及保安处分，或者剥夺驾驶许可；（4）成年和即将成年的被指控人，即18周岁以上和即将满18周岁的被指控人。根据上述规定，德国简易程序的适用范围已经相对明确，不仅强调刑事案件事实本身简单明确，而且证据也要确实清楚。但是，简易程序仅适用于可能被判处1年以下的刑事案件，适用范围相对较窄。

（三）司法协商制度

在处罚令程序与简易程序之外，德国的快速处理程序还包括一种司法协商制度，它可以看作一项控方与辩方达成的合意，又谓合意制度，类似于美国的辩诉交易。根据司法协商程序所处诉讼阶段的不同，可以将其分为审前阶段的协商和审判阶段的协商。根据《德国刑事诉讼法》第153条的规定，审前阶段的协商是检察院与犯罪嫌疑人进行是否起诉的协商，但前提是犯罪嫌疑人涉嫌轻罪犯罪，而不是重罪①犯罪，或者是在不起诉时增加一定的履行负担与指示。这就类似于我国的酌定不起诉和附条件不起诉，只是在具体适用条件、对象和附加内容方面差别较大。

而审判阶段的协商主要有两种：一种是停止追诉的协商，一种是量刑的协商。根据《德国刑事诉讼法》第153a条的规定，前者与审前阶段的附条件不起诉相似，不同的是所处的诉讼阶段，此时检察院已经提起公诉，法院也已经启动审理程序。如果被告人被指控的是轻罪，通过附加一定条件（负担与指示）可以消除刑事追诉的公共利益，且被告人罪责严重性与此又不相抵触时，检察院可以经法院和被告人同意对该罪不提起公诉；法院也可以经检察院和被告人同意在对事实认定作审查的法庭审理结束之前，暂时停止程序。后者是指如果被告人"完全的"或者"部分的"认罪自白，在所有诉讼参与人在场的情况下，法官、检察官、辩护人和被告人可以对所指控的罪行进行量刑协商，对被告人可能判处的刑罚予以限定，包括减轻刑罚和设置刑罚上限。② 德国刑事司法的立法者和实践者对于可协商的对象案件没有作限定范围，由此可推知，可协商的对象案件并不仅限于轻罪案件，还包括重罪案件。③ 可以说，审判阶段协商的适用范围相对广泛，不仅可以适用于经济犯罪案件，还可适用于伤害致人死亡、杀人或者谋杀的案件。而且，这种协商的参与主体不仅有控辩双方，还包括法院在内；协商的范围仅限于量刑，定罪方面不能进行协商。因此，这种关于量刑的协商在某些方面类似于我国的认罪认罚从宽制度。例如，没有刑罚条件的适用限制，相当于对被告人认罪悔罪态度的鼓励；程序从宽的福利仅

---

① 根据《德国刑法》第12条的规定，重罪为最低刑为1年或1年以上的违法行为。
② 李倩：《德国刑事诉讼快速审理程序及借鉴》，载《法律适用》2017年第19期。
③ 黄河：《德国刑事诉讼中协商制度研究》，中国政法大学2010年硕士学位论文，第11页。

限于量刑方面；等等。

三、日本简易程序的适用范围

为了优化司法资源配置，提升诉讼效率，日本立法探索引入了多种简易程序，具体包括两种情况，一是检察官在提起公诉阶段，基于追诉裁判权，请求适用简易程序，包括略式程序和即决裁判程序；二是检察官在公诉提起之后，法院决定适用的简易审理程序。接下来分别讨论这三种简易程序的适用范围。

（一）略式程序

略式程序，是指法院原则上不进行审判，仅根据检察官提出的资料，通过略式命令对被告人科处罚金或罚款的程序。[①] 根据《日本刑事诉讼法》第461条、第461条之二的规定，简易法院根据检察官的请求，可以对其管辖的案件，在公审前，以简易命令处以 50 万日元以下的罚金或者罚款。可见，略式程序只能由简易法院使用，且适用的刑罚都特别轻微[②]，甚至被告人可以不到案接受审判。可见，略式程序对被告人非常不利。因此，立法特别要求检察官在请求略式命令之前，必须预先向犯罪嫌疑人说明略式程序及其享有的相关权利，并确认其对略式程序没有异议，方得申请适用略式程序。略式程序的适用虽然对犯罪嫌疑人不利，但略式程序的选择权在犯罪嫌疑人本人。当然，通过略式程序迅速结束诉讼，对于犯罪嫌疑人而言也是有利的。

（二）即决裁判程序

即决裁判程序，是指对于没有争议的、案情简单清楚的案件，采用的简单而快速的裁判程序。[③] 该程序旨在实现程序的合理性和快速性。根据《日本刑事诉讼法》第 350 条之二的规定，首先，即决裁判程序仅适用于案情明白且轻微，预计证据可以迅速终结的案件；其次，这类案件不得适用于死刑、无期徒刑或者最低刑期为 1 年以上惩役或禁锢的案件；最后，即决裁判程序不仅要经犯罪嫌疑人同意，还要经犯罪嫌疑人的辩护人同意。[④] 由此可见，即决裁判虽然可能对被告人不利，但同样尊重被告人的程序选择权。

（三）简易审理程序

日本的简易审理程序是较普通审理程序简化的程序。根据《日本刑事诉讼法》第 291 条、第 291 条之二的规定，刑事案件正式进入庭审阶段的，公诉人在宣读完起诉书后，审判长会提示被告人对案件实体进行陈述，即被告人对罪状承认与否认程序。一旦被告人陈述有罪内容，法院可以在听取检察官、被告

---

① ［日］田口守一：《刑事诉讼法》（第七版），张凌、于秀峰译，法律出版社 2019 年版，第 279 页。
② 叶青：《刑事诉讼法学专题研究》，北京大学出版社 2007 年版，第 186-187 页。
③ ［日］田口守一：《刑事诉讼法》（第七版），张凌、于秀峰译，法律出版社 2019 年版，第 282 页。
④ 宋英辉：《日本刑事诉讼制度最新改革评析》，载《河北法学》2007 年第 1 期，第 35 页。

人、辩护人意见的基础上，决定把有罪陈述的诉因移交简易审理程序审判。总结下来，可以进入简易审理程序的条件是：（1）不属于相当于死刑、无期徒刑或者1年以上惩役或禁锢的案件（《日本刑事诉讼法》第291条之但书）；（2）被告人进行了有罪陈述（《日本刑事诉讼法》第291条之二）；（3）审判长说明简易审理程序的内容，并确认被告人的陈述是否出于自己的自由意志（《日本刑事诉讼法》第197条之二）；（4）认为适用简易程序是恰当的（《日本刑事诉讼法》第291条之三）。①

四、我国台湾地区简易程序的适用范围

结合我国台湾地区"刑事诉讼法"的相关规定，简易程序主要包括以下三种形式：简易程序、简式审判程序、协商程序。

（一）简易程序

根据我国台湾地区"刑事诉讼法"第449条的规定，简易程序是指一审法院对依被告人在侦查中的自白或其他证据足以认定犯罪的，根据检察官的申请，可不经通常的审判，甚至无须讯问被告人，而是通过审阅卷宗即对被告人定罪科刑的特别程序。该简易程序与德国处罚令程序、日本的略式程序颇为相似。而在适用范围方面，简易程序"以宣告缓刑、得易科罚金或得易服社会劳动之有期徒刑及拘役或罚金为限"。适用简易程序不仅要犯罪事实清楚、证据确实充分，还要被告人认罪、检察院提出程序适用申请，特别是还要征询被害人的意见。当然，简易程序也有不适用的情形：（1）法院认定的事实与检察院求刑的事实不一致，或者检察院求刑显然不适当的；（2）法院认为无罪、免诉、不受理或管辖错误的；（3）检察院的请求显有不当或显失公平的。

（二）简式审判程序

根据我国台湾地区"刑事诉讼法"第273条之一的规定，简式审判程序，是指对于除被告人所犯为死刑、无期徒刑、最轻本刑为3年以上有期徒刑之罪或高等法院管辖第一审案件之外的案件，被告人在准备程序中认罪的，审判长在对其进行程序告知并听取当事人、代理人、辩护人及辅佐人的意见后，可以裁定适用的简化程序。简式审判程序可以对证据调查程序进行简化，且不受"刑事诉讼法"相关规定的限制。② 可见，简式审判程序适用的案件主要是轻罪案件，即3年有期徒刑以下刑罚的案件，适用前提是被告人认罪，且要听取相关诉讼参与人的意见。

---

① ［日］田口守一：《刑事诉讼法》（第七版），张凌、于秀峰译，法律出版社2019年版，第384—385页。

② 张璐：《刑事简易程序的改革与完善》，载《法学杂志》2012年第5期。

（三）协商程序

根据我国台湾地区"刑事诉讼法"第455条之二的规定，协商程序，是指对于非重罪案件，检察官在征得双方当事人同意或申请，并经法院同意，可以与被告人在审判外就认罚范围、赔礼道歉、赔偿数额等事项进行协商，当事人双方合意且被告认罪的，由检察官申请法院依协商结果而为判决。其中，非重罪案件的范围同简式审判程序的相关规定。而且，法院最终依照协商结果的判决须以宣告缓刑、2年以下有期徒刑、拘役或罚金为限。

质言之，我国台湾地区的简易程序分别相当于书面审程序、审判阶段的简化审程序、审判外的量刑协商程序。其中，我国台湾地区的简易程序虽然实行书面审，但同样尊重事实真相的查清，而非机械式遵照检察院的求刑和被告人的认罪进行裁判。而在尊重被害人的意见方面，我国台湾地区的简易程序也提出了相应要求。但简式审判程序仅限于听取，简易程序和协商程序则必须以被害人的同意为前提。

五、关于域外简易程序适用范围的评析

综上所述，为了缓解案多人少的办案压力，疏通繁简案件的分流机制，提升诉讼运转的效率，美国、德国、日本和我国台湾地区都进行了各自的探索和总结，也都设置了相应的程序和制度。当然，通过比较不同国家和地区之间对于简易程序设计的异同，我们也不难发现一些差异中的共性，而这些共性或将成为我国改革完善简易程序乃至审判体系的宝贵经验。

（一）简易程序内在的多元化设计

上述国家和地区设置的简易程序均呈体系化、多元化，绝非一个单独的简易程序即可实现案件分流。可以说，一个国家的案件分流机制寄希望于仅由普通程序和简易程序组成的二元审理程序体系来实现，是非常困难的，也是不现实的。就我国而言，需要借助刑事诉讼制度改革的大趋势，继续推进和完善刑事案件速裁程序以及认罪认罚从宽制度，并将其纳入刑事审判程序体系的全局视角和宏观改革之中，才可以发挥更大作用。同时，我国还需要积极探索在简易程序、速裁程序之外的多元化简易程序体系，让案件分流更加流畅和细化。

（二）简易程序勿要局限于审判阶段

刑事案件的繁简分流应该是动态的分离，不仅在审判阶段可以设置简易程序，在审前阶段也可以设置相应的简易程序。以审查起诉阶段为例，如果仅限于审判阶段的分流，那么法院并未从根本上实现"案少"，也可以说没有从根本上解决"案多"的问题。但如果案件是在审查起诉阶段即被决定不起诉，法院的审判压力将会大大减小。例如，德国的司法协商制度中审前阶段的协商就直接能够通过检察官的不起诉实现程序分流。就我国而言，《刑事诉讼法》也

规定了丰富多样的不起诉制度，酌定不起诉、附条件不起诉在客观上也同样起到了程序分流的作用，但如何将其与简易程序协调共同作用于案件分流，还需要进一步梳理和细化。

（三）简易程序原则上以轻罪为适用对象

从上述国家和地区的简易程序设置来看，几乎所有的简易程序仅适用于轻罪案件。这主要是考虑到简易程序比照普通程序在程序上追求简化和迅速，但在被告人的权利保障方面作出了牺牲，甚至有些程序在被告人认罪后，便直接进入量刑程序，如美国的辩诉交易，这也是遭多数学者诟病的一点。为此，简易程序的适用范围仅限于轻罪案件，就是考虑到轻罪案件的案情和证据相对不复杂，如果在被告人认罪的基础上能够更容易也更迅速地查清案件事实，即使发生了冤案、错案，对于被告人的权益侵犯也不至过重，尚可通过国家赔偿等救济补救，再者，社会对此的包容和忍受度也相对具有张性。当然，重罪案件并非绝对不能适用简易程序。例如，德国在审判阶段的司法协商就不限于轻罪案件，被指控重罪的被告人在认罪的前提下，依然享有控辩审三方的协商机会，并适用较为简化的处理程序，以此来获得有利于自己的刑罚从宽优惠。而从轻罪和重罪的区分来看，除我国台湾地区采用 3 年有期徒刑的分界点外，美国、德国、日本均采用 1 年有期徒刑（监禁刑）的分界点。总的来看，简易程序的适用范围主要集中于轻罪案件，但也不排除重罪案件适用简易程序的可能性，只是在具体的程序设计上要特别严格。

（四）简易程序一般要求以事实清楚或有罪供述为前提

根据上文介绍，简易程序除了对刑罚轻重有要求外，一般还要求案件事实清楚或被告人作出认罪。例如，德国的处罚令程序和简易程序均要求检察院在提请程序启动时必须已经有足够犯罪嫌疑被指控犯罪，足以提起刑事公诉，这种规定也源于大陆法系的职权主义国家高效追诉犯罪、发现真实的诉讼目的。又如，日本的即决裁判程序和简易程序不仅要求案件事实本身已经清楚明白，而且还需要征得被告人同意或者被告人进行了有罪陈述，这从本质上反映出日本在混合式诉讼模式下对控制犯罪与正当程序的诉讼目的的双向选择与兼顾。美国和我国台湾地区的相关规定也同样体现了各自诉讼模式下的程序性选择。因此，我国在对刑事简易程序进行改革和完善之时，无论是要高效追诉犯罪、控制犯罪，还是要遵循正当程序、保障人权，都要与国家发展、司法现状相融合，与刑事诉讼目的的选择相匹配。

（五）简易程序设计必须尊重被告人的意志

从上述 4 个国家和地区的简易程序适用范围，不难发现它们之间有一些共性：一方面正视简易程序会给被告人的诉讼权利带来不利影响；另一方面严格对被告人的程序解释和权利告知，保障其知情权，并赋予被告人程序选择权。

通过被告人的程序参与和权利处分将程序的不利降至最低，以实现程序的正当性。但也有例外，如果被告人涉嫌的犯罪非常轻微，其所可能判处的刑罚仅限于罚金或罚款，至多不超过缓刑，那么也可以不经被告人同意，直接适用简易程序处理，如德国的处罚令程序、我国台湾地区的简易程序。就我国而言，简易程序的改革与完善同样要尊重犯罪嫌疑人、被告人的意志，不仅在程序选择方面赋予他们选择权，而且还要重点考察他们在认罪认罚及程序选择方面的自愿性。但也不可否认，对于一些特别轻微的刑事案件也可以将征得犯罪嫌疑人、被告人同意的要求规定得不那么绝对化，换言之，在特定的案件中可以"效率优先，兼顾公平"。

（六）简易程序要严格梳理禁止性规定

从上述域外规定来看，简易程序设置相应的不适用范围并非各个国家和地区的通例。而且多数国家和地区也并未对此进行细化规定，即使有也集中在对未成年犯罪嫌疑人、被告人的限制方面，以及法院对检察院求刑和被告人认罪有疑问的方面。例如，美国的辩诉交易在适用时，就考虑到未成年人的心智尚未成熟，容易在交易过程中被威胁或引诱，故而美国检察官不得与未成年犯罪嫌疑人进行交易。又如，德国的简易程序也明确规定，成年人和即将成年的被指控人，即18周岁以上的被指控人才可以适用简易程序处理，这同样是基于未成年人生理特征的特殊规定。再如，我国台湾地区规定三种特定情形下不得适用简易程序，这些情形归根结底在于法院对案件事实真相的追求，而绝非机械式地执行简易程序。无论是域外规定了禁止性条款，还是没有规定禁止性条款，这都值得我国在进一步完善简易程序适用范围的禁止性规定时加以比较和借鉴。

第二节　我国刑事简易程序适用范围的立法进程和问题

纵观我国刑事诉讼的立法进程，简易程序经历了一个从无到有的过程。自1979年《刑事诉讼法》问世，简易程序中"轻罪案件简化审理"的潜在意识已经初现萌芽；后经1996年《刑事诉讼法》的修改，简易程序的基本框架得以确立；直至2012年《刑事诉讼法》的二修，简易程序才初步稳定下来，形成了简易程序的现有内容。此后，2014年开启的刑事案件速裁程序改革使得简易程序已不再限于程序内部的修补，而是从宏观视角推进我国审判程序的多元化改革，简易程序也自此有了广狭之分，拉开了我国建立和完善"三位一体"刑事审判体系的序幕。最终，依靠2018年《刑事诉讼法》的修改将这一阶段的改革成果立法化、体系化。

具体到简易程序的适用范围，与其相关的立法进程主要呈现出如下特点和问题：

一、简易程序的初立阶段

正如前述，简易程序的根本价值就在于通过繁简分流缓解案多人少的矛盾，我国立法也是在通过何种方式分流案件的思考中不断探索，进而才设立了简易程序。

（一）雏形中的适用范围

尽管 1979 年《刑事诉讼法》并未对简易程序作出任何规定，但法律条文之间似乎已经有了不同案件区别适用审理程序的雏形意识，即第 112 条第 1 款规定，"人民法院审判公诉案件，除罪行较轻经人民法院同意的以外，人民检察院应当派员出席法庭支持公诉"。虽然并未提及任何有关简易程序的字眼，但如此规定必然形成两种不同的审理程序：法院在审理罪行较重的公诉案件时，检察院应当派员出庭；而在审理罪行较轻的公诉案件时，检察院可以不派员出庭。看似审理程序的区别仅在于公诉人的出庭与否，但在具体适用中的差别极大。这是因为，一旦公诉人依法不出庭支持公诉，庭审程序将无法按照 1979 年《刑事诉讼法》第 113 条至第 115 条、第 118 条的普通规定正常进行，所有关于公诉人宣读起诉书、讯问、询问等法定程序均被转化或省略，公诉人不出庭支持公诉的轻罪案件的庭审程序俨然成为实际上的普通程序简化审，也就是雏形中的简易程序。由此可见，这种简化审的适用范围便是被告人可能被判处罪行较轻的刑罚，这也是当时"简易程序"适用范围的唯一要件。

如今回视，这种简易程序的适用范围选取了司法实务中最为直观也是最为常见的一个要件，即刑罚要件。这样的要件在实践中虽然单一，却容易把握也便于操作，特别是法制建设初期的司法人员素质参差不齐，选用这样的标准既在一定程度上分流了案件，也切合了当时的司法实际。但是，这种过于单一条件的程序设计也存在问题，诸多不宜简化审的情形也被粗暴地纳入适用范围，更何谈被告人的程序选择权。而且，仅有的"罪行较轻"的规定也存在问题：一方面，罪行轻重的判断只有在法院审理后才可得出，而在案件受理初期便要求判断被告人罪行轻重，不仅存在有罪推定之嫌，也有一些案件难以作出轻重之判断；另一方面，罪行轻重并未明确具体标准，是根据徒刑的标准来判断，还是以 1 年或者 3 年有期徒刑来判断，等等。当然，简易程序毕竟处于雏形期，尽管适用范围的设计不尽如人意，但是埋下了简易程序的种子，奠定了我国程序分流机制的大体方向。

（二）初步确立时的适用范围

随着人案矛盾进一步激化，我国立法不得不开始正视繁简分流的重要性，谋划通过专设分流程序来缓解案件压力。在 1979 年《刑事诉讼法》的基本精神之下，1996 年《刑事诉讼法》拨出 6 条的篇幅创设了参照普通程序设计的简易程序，还与普通程序并列成节。这次修法不仅规定了简易程序的基本内容，还在单一刑事审判程序的基础上升级成二元的审判程序体系。当然，立法突破的同时也引来了理论界的广泛讨论，其间有诸多褒奖之声。例如，简易程序设定的适用范围兼顾了诉讼的简便迅捷和诉讼公正；① 简化了审判程序，缩短了审理时间，促进了审判资源优化配置，提高了审判效率；② 有利于保护当事人的合法权益，刑事审判体系更为科学化、合理化；等等。此外，也有很多学者针对简易程序的适用范围提出了质疑，归纳起来主要有以下问题：

其一，简易程序在立法上关于适用范围的规定界限不清，在司法实践中适用的案件数量较少，比例偏低。③ 之所以如此，一方面是因为传统观念僵化地认为审理时间紧会导致案件质量下降，且又是独任制审判，最终担心自己因草率裁判导致错案，还要对此承担责任。另一方面是因为审理期间大幅缩短确实会造成事实查证方面存在问题，客观上难以在短期内完成。例如，双方当事人就附带民事诉讼的赔偿问题，有些很繁杂，难以在短时间内达成和解协议。又如，自诉案件中的自诉人和法院都要花费更大精力在证据调查与证据审核方面，甚至还会有反诉出现。总之，这些原因最终导致新生程序难以实现应有效果。

其二，简易程序适用范围的刑罚要件限定于"宣告刑"，而非"法定刑"。这种规定使得简易程序的适用范围设定过宽，④ 与域外国家和地区以"法定刑"为适用标准，且处刑较轻（多为 1 年有期徒刑以下）的规定有差距，更与简易程序只适用于轻微犯罪的指导思想及"严重犯罪不得实行简易程序"的国际标准不符，⑤ 这就可能在实际适用过程中影响被告人权益的保障，有违程序正义的价值追求。

其三，简易程序对被告人的认罪态度和诉讼权益关注不够。一方面，简易程序的适用与否并不以被告人的意志为转移，⑥ 而是要根据检察院是否提出建议或者同意，与实体结果和程序参与利害关系最为重要的被告人反而无权发表意见。另一方面，简易程序不区分辩护人是否进行无罪辩护。换言之，如果辩护人选择无罪辩护，控辩双方在庭审中必然会发生激烈的对抗，这就需要消耗更多时间资源，却反而不排除适用简易程序，程序设置的正当性值得考究。此

---

① 陈卫东、李洪江：《正当程序的简易化与简易程序的正当化》，载《法学研究》1998 年第 2 期。
② 耿景仪：《刑事简易程序的适用及问题研究》，载《当代法学》1998 年第 5 期。
③ 耿景仪：《刑事简易程序的适用及问题研究》，载《当代法学》1998 年第 5 期。
④ 姚莉：《我国刑事诉讼简易程序中存在的若干问题》，载《法学》1999 年第 3 期。
⑤ 魏虹：《论刑事简易程序中被告人权益之保障》，载《法学论坛》2000 年第 4 期。
⑥ 於恒强、张品泽：《试论刑事审判简易程序选择权》，载《政法论坛（中国政法大学学报）》1999 年第 3 期；姚莉：《我国刑事诉讼简易程序中存在的若干问题》，载《法学》1999 年第 3 期。

外，如果被告人因特殊生理状况导致全部或部分诉讼行为能力欠缺，简易程序是否还可以继续适用，如未成年人、间歇性精神病人等。① 如果直接采取简易程序审理，他们的诉讼权益很难得到充分、有效的保障。

二、简易程序的完善阶段

1996 年《刑事诉讼法》虽然初步确定了简易程序的基本框架，但仍存在诸多不足之处，理论界的广泛讨论、实务界的积极探索推进了刑事立法对简易程序的完善与改革。

（一）进一步细化的适用范围

最高人民法院发布的《关于适用〈中华人民共和国刑事诉讼法〉的解释》不仅细化了简易程序的适用范围，而且还补充规定了不适用的案件范围。例如，在被告人的认罪态度、案件的复杂程度、辩护人的辩护态度、被告人的生理状态等方面均作出了禁止性规定。这些规定不仅解决了一人犯数罪时的程序适用问题，也在某种程度上肯定了被告人因盲、聋、哑的特殊生理状态导致简化程序的限制适用。但是，这种解释性的规定难以突破立法范围，对简易程序的适用范围只是小修小补，并未全面地从根本上解决程序适用的周延性问题。

时隔 5 年，2003 年 3 月 14 日，最高人民法院、最高人民检察院、司法部联合发布了《关于适用简易程序审理公诉案件的若干意见》（以下简称《若干意见》）。根据《若干意见》第 1 条②的规定，一方面简易程序的适用范围不再采用"列举式"，而是转用"构成式"的表达方式，即在判断是否能够适用简易程序时，必须满足本条规定的"三项要件"。另一方面，简易程序的适用范围开始强调公诉案件中被告人的认罪态度，并将其作为程序得以适用的积极要件之一，要求法院主动审查。这些规定使得简易程序的适用范围更为合理和优化。《若干意见》第 2 条③的规定还进一步强调了公诉案件适用简易程序的禁止性条款。

与此同时，最高人民法院、最高人民检察院、司法部还发布了《简化审意见》，其使得简易程序的适用范围有了新的突破，即创设了第二种简易程序——"认罪案件简化审"。这种简易程序是在现有《刑事诉讼法》框架内，对某些适

---

① 耿景仪：《刑事简易程序的适用及问题研究》，载《当代法学》1998 年第 5 期。

② 《若干意见》第 1 条规定："对于同时具有下列情形的公诉案件，可以适用简易程序审理：（一）事实清楚、证据充分；（二）被告人及辩护人对所指控的基本犯罪事实没有异议；（三）依法可能判处三年以下有期徒刑、拘役、管制或者单处罚金。"

③ 《若干意见》第 2 条规定："具有下列情形之一的公诉案件，不适用简易程序审理：（一）比较复杂的共同犯罪案件；（二）被告人、辩护人作无罪辩护的；（三）被告人系盲、聋、哑人的；（四）其他不宜适用简易程序审理的情形。"

用普通程序的刑事案件,在事实清楚、证据充分以及被告人作出有罪答辩的基础上,采取简化部分审理程序,快速审结案件的一种新的庭审方式。① 此外,《简化审意见》第 2 条②进一步丰富了程序不适用的禁止性,为 2012 年修改《刑事诉讼法》奠定了制度基础。这种简易程序的配置极大地扩展了简易程序的适用范围,提升了司法审判的效率,在解决人案矛盾压力问题方面又迈出了一大步。

总的来说,这一时期的简易程序适用范围有了较大的进步,特别是《若干意见》和《简化审意见》中的很多规定都被 2012 年《刑事诉讼法》转化吸收。但这一时期的简易程序适用范围依然存在一些问题:一是在公诉案件中的适用范围偏窄,③ 可以将有期徒刑的案件范围由"3 年"改为"5 年"④ 或者"7 年"⑤。当然,也有学者认为类似杀人、放火、强奸、抢劫等严重(暴力)犯罪案件的被告人也有可能会被判处 3 年以下有期徒刑,进而适用简易程序,这既不符合简易程序适用范围的理论要求,也显然与立法原意不符。⑥ 二是被告人依然没有被赋予程序否决权,乃至程序选择权。三是认罪案件简化审与简易程序二者是什么关系、适用范围在交叉时应当如何取舍等均没有细化规定。那么,这些问题都将留给下一阶段的立法加以完善。

(二)正式稳定的适用范围

简易程序在适用中存在的诸多问题直接推动了 2012 年《刑事诉讼法》对"简易程序"一节大刀阔斧的修改:在 1996 年《刑事诉讼法》及相关司法解释的基础上,将"轻微案件的简易程序"和"被告人认罪的普通程序"予以合并,重新构造了一种统一的简易程序。⑦ 这不仅扩大了简易程序的适用范围,而且能够更大地发挥程序的分流作用,进一步缓解了司法实践中基层人民法院的办案压力,提高了司法资源的使用效率。

---

① 高一飞:《论我国刑事简易程序体系的重构》,载《西南民族大学学报(人文社科版)》2004年第 10 期。

② 《简化审意见》第 2 条规定:"下列案件不适用本意见审理:1、被告人系盲、聋、哑人的;2、可能判处死刑的;3、外国人犯罪的;4、有重大社会影响的;5、被告人认罪但经审查认为可能不构成犯罪的;6、共同犯罪案件中,有的被告人不认罪或者不同意适用本意见审理的;7、其他不宜适用本意见审理的案件。"

③ 高飞:《刑事简易程序改革与完善研究》,载《中国刑事法杂志》2008 年第 3 期。

④ 陈光中:《中华人民共和国刑事诉讼法再修改专家建议稿与论证》,中国法制出版社 2006 年版,第 586 页。

⑤ 徐静村:《中国刑事诉讼法(第二修正案)——学者拟制稿及立法理由》,法律出版社 2005 年版,第 379 页。

⑥ 姚莉、尹世康:《我国刑事诉讼简易程序中存在的若干问题》,载《法学》1999 年第 3 期;卞建林、李菁菁:《略论刑事简易审判程序中的若干问题》,载《法学杂志》1998 年第 3 期。转引自刘广三、周伟:《论刑事诉讼简易程序的若干正义要求》,载《政法论坛(中国政法大学学报)》2004 年第 5 期。

⑦ 陈瑞华:《法律程序改革的突破与限制》,中国法制出版社 2012 年版,第 166 页。

首先，简易程序适用范围不再以案件可能判处的刑期作为适用条件，取而代之的主要是被告人认罪和同意适用简易程序。这就赋予了被告人程序的否决权，强化了被告人的权利意志。而且，简易程序的适用范围得到了进一步扩大，即所有符合法定要件的基层人民法院管辖的第一审案件都可以适用简易程序审理，换言之，只要是可能判处无期徒刑以下刑罚的案件都可以适用简易程序。

其次，自诉案件均有可能适用简易程序。在1996年《刑事诉讼法》中，仅有前两类自诉案件①可以适用简易程序，即告诉才处理和被害人有证据证明的轻微刑事案件。而2012年《刑事诉讼法》将这两项删去，代之以基层人民法院所有符合条件的均可适用简易程序审判，换言之，所有的自诉案件只要符合法定要件均可适用简易程序审判。但其实自诉案件很难适用简易程序审理，因为此时适用简易程序必须要求被告人认罪，自诉案件被告人认罪的可能性很小，否则也不会迫使被害人将被告人诉至法院。

再次，增加了被告人认罪和对程序适用的否决权。"被告人认罪"是简易程序融合"认罪案件简化审程序"的最主要表现，被告人认罪案件不仅会让本已"事实清楚、证据充分"的案件更快得以核实，提高审判效率，也能够表明被告人坦白态度，便于对被告人从宽处理。而增加被告人对程序适用的否决权体现了2012年《刑事诉讼法》对"尊重和保障人权"原则的具体落实。

复次，检察院的意见不再作为公诉案件适用简易程序的要件。根据1996年《刑事诉讼法》的规定，对于公诉案件，检察院的意见是简易程序适用的必要条件，简言之，公诉案件的简易程序能否适用还要取决于检察院的态度。2012年《刑事诉讼法》删去上述规定，仅保留了检察院的建议权，以此维护了法院在程序选择适用中的决定作用。

最后，增加并优化了不适用简易程序的禁止性条款。1996年《刑事诉讼法》的简易程序并没有规定禁止性条款，随后相关司法解释作出相应的补充性规定。2012年《刑事诉讼法》对此多数加以吸收，特别是将被告人认罪案件简化审中的禁止性条款一并吸收进来，如社会影响力的考察标准、因被告人的生理因素导致不适用简易程序的规定。

综上所述，2012年《刑事诉讼法》及相关司法解释的修改搭建出我国完整的简易程序，简易程序的适用范围已经相当广泛，基层法院审理的多数案件都可以适用简易程序审理，审判压力得到进一步缓解。而且，一些体现保障人权的程序设计也实现了简易程序在追求诉讼效率的同时对程序正义的兼顾。但在实践中，简易程序的适用范围依然存在一些不足：其一，立法仅赋予被告人对

---

① 1996年《刑事诉讼法》第170条规定："自诉案件包括下列案件：（一）告诉才处理的案件；（二）被害人有证据证明的轻微刑事案件；（三）被害人有证据证明对被告人侵犯自己人身、财产权利的行为应当依法追究刑事责任，而公安机关或者人民检察院不予追究被告人刑事责任的案件。"

适用简易程序的否决权，而并不享有简易程序选择权，无法主动申请启动简易程序，① 因此，这种选择权实际上是"不完全的简易程序选择权"②。其二，简易程序的适用范围得到进一步扩大，但在具体实践中并未带来适用率的显著上升，有些地方甚至出现适用率下滑、零适用的怪象。③ 究其原因，这与整个司法体制、简易程序的程序设计有关。例如，简易程序依然保留了完整的庭审流程，其实现的简化仅限于参照普通程序的局部删减，并未独成体系。又如，简易程序的简化仅限于审判阶段，甚至是庭审程序，而审前程序并未得到简化，如此缓解的人案矛盾也就局限在审判机关，侦查机关与检察机关受益较少。因此，如果要真正落实简易程序的适用范围，切实发挥简易程序的分流作用，就不能再局限于简易程序内部的修改，而是要对整个审判体系进行重构，建立多元化的刑事简易程序体系。

三、多元改革的适用范围

2013 年年底，劳动教养制度被正式废止，大量的轻微犯罪被纳入刑事处罚的范围，刑事诉讼的人案矛盾压力再次加大。为了进一步探索程序分流机制，扩展程序分流改革成果，2014 年 6 月，全国人大常委会授权最高人民法院、最高人民检察院在全国 18 个地区开展"刑事案件速裁程序"的试点工作，我国开始积极探索较简易程序更为简化的速裁程序。2018 年 10 月，速裁程序被成功写入《刑事诉讼法》，这也标志着我国在简易程序之外创设出刑事简易程序的新的独立层级，在刑事诉讼中形成了合议庭审理的简易程序、独任审判的简易程序和刑事案件速裁程序三个层次，④ 而我国简易程序也有了广义与狭义之分。狭义的简易程序侧重于立法层面，仅局限于《刑事诉讼法》中规定的"简易程序"一节，即合议庭审理的简易程序、独任审判的简易程序。而广义的简易程序侧重于学理层面，不仅包括狭义的简易程序，还将速裁程序纳入其中。自此，我国简易程序不再过分单调，而是形成了刑事快速处理程序三层次的立体化体系，刑事案件的繁简分流与诉讼程序简化的改革实现了制度上的重大突破。

2016 年 8 月，全国人大常委会授权在上述地区继续开展"刑事案件认罪认

---

① 谢登科：《刑事简易程序扩大适用的困境与出路》，载《河南师范大学学报（哲学社会科学版）》2015 年第 2 期。

② 高一飞：《刑事简易程序研究》，中国方正出版社 2002 年版。

③ 谢登科：《刑事简易程序扩大适用的困境与出路》，载《河南师范大学学报（哲学社会科学版）》2015 年第 2 期；贾志强、闵春雷：《我国刑事简易程序的实践困境及其出路》，载《理论学刊》2015 年第 8 期。

④ 李本森：《我国刑事案件速裁程序研究——与美、德刑事案件快速审理程序之比较》，载《环球法律评论》2015 年第 2 期。

罚从宽制度"的试点工作,完善对被告人认罪认罚后的从宽制度。当然,这种"从宽"不仅是实体结果的从宽,也涵盖了程序过程的从宽,也就是给予被告人获得快速处理的机会。同样,认罪认罚从宽制度被写入 2018 年《刑事诉讼法》,成为鼓励犯罪嫌疑人、被告人主动认罪认罚,主动选择简易程序、速裁程序的重要制度基础。自此,我国从宽处理模式实现了从"认罪"从宽到"认罪+认罚"从宽的新变化。

当然,2018 年《刑事诉讼法》不仅实现了简易程序在体系结构方面的突破,也使得简易程序的适用范围不再局限于简易程序的适用范围,还将速裁程序的适用范围融入进来,形成二元化的简易程序。根据 2018 年《刑事诉讼法》的规定,"速裁程序"与"简易程序"并列成章节,在各自的适用范围方面也存在诸多相似之处,如二者均强调"事实清楚,证据确实、充分",二者均尊重被告人对犯罪事实的态度以及程序的选择权,二者均设置不适用的禁止性条款,而且这些禁止性条款的内在法理也是一脉相承。可以说,我国速裁程序在很多方面都能够映射出简易程序的精神元素。但是,二者之间还存在一个重大差异,那就是前者比后者更快、更简。例如,速裁程序审理期限要远低于简易程序,法庭调查和法庭辩论都存在大幅的简化甚至省略,审判组织仅可选择独任制审理,在当庭宣判、当庭送达方面也存在不同程度的强制性,等等。因此,速裁程序的适用范围就需要比简易程序更为精确和严格,以此来确保诉讼效率的同时保障诉讼公正的实现。

首先,被告人不仅要认罪,还要认罚。认罪与认罚是两个性质完全不同的概念,前者是指"自愿如实供述自己的罪行,承认指控的犯罪事实"或者"承认自己所犯罪行,对指控的犯罪事实并没有异议",[1] 而后者是指愿意接受量刑建议的处罚。根据规定,简易程序的适用并不要求被告人的认罚,仅认罪即可;而速裁程序不仅要求被告人认罪,还要求其认罚。也只有被告人既认罪又认罚,与定罪量刑有关的事实和证据才不需要形式化的质证,与此相对的举证也可以对应省略,故而才有"一般不进行法庭调查、法庭辩论"的规定。当然,这种认罪认罚的要求也并非在诉讼的每一个阶段都是同步的,实际上,在侦查阶段犯罪嫌疑人只有认罪的可能,不具有认罚的条件;[2] 自审查起诉阶段,犯罪嫌疑人、被告人才存在认罪并认罚的可能性。

其次,简易程序与速裁程序的适用范围仅存在部分交叉。上文述及,简易程序适用于无期徒刑以下刑罚的案件,而速裁程序适用于 3 年有期徒刑以下刑罚的案件,速裁程序的适用范围远小于简易程序。换言之,速裁程序适用于那

---

① 2012 年《刑事诉讼法》第 214 条第 1 款第 2 项之规定。

② 顾永忠:《侦查阶段适用认罪认罚从宽制度之正当性反思》,载《江苏行政学院学报》2019 年第 3 期。

些刑罚更轻的刑事案件，而这个"轻刑"是以 3 年有期徒刑为标准。这种适用范围的程序设计主要还是考虑到那些可能判处较轻刑罚的案件案情复杂程度更低、社会危害和影响更小、对被告人的权利侵犯相对较小，国家对于这类案件投入的司法资源也可以相对较少，从而有更多人力、财力、物力实现庭审实质化的改革。

最后，不适用简易程序与不适用速裁程序的禁止性条款也存在一定的交叉。根据 2018 年《刑事诉讼法》的相关规定，不适用速裁程序的禁止性规定较简易程序更多，主要表现在"（二）被告人是未成年的"和"（五）被告人与被害人或者其法定代理人没有就附带民事诉讼赔偿等事项达成调解或者和解协议的"[1] 两项。前者之规定是基于未成年被告人在意思表达能力方面有一定欠缺，且在《刑事诉讼法》和《最高法解释》中都作出了专门化的特别规定，[2] 适用速裁程序审理会因程序的省略造成未成年被告人基本诉讼权利得不到保障，也会给司法审判带来较大压力。后者之规定主要是考虑到，附带民事诉讼一般都会给刑事部分的审理带来不同程度的拖延，这样的审判很难在限定审理期间内顺利审结。因此，在上述两种情形下，刑事审判不得适用速裁程序。

尽管 2018 年《刑事诉讼法》的修改并未涉及简易程序，但速裁程序和认罪认罚从宽制度的试点与落实使我国简易程序的适用范围获得重塑，而且也从客观上迫使简易程序的适用面临着一些无法回避的问题：

首先，我国简易程序的层次体系依然有待丰富，而且在精细化程度上仍有提升空间。例如，简易程序与速裁程序在适用于"可能判处三年有期徒刑以下刑罚"的案件时存在大面积的交叉，被告人认罪认罚的，基层法院既可以选择适用简易程序，也可以选择适用速裁程序。如何更好地引导程序的适用，将被告人的合法诉讼权益最大化，也需要进一步解释和细化。又如，我国简易程序包括简易程序和速裁程序，简易程序包括合议庭审理的程序和独任庭审理的程序，但速裁程序并未作进一步划分，缺少更为程式化的快速处理机制。[3] 因此，在速裁程序之内寻求速裁程序的进一步简化，或者在速裁程序之外探索更简的程序机制，以此进一步优化或扩大我国简易程序的适用范围。

其次，被告人在程序选择权方面依然是片面地否定程序适用的权利，并非真正意义上的程序选择权。即使被告人认罪认罚，且案件又符合速裁程序的其他适用要件，但法院仍然可能基于诸如审判期限方面的考虑选择不适用速裁程序，进而选择较为复杂的简易程序，甚至还可能"威胁"被告人不同意就适用

---

[1] 2018 年《刑事诉讼法》第 223 条之规定。

[2] 易延友：《刑事诉讼法·规则、原理、案例》，法律出版社 2019 年版，第 557 页。

[3] 林喜芬：《论刑事速裁程序的模型定位与配套制度之改革》，载《上海交通大学学报（哲学社会科学版）》2019 年第 3 期。

更为复杂的普通程序。对于法院这种虽不合理却完全合法的做法很难施以有效的监督或惩罚，而被告人沦为程序的牺牲品，难以享受速裁程序带来的从宽福利。

最后，重新梳理适用范围的禁止性条款。无论是简易程序还是速裁程序均设置了多项禁止性规定，但从域外刑事快速处理程序的适用范围看，很少有类似我国设置如此多的禁止性条款。当然，我国规定的一些禁止性条款确有其合理性，但也有一些值得商榷。例如，被告人因生理缺陷而不得适用简易程序，然而被告人的身体缺陷并不应当导致对简易程序的禁止性适用，未成年被告人亦是如此。因为这些程序对于被告人来说是有益的，而仅因身体残疾就被剥夺适用的权利是不公平的。从立法的表象上看，这种禁止性规定是为了保护身体有残障的被告人，但实质上是歧视性的立法。[①] 又如，被告人与被害人就刑事附带民事诉讼事项没有达成调解、和解协议的，不得适用速裁程序，这些事项主要包括赔偿损失、恢复原状、赔礼道歉等，[②] 主要是因为附带民事诉讼可能过分拖延速裁程序的审理，也是为了缓和被害人及其家属对被告人因适用速裁程序获得量刑从宽存在的抵触情绪。实践中的调解、和解协议无法达成多是因为被害方拒绝对被告人量刑从宽，虽然速裁程序无法适用，但认罪认罚的被告人还能够通过认罪认罚从宽制度获得相应量刑从宽，只是会因为未能达成调解、和解协议导致从宽幅度酌减。特别是在被害方赔偿请求明显不合理时，未能达成调解、和解协议的，一般还不会影响从宽处理。[③] 可见，未能达成调解、和解协议的，被告人依然能够获得从宽，被害人方并未获得相应利益，唯有损失的是司法机关处理案件的效率，反而会因案件处理复杂耗时而让正义迟到。

综上所述，我国关于简易程序适用范围方面的立法演进大体呈现出如下趋势：一是简易程序的适用范围逐步扩大，从可能判处 3 年有期徒刑以下刑罚的公诉案件和部分自诉案件扩大至基层法院管辖的所有案件，其具体适用标准则由案件性质、罪行轻重向被告人是否认罪、是否对程序适用存有异议转变。二是简易程序由对抗式转向合意式，通过控辩双方合意机制的不断完善，实现被

[①] 李本森：《我国刑事案件速裁程序研究》，载《环球法律评论》2015 年第 2 期。

[②] 孟伟、何东青、杨立新：《刑事案件速裁程序适用若干问题》，载《人民司法》2019 年第 4 期。

[③] 《认罪认罚从宽指导意见》第 18 条规定："被害方异议的处理。被害人及其诉讼代理人不同意对认罪认罚的犯罪嫌疑人、被告人从宽处理的，不影响认罪认罚从宽制度的适用。犯罪嫌疑人、被告人认罪认罚，但没有退赃退赔、赔偿损失，未能与被害方达成调解或者和解协议的，从宽时应当予以酌减。犯罪嫌疑人、被告人自愿认罪并且愿意积极赔偿损失，但由于被害方赔偿请求明显不合理，未能达成调解或者和解协议的，一般不影响对犯罪嫌疑人、被告人从宽处理。"

告人诉讼地位和诉讼权利的巩固和保障、诉讼程序的民主性和科学性的优化和彰显。① 三是简易程序更加尊重刑事诉讼的基本构造，否定了检察院对程序启动的决定权，转而采用"建议启动"，从而纠正了控审地位错乱、控辩地位失衡的不合理现象。四是简易程序的禁止性条款历经从无到有再到合理性研判的发展过程，这也客观反映了我国司法改革不断探索、优化的过程，同样也是更加尊重司法规律的体现。

第三节　我国刑事简易程序适用范围的改革

正如前述，我国简易程序的适用范围仍存在一些问题。但这些问题的解决有些需要微观层面的修补和调整，有些就需要从宏观的审判体系上寻求进一步突破，以求进一步扩大简易程序的适用范围，提高简易程序的适用率，从而让诉讼效率再提高、审判压力再缓解。当然，简易程序的修改绝非仅限于简易程序，而是需要普通程序、简易程序和速裁程序的联动修改，这样才能让简易程序更好地发挥作用。

一、对"上延论"与"融合论"的回应

在谈论本节问题之前，必须要对 2018 年《刑事诉讼法》修改后关于简易程序适用范围的两种论点进行回应：一是合议庭审理的简易程序上延论；二是独任制审判的简易程序融合论。

前者观点主要认为，简易程序可以向上继续扩展以突破适用范围，将其延展至无期徒刑甚至死刑，这不仅可以继续扩大案件分流的效果，而且也能让无期徒刑、死刑的重罪被告人同享程序改革的福利。

但笔者并不认同该观点。首先，无期徒刑、死刑的重罪案件一般案情复杂、证据较多，对于证明标准的要求也更高，即使被告人认罪认罚，司法机关也要本着追求案件真实的诉讼目的进行实质化审理，在人力、物力、时间消耗方面都会有更高的要求，这些是简易程序无法承受和实现的。其次，无期徒刑、死刑的重罪案件的被告人虽然不能适用简易程序，但如果其能够积极地认罪认罚，仍然可以通过减轻控诉机关取证、举证的难度以及缩短庭审及审判阶段的时间来降低诉讼时间的消耗，而且也能够在认罪认罚从宽制度下获得从宽量刑的机会。最后，无期徒刑、死刑案件属于重罪案件，现今我国无论是推进庭审实质

① 吴小军：《刑事案件快速处理程序改革进路与展望——兼论治安法院之设立》，载《法律适用》2019 年第 17 期。

化，还是探索案件繁简分流，其根本目的就是要保障重罪案件的审判质量，特别是要重点防范在重罪案件中出现重大冤错案件，那么，对重罪案件寻求程序上的简化就会与司法改革的方向背道而行。因此，基于对无期徒刑、死刑的重罪案件的审慎态度和重大冤错案件的严格防范，简易程序的适用范围不便也不应扩展至无期徒刑、死刑的重罪案件。

后者观点主要认为，独任制审判的简易程序和速裁程序的适用范围相互交叉，且从政策上要求优先适用速裁程序，分开实无必要，而且也不再为程序交叉后的选择适用而烦扰，更不会因为本应适用速裁程序审理的案件而因适用简易程序造成诉讼拖沓，变相侵犯被告人合法权益，同时也强制提升了速裁程序的适用率，故应将独任制审判的简易程序融入速裁程序。

笔者对此也持反对意见。首先，要明确的是这两个程序之间仍然是有区别的。如果被告人认罪却不认罚，即对量刑建议有异议，那么该案就只能适用简易程序处理；如果删去独任制审判的简易程序，那么被告人仅认罪的案件就无法适用简易程序审理，只能转而采用普通程序审理。这对于认罪的被告人是不公平的。其次，如果被告人既认罪又认罚，也不一定必然能适用速裁程序。因为根据现有简易程序和速裁程序适用范围的禁止性条款，如果被告人系未成年人，或者被告人与被害人或其法定代理人没有就附带民事诉讼赔偿等事项达成调解或和解协议的，即使被告人认罪认罚也不能适用速裁程序，但是可以适用简易程序。那么，如果删去独任制审判的简易程序，同样也会出现对认罪认罚的被告人不公平的对待。最后，简易程序整体改革的方向应当是多层次、精细化的，如果删去独任制审判的简易程序，会让本就单一的刑事诉讼审判体系更加单薄。因此，独任制审理的简易程序与速裁程序虽有交叉，但绝不能互相替代。

二、对简易程序适用范围的改革建议

上述讨论都是基于"刑罚要件"，但无论上延还是下融都很难再行突破。因此，想要进一步扩展现有适用范围，就不能只在刑罚要件上做文章，而是要对简易程序本身重新思考。

（一）探索速裁程序内部层次化，实现程序进一步分流

有学者认为，不宜过分夸大速裁程序中开庭审理的实质意义，可将符合一定条件的速裁案件精简为书面审理。① 同时，我国还可以借鉴德国处罚令程序、

---

① 林喜芬：《论刑事速裁程序的模型定位与配套制度之改革》，载《上海交通大学学报（哲学社会科学版）》2019 年第 3 期；琚明亮：《刑事速裁书面审的改革进路研判》，载《检察日报》2019 年 11 月 30 日第 3 版。

我国台湾地区简易程序的基本精神，将速裁程序继续划分为开庭审和书面审，通过二元化分层实现速裁程序适用范围的精细配置，进一步优化速裁案件的进阶分流，缓解法院的审判压力。而开庭审和书面审的分界点可以选择可能判处管制以及财产刑的案件，或者判处 1 年有期徒刑以下自由刑且宣告缓刑的，其根本就在于被告人不会被判处实刑，人身自由不会被完全剥夺。因为这类案件涉嫌的犯罪较轻，犯罪情节也相对轻微，同时又符合速裁程序其他要件的，可以直接采取书面审理。对此，速裁程序甚至还可以规定，上述刑罚要件的判断标准可以适用"宣告刑"而非"法定刑"。换言之，只要法官通过阅卷认为该案可能判处拘役以下刑罚或者财产刑的，均可以直接采取书面审理。此外，还要注意以下三点：一是对于适用速裁程序审理的案件是否采取书面审的决定权在于法院，法院对于符合书面审要件的案件依然有权开庭审理。二是法院一旦采用书面审理，就要受到书面审的刑期上限限制，不得判处实刑，否则必须开庭审理。三是采取书面审的案件，被告人必须接受过至少一次值班律师提供的法律帮助，且相关文书记录要附卷。

（二）明确规定被告人的程序选择权，而非适用程序的否决权

由于简易程序层次化将会越来越丰富，被告人作为刑事案件的追诉对象，不应当只是程序适用建议的被动接受者，而应是可以根据案件情况有主动处分自己的权利，即选择适用的程序。特别是被告人认罪认罚的，这种程序选择权更为重要。当然，法院也有权对被告人的程序选择申请予以否决，但必须说明理由。此外，被告人仍然保留对法院程序适用建议的否决权，但其后果是只能接受较为复杂的审理程序，而这一切都源于被告人自己的权利处分，即使后果可能是不利益的。值得注意的是，对于特别轻微的案件可以排除被告人的程序否定权以及程序选择权。例如，对于法院决定要采取书面审的速裁案件，因事实清楚、证据确实充分，开庭审理的实质意义不大，且被告人认罪认罚的本身即已默示放弃对程序适用的异议，也无须再享有该项选择权。

（三）重新调整适用范围中的禁止性规定

适用范围规定了多项禁止性规定，但有些规定要么不合理，要么没必要。

（1）删去对盲、聋、哑人和间歇性精神病人以及未成年被告人不适用速裁程序的禁止性规定，重新赋予他们享有同等程序改革福利的权利。盲、聋、哑人因生理上的缺陷不能自主、充分表达意愿，这是从充分保障其诉讼权利的角度决定对其禁止适用。但笔者认为这种缺陷完全可以通过配备相应的翻译人员加以解决，不能成为不适用的理由。在对间歇性精神病人的追诉中，如因其发病而延期审理或者中止诉讼，那么可以特别规定不计入诉讼期间。但对于不发病的、完全有能力参与诉讼的正常精神病人，就应当区别对待，不应一概地剥夺其程序适用的权利。对于已经认罪认罚的未成年被告人如果只是为了关护帮

教和法庭教育，完全可以在法庭最后陈述环节（甚至是刑罚执行中）进行。而法庭调查和法庭辩论本就是要解决事实、证据和法律适用问题，省去后不会对关护帮教和法庭教育有影响，况且因快速处理程序省去的羁押期间也能帮助被告人获得更轻的量刑，以牺牲更为从宽的机会换取审判过程的帮教有本末倒置之嫌。

（2）删除案件有重大社会影响的规定。一是因为社会影响的大小判断并没有一个客观准确的标准，难以把握，反而可能成为司法机关滥用程序选择权的根据。二是因为社会影响的大小本就不是一个纯粹的法律问题，对于一个被告人已经认罪认罚的轻罪案件，已经符合事实清楚，证据确实、充分的证明标准，仅仅因为社会影响而拖延诉讼，对被告人和被害人的权利保障都是不公平的。

（3）区别情况规定共同犯罪中部分被告人不认罪或者不认罚或者不同意适用简易或速裁程序。如果是不认罪或者不认罚或者不同意适用简易或速裁程序的被告人涉嫌犯罪轻微的，或者该被告人不认的部分事实、罪名、量刑建议本就是轻微犯罪的，本就是前述可以排除其程序选择权或程序否定权的情形。例如，甲乙两人涉嫌共同故意伤害（轻伤），后又共同盗窃人民币 1000 元，甲为主犯，乙为胁从犯，甲完全符合速裁程序的适用要件，而乙仅对盗窃事实持有异议，检察院对此的量刑建议仅为管制。根据现有法律规定该案显然不符合速裁程序适用条件，但乙持有异议的部分涉嫌犯罪情节轻微，量刑建议也较低（非实刑），那么对于这类共同犯罪案件公正应当让位于效率，依然可以适用速裁程序审理。

（4）删除因被告人与被害人没有就附带民事诉讼事项达成调解、和解协议的禁止性规定。正如前述，这种禁止性款项的设置不仅无法达到预设目的，反而难以实现程序分流的目的，而且早期调查问卷显示，在试点过程中就存在很大比例的实务部门人员对该项规定持反对态度。[①] 当然，删除未达成调解、和解协议的禁止性款项并非不再听取和尊重被害人意见。没有达成调解、和解协议，未获得被害人谅解的，虽然可以适用速裁程序，但被告人具体从宽幅度可能会减少。

上述改革建议仅限于现有简易程序内部的修补，但如想获得更好的程序分流效果，就需要在简易程序和速裁程序之外创设更为简捷的快速处理程序。综观域外立法的相关规定，刑事案件快速处理程序多为三种而设，甚至有些国家设置得更多。相比之下，我国的简易程序虽已增设速裁程序，但层次仍然单薄。

---

① 文中表 2 显示：认为"没有达成调解和解协议"的规定没有必要的，法官占 28.96%，检察官占 38.35%，律师占 32.24%，警察占 19.64%。引自李本森，《刑事速裁程序试点研究报告——基于 18 个试点城市的调查问卷分析》，载《法学家》2018 年第 1 期。

此外，简易程序不应只是刑事简易审判程序，我国还要积极探索从审判阶段到审前阶段的扩展适用，可以借鉴德国的审前司法协商制度，以寻求对我国不起诉制度的整合修改，使不起诉真正成为审前阶段程序分流的重要制度。总之，我国简易程序适用范围还需要进一步扩大，以此来推动我国繁简分流机制的良性运转，继续缓解人案矛盾的巨大压力，从而确保庭审实质化改革的有效推进和贯彻落实。

第七章
刑事简易程序证明标准研究

我国 1996 年《刑事诉讼法》第一次确立了简易程序，2012 年《刑事诉讼法》扩大了简易程序的适用范围，立法中的制度变化引起了学界对简易程序的广泛关注。2014 年以后，速裁程序、认罪认罚从宽制度等改革逐步推行，2018 年《刑事诉讼法》再次修改，将速裁程序和认罪认罚从宽制度纳入其中。至此，我国刑事案件审理程序形成了速裁程序、简易程序、不认罪普通程序"三足鼎立"的格局。其中，速裁程序案件和简易程序案件都属于认罪认罚的案件。伴随着认罪认罚从宽制度和速裁程序到来的是学界对于其中证明标准的激烈讨论。"事实清楚，证据确实、充分"适用于所有刑事案件，虽然有助于保证公正的实现，杜绝冤假错案的产生，但是也牺牲了简易程序、速裁程序的效率价值。简易程序、速裁程序在简无可简的境地下，诉讼效率仍然难以显著提升，这实际质疑了所有简化程序存在的意义。从另一个角度考虑，证明标准是否存在一定差异化的适用空间：在保证公正的前提下，通过与普通程序适用不同的证明标准来提高诉讼效率。

第一节 刑事简易程序证明标准概述

一、相关概念

（一）刑事证明

证明是人类社会中经常进行的一项活动，通常包括生活中的证明、自然科学领域的证明及社会科学领域中的证明。就其通常含义而言，证明是指"用可靠的材料来表明或断定人或事物的真实性"①。而作为社会科学领域中的一种证明，刑事证明是一个具有特定法律含义的术语。所谓刑事证明，是指"司法机

---

① 中国社会科学院语言研究所词典编辑室：《现代汉语词典》（第7版），商务印书馆，第1673页。

关或当事人依法运用证据阐明或确定案件事实的诉讼活动"①。作为一种具体的诉讼活动，刑事证明受到刑事诉讼法律规范和证据制度的严格约束，并承担着一系列的法律价值，它不仅要遵循一般认识规律，还要体现司法规律和特点，以保障案件事实的准确认定，为公正、高效、权威的司法奠定坚实的基础。具体而言，相较于自然科学证明和其他社会证明，刑事证明具有如下特征：

第一，从证明目的的角度看，刑事证明与自然科学证明和其他社会证明存在很大区别。自然科学证明和其他的一般社会证明旨在探寻、发现、揭示、解释自然界或社会领域中客观存在的现象或规律，或者说是为了证明客观真理。而刑事证明的目的在于查明案件全部事实真相。由于刑事案件往往曲折复杂，再加上证据材料只有经过反复收集、审查和判断才能最终查证属实以及司法人员主观认识的有限性，刑事案件的事实真相往往不可能完全彻底地暴露出来。因此，刑事证明所查明的事实真相实际上是法律所认可的真实，而非绝对的客观真实。

第二，刑事证明是一种回溯性证明。刑事证明的对象是已经发生的不可重现的案件事实，这种事实无法通过科学实验的手段加以证明，司法人员只能运用证据依靠经验法则和逻辑规则进行推理，从而尽可能地追溯案件事实，以期"往日重现"。然而，这种"重现"结果正确与否无法通过科学技术上的实证方法加以验证，只能靠时间加以检验。

第三，刑事证明要受到诉讼法律和证据规则的约束与调整。刑事证明作为一种具体的诉讼行为，不仅要遵循逻辑和经验法则，还必须遵循刑事诉讼法律规范和证据规则，以体现程序正义的法律价值。例如，办案人员在进行调查取证时必须按照法定程序进行，如若采取刑讯逼供等非法方法获取证据，这些"证据"也将因为程序违法而丧失证据能力，从而无法作为定案的依据。

在证据法学理论上，依据对证明程度和方法的不同要求，可将证明区分为严格证明和自由证明。严格证明的概念最早由德国学者迪恩茨于 1926 年提出，之后由德国传至日本以及我国台湾地区，并在学说和判例中得到发展。② 根据日本学者田口守一的定义，"用有证据能力的证据并且经过正式的证据调查程序作出的证明，叫严格的证明；其他的证明，叫自由的证明"③。我国台湾学者林钰雄认为，所谓严格证明法则就是一种严格形式性条款，即探知证据要用什么样的证据方法、什么样的证据方法必须使用什么样的调查程序作限定，所以我们把它们叫作双重的形式性。我国台湾学者杨云骅进一步指出，所谓严格证明，关键点就是"严格"两个字，它"严格"在三大部分：证据种类决定的严格

---

① 巫宇苏：《证据学》，群众出版社 1987 年版，第 77 页。

② 闵春雷：《严格证明与自由证明新探》，载《中外法学》2016 年第 5 期。

③ ［日］田口守一：《刑事诉讼法》，刘迪等译，法律出版社 2000 年版，第 219-221 页。

性，调查程序的严格性，有罪判决中心证据程度的严格性。①

实际上，证明标准的不同是区分严格证明与自由证明的重要考量因素。由于严格证明依据具有法定证据形式及证据能力的证据进行证明，且经由法庭进行的举证、质证等证据调查程序，故应该达到也能够达到排除合理怀疑的证明标准。反之，由于自由证明不受上述两项条件的限制，其证明标准必然会受到影响，即很难达到排除合理怀疑的证明标准。易言之，不同的证明根据与证明程序决定了两种证明方法在证明标准上的差异，自由证明通常不必达到排除合理怀疑的证明标准，司法实践中对被告方主张的有利于己的事实的证明通常只需达到优势证据的标准即可。②

有学者论述道，考虑到速裁程序中不再进行法庭调查与法庭辩论程序，法院未经证据能力审查程序且未经开庭程序就形成心证，因此解除了严格证明对于犯罪事实的心证形成过程的严格限制。速裁程序的事实证明并不要求过高的证明标准，严格证明所要求的"内心确信"已经悄然消解。③ 也有学者在考量认罪认罚从宽制度时提到，对于被告人认罪认罚的案件，在坚持证明标准不降低的前提下，可以在不同程序中适用不同程度的证明形式。对于速裁程序而言，由于涉及的案情较轻，并且速裁程序以追求效率为主，省略了法庭调查和法庭辩论，因此，对于证明形式可不作要求。对于简易程序而言，由于涉及的案情已经超出轻罪的范围，但是由于被告人已经认罪认罚，控辩双方的对抗已经不存在，因此，可采用自由证明的形式，实现公正和效率的平衡。而对于被告人认罪认罚的适用普通程序审理的案件，由于涉及的案情较为严重，即使被告人认罪认罚，出于保障被告人权利的考虑，还应该适用严格证明法则，贯彻直接言词原则，严格执行证据调查规则。④

（二）证明标准

刑事诉讼中的证明标准，在当事人主义和职权主义下有不同的含义。在当事人主义刑事诉讼中，证明标准意为负有证明责任的一方当事人履行证明责任所应当达到的程度，若达不到这一程度，则负证明责任的一方当事人败诉。例如，在英美刑事诉讼中，控方对所指控的犯罪的每一要件均须当庭举证证明达到排除合理怀疑的程度，若控方的举证达不到这一程度，那么，事实裁判者应当依法宣告被告人无罪。

① 林钰雄、杨云骅、赖浩敏：《严格证明的映射：自由证明法则及其运用》，载《国家检察官学院学报》2007年第5期。
② 闵春雷：《严格证明与自由证明新探》，载《中外法学》2016年第5期。
③ 欧卫安：《论刑事速裁程序不适用严格证明——以哈贝马斯的交往共识论为分析的视角》，载《政法论坛》2018年第2期。
④ 樊崇义：《认罪认罚从宽与自由证明》，载《人民法治》2017年第6期。

而在职权主义刑事诉讼中，证明标准意指法官按照严格证明的法则对全案证据进行调查之后，认定被告人有罪时所应当达到的心证状态。达不到应有的心证状态时，法官就应当依据"存疑时有利于被告"的原则作出对被告人有利的裁判。例如，在法国、德国等职权主义国家的刑事诉讼中，法院判决所依据的事实并不适用证明责任制度，而是由法官依职权对相关公诉犯罪事实进行调查，然后根据基于法庭审理的全部结果而形成的心证进行裁判。如果法官最终确定无疑地相信被告人有罪，则作出有罪判决；如果根据全案审理结果不能形成有罪的内心确信，则应当宣告被告人无罪。

我国的刑事诉讼制度虽倾向于职权主义，但我国学界对证明标准的定义，侧重从证明责任的角度进行，其中具有代表性的有：（1）证明标准"是指诉讼中对案件事实等待证事项的证明所须达到的要求，也就是说，承担证明责任的诉讼主体提出证据进行证明应达到何种程度方能确认待证事实的真伪，从而卸除其证明责任"①。（2）刑事证明标准"是指在刑事诉讼中负担证明责任的主体利用证据对争议事实或案件事实加以证明所要达到的程度"②。（3）证明标准"又称证明要求、证明任务，是指要求承担证明责任的人提供证据对案件事实加以证明所要达到的程度"③。（4）刑事诉讼中的证明标准"又称证明要求，是指公安、司法工作人员运用证据证明案件事实应达到的程度，即证据达到什么程度，方可进行某种诉讼活动或者作出某种结论，其证明责任方告解除"④。（5）所谓证明标准"是指承担证明责任的一方提出证据论证待证事实存在的可信程度，也就是裁判者对待证事实的真实性和可靠性所达到的内心确信程度"⑤。

可见，证明标准与证明责任具有高度密切的联系，它们在本质上是从不同角度对同一个诉讼现象进行考察所得出的一体两面的概念。诚如有学者所言："证明责任是从诉讼主体角度观察的证明标准，实质上是证明标准的主体化；证明标准是从诉讼客体角度观察的证明责任，实质上是证明责任的客体化。二者互相配合，形影相随。"⑥

2018年《刑事诉讼法》第55条规定："对一切案件的判处都要重证据，重调查研究，不轻信口供。只有被告人供述，没有其他证据的，不能认定被告人有罪和处以刑罚；没有被告人供述，证据确实、充分的，可以认定被告人有罪和处以刑罚。证据确实、充分，应当符合以下条件：（一）定罪量刑的事实都

① 龙宗智：《我国刑事诉讼的证明标准》，载《法学研究》1996年第6期。
② 李学宽、汪海燕、张小玲：《论刑事证明标准及其层次性》，载《中国法学》2001年第5期。
③ 樊崇义：《证据法学》，法律出版社2008年版，第308页。
④ 陈卫东：《反思与建构：刑事证据的中国问题研究》，载《法学家》2015年第1期。
⑤ 陈瑞华：《刑事证据法学》，北京大学出版社2013年版，第218页。
⑥ 汤维建、陈开欣：《试论英美证据法上的刑事证明标准》，载《政法论坛》1993年第4期。

有证据证明；（二）据以定案的证据均经法定程序查证属实；（三）综合全案证据，对所认定事实已排除合理怀疑。"基于此条规定，"证据确实、充分"即为我国刑事案件的证明标准，此点已得到学界普遍认可。然而，在公正与效率的法律价值冲突下，简易程序的证明标准是否应严格遵循"证据确实、充分"这一问题，引发了学界的激烈交锋。

二、简易程序证明标准的相关理论

我国诉讼法学界过去受苏联和东欧的影响，长期以来一直坚持"客观真实说"，认为"按照完整的辩证唯物主义认识论，在终极意义上，案件事实是可以认识的，诉讼制度应以发现案件事实为基本目标"[1]。"任何国家的法院在审判中都要求实现公正裁判，这一点应当是不容置疑的，这就必然要求通过诉讼活动尽可能地查明案件客观事实。"[2] 因此，"在刑事诉讼中有罪定案决定、裁判所依据的事实，务必要做到犯罪事实清楚，证据确实、充分，达到客观真实，否则一定要进行补正或纠正"[3]。

然而，越来越多的学者逐渐认识到"客观真实是一种司法理想模式，其实用性、操作性差，不能真正解决诉讼证明中的问题"[4]。加上诉讼价值多元化思想的兴起，不断有学者提出应实行多元化、层次化、具有差异性的证明标准，以适应不同的诉讼价值追求。

而简易程序作为案件繁简分流、提高诉讼效率的产物，不少学者便主张对其实行差异化的证明标准。随着速裁程序的推行，学界就能否实行较为宽松的证明标准这一问题进行了激烈的讨论。具体而言，目前学界对简易程序的证明标准总体上有两种不同的观点：一是"证明标准同一说"，即简易程序和速裁程序应当维持"事实清楚，证据确实、充分"的证明标准；二是"证明标准差异说"，即认为简易程序、速裁程序的证明标准应当较普通程序有所差异，以匹配简易程序、速裁程序的特殊程序价值。

（一）证明标准同一说

坚持证明标准同一说的观点主要从体系解释的角度加以阐述，认为《刑事诉讼法》及其司法解释没有对简易程序和速裁程序的证明标准进行特别规定，而从整个法律体系来看，《刑事诉讼法》第55条位于第一编"总则"之下，作为总则性的规定，该条规定的"证据确实、充分"就应当适用全部的诉讼程

---

① 江伟、吴泽勇：《证据法若干基本问题的法哲学分析》，载《中国法学》2002年第1期。
② 张永泉：《客观真实价值观是证据制度的灵魂——对法律真实观的反思》，载《法学评论》2012年第1期。
③ 刘金友：《客观真实与内心确信——谈我国诉讼证明的标准》，载《政法论坛》2001年第6期。
④ 樊崇义：《客观真实管见——兼论刑事诉讼证明标准》，载《中国法学》2000年第1期。

序。因此，程序的简化并不意味着证明标准的宽松。① 此外，在论及认罪认罚从宽制度时，有学者认为如果降低证明标准将导致对客观真实原则的冲击，实质是对"疑罪从轻"的合法化导致"口供中心主义"的回归等。②

1. 证明负担减轻说（程序简化说）（坚持）

证明负担减轻说主张"案件事实清楚，证据确实、充分"的证明标准仍须坚持，但控方的证明责任发生变化，具体表现在控方审查起诉，准备公诉活动，参与庭审举证、质证等方面的负担可得到减轻。

2. 证明方式转变说（坚持）

主张证明方式转变说的学者认为认罪认罚案件的证明标准不应降低，但在证明标准不降低的前提下，在证明模式和方法上，无须采用严格证明，可适用自由证明的证明模式和方法，从而提高诉讼效率、推动诉讼改革。③

（二）证明标准差异说

1. 证明标准适当降低说

由于被告人认罪，部分学者明确主张，在简易程序、速裁程序中，证明标准应予适当降低。"从因果关系看，认罪是程序简化的原因，也是简易程序中证明标准适当降低的主要原因"，从而"在简易程序中对被告人定罪事实证明所要达到的确信程度可适当低于普通程序所要求的排除合理怀疑"。具体而言，该"证明标准适当降低说"主要包括三部分内容：一是被告人认罪须有相应证据佐证；二是对认罪事实基础的审查，法官可不必受限于直接言词原则而只对卷宗材料予以书面审查即可；三是对被告人定罪的证明标准可适当低于"排除合理怀疑"。④

2. 定罪量刑区分说

主张该学说的学者认为在讨论证明标准问题时，需将犯罪事实和量刑事实的证明问题作区分：对于公诉方指控的犯罪事实只能继续维持事实清楚，证据确实、充分的证明标准。因为基于无罪推定原则和实质真实原则在认罪案件中继续发挥作用，避免冤假错案的诉讼目标也不容回避。但为了吸引更多的被告人认罪认罚，同意适用简易程序，检察官对量刑事实的证明则不必达到法定的最高标准，以促使案件得到快速处理，提高诉讼效率，实现司法资源的合理配置。⑤

---

① 谢登科：《论刑事简易程序中的证明标准》，载《当代法学》2015 年第 3 期。
② 蔡元培：《认罪认罚案件不能降低证明标准》，载《检察日报》2016 年 6 月 13 日第 3 版。
③ 樊崇义、李思远：《认罪认罚从宽制度的理论反思与改革前瞻》，载《华东政法大学学报》2017 年第 4 期。
④ 谢登科：《论刑事简易程序中的证明标准》，载《当代法学》2015 年第 3 期。
⑤ 陈瑞华：《认罪认罚从宽制度的若干争议问题》，载《中国法学》2017 年第 1 期。

3. 证明对象限定说

该说认为"案件事实清楚，证据确实、充分"的证明标准应予坚持，但将此最高证明标准的证明对象限定为"影响被告人定罪量刑的主要犯罪事实和情节"和"能够证明案件基本事实存在的证据"。即只要"基本事实"清楚，"基本证据"确实、充分，便可以视为达到了《刑事诉讼法》所要求的证明标准。[①]

4. 重罪轻罪区分说

重罪轻罪区分说，是指受限于人类主观认识的有限性，司法人员不可能查清全部犯罪事实，也不可能收集到所有的证据，因此，刑事政策不能要求查清全部犯罪事实，对普通案件一般只要达到基本事实清楚，基本证据确实、充分的证明标准即可，但可以根据认罪与否、刑罚轻重分层次加以把握，如死刑案件即要运用最严格的证明标准，应把握得高一点、严一点。[②]

5. 证明标准隐形降低说

主张该观点的学者认为我国《刑事诉讼法》规定的"证据确实、充分"的证明标准包括三个必备要素：一是实体条件，即与定罪量刑有关的事实均有证据证明。二是程序条件，即用以证明"与定罪量刑有关的事实"之证据，均经法定程序查证属实。三是心证条件，即"排除合理怀疑"。其中，实体条件和心证条件均不存在放宽或降低的可能性，否则会突破刑事诉讼的基本底线。因此，只能寻求程序要件的放宽，即认罪认罚案件之证据调查程序的严格性可作一定程度的降低，从而达到证明标准的隐形降低。[③]

第二节　比较法视野下的刑事简易程序证明标准

一、普通法系国家的简易程序证明标准

美国是普通法国家的代表，辩诉交易为其主要的刑事简易结案模式。所谓辩诉交易，是指刑事被告人就较轻的罪名或者数项指控中的一项或几项作出有罪答辩以换取检察官的让步，通常是被告人和检察官之间经过协商达成协议以获得较轻的判决或者撤销其他指控。[④]

依据交易的内容，辩诉交易可分为指控交易和刑罚交易两种基本模式。指控交易，是指检察官以降低指控罪名或减少指控罪名来获得被告人的有罪答辩；

---

① 陈光中、马康：《认罪认罚从宽制度若干问题探讨》，载《法学》2016年第8期。
② 朱孝清：《认罪认罚从宽制度的几个问题》，载《法治研究》2016年第5期。
③ 孙远：《论认罪认罚案件的证明标准》，载《法律适用》2016年第11期。
④ Bryan A. Garner, Black's Law Dictionary［M］. 5th Edition：Thomoson business. 1190.

刑罚交易，则是指检察官以减轻刑罚来换取被告人的有罪答辩。辩诉交易在美国的适用范围非常广泛，90％以上的刑事案件都通过辩诉交易解决，这90％以上的案件无须经过陪审团的审理，不受直接言词原则的约束，审理的重点在于量刑，因此，证据裁判原则和一系列证据规则在这里并未得到遵守。① 由于在被告辩诉交易的地方根本不会发生审判，"有罪答辩并不仅仅是被告人对其承认指控罪行所作的供述，其本身就是一种定罪"②，辩诉交易制度表现出对定罪有关的证据事实调查和核实的轻视。

早期的美国刑事司法制度并未要求法院审查辩诉交易中的有罪答辩是否具备事实基础。为了维护公共利益、在公正与效率之间寻求更好的平衡，1966年美国《联邦刑事诉讼规则》第11条作出了修正，明确规定了：法院在接受被告人的有罪答辩之前，要确信被告人的认罪是否自愿、明知、明智，是否是在威胁、强迫下作出的；法院还要审查被告人是否了解其认罪的罪行和所放弃的权利；在对认罪答辩作出判决之前，法院必须确定认罪答辩有事实基础。③ 一般情况下，法院通过对被告人和检察官的询问，或者通过对检察官的报告进行书面审查等方式来调查事实基础。对于个案中的事实基础如何审查及所要达到的证明标准，《联邦刑事诉讼规则》中并未明确。

在1970年的阿尔佛德案件中，美国联邦最高法院明确了有罪答辩的事实基础必须存在"有力证据"。在该案中，被告人阿尔佛德在提审时作了有罪答辩，然而他在后来的庭审中翻供，称其并没有犯罪，一开始的认罪是为了避免被判处死刑而迫不得已作出的选择。然而，法院最终仍然接受了阿尔佛德在不认罪情况下的有罪答辩。在阿尔佛德案中，美国联邦最高法院认为，如果辩诉交易的案卷材料中包含了被告人有罪的"有力证据"，那么即使被告人主张无罪，法院仍然可以采纳有罪答辩，从而判决其有罪。

在阿尔佛德案中，法院对于事实基础的认定，存在"有力证据""压倒性证据"，而没有出现"排除合理怀疑"。该案当中，法院在接受有罪答辩之前仅仅听取了一个警察和两名证人的宣誓作证。这种证言显然并不能直接证明阿尔佛德实施了犯罪行为，而该案中的"有力证据"和"压倒性证据"显然并未达到"排除合理怀疑"的证明程度。

因此，通过该判例，辩诉交易中审查有罪答辩的事实基础所需达到的证明标准得以确立，即并不要求有罪答辩的事实基础达到"排除合理怀疑"的证明

---

① ［美］安吉娜·J.戴维斯：《专横的正义：美国检察官的权力》，李昌林、陈川陵译，中国法制出版社2012年版，第45页。

② 杜以静：《刑事简易程序定罪证明标准研究》，载《四川理工学院学报（社会科学版）》2016年第4期。

③ Federal Rules of Criminal Procedures 11（c-f）.

标准，仅仅要求存在"有力证据"。这里的"有力证据"与"优势证据"仅一纸之隔。[①]

二、大陆法系国家的简易程序证明标准

德国是大陆法国家的代表。正如我国当前面临的问题一样，德国一直以来也面临着犯罪剧增、刑事司法体制负担过重的问题。自 20 世纪 70 年代开始，为简化刑事诉讼程序、减轻司法压力，协商性司法逐渐出现在德国刑事司法体制中。起初这种协商性司法仅仅限定在较小的范围内适用，而且主要是适用于一些轻微犯罪的例外案件。之后，在白领犯罪、经济犯罪、毒品犯罪以及环境犯罪等案件中，由于案情复杂、举证困难、证明难度高，协商性司法不可避免地被运用到其中。德国协商性司法被认为是从司法实践中"走出来的"，其在实践中的广泛应用迫使德国联邦最高法院、德国立法机关以及德国联邦宪法法院通过立法及判决的形式确认了协商性司法的合宪性并对其进行了规制。

德国的协商性司法主要包括三种程序：不起诉协商、认罪协商和刑事处罚令协商。不起诉协商是检察官不对案件进行起诉，但必须符合以下条件：第一，案件类型是较轻微的刑事犯罪；第二，被告人履行一定的义务，如对公益设施进行捐款或者承担一定的赡养义务，即为社会作贡献才能免除对其进行刑事处罚；第三，必须经过法官同意，即要符合法律规定的不起诉条件。该类履行给付义务而终结诉讼程序的案件最有名的是德国前总理科尔挪用政党资金案及网球巨星格拉芙偷税案。为避免起诉、法庭公审，上述案件中的两名被告分别支付了 30 万马克和 100 万马克，从而终结诉讼程序。[②]

认罪协商的情况较为复杂，分为审判前协商和审判中协商。审判前协商，是指检察官与被告人的协商，通常情况下是减少指控罪名或者减轻量刑。德国不存在美国辩诉交易中降格指控罪名的做法，即不能把严重的犯罪指控为较轻的犯罪。协商的前提是被告人在审判中承认检察官的指控。审判中协商是法官与被告人的协商。因为德国法律要求查明案件真相，对定罪的标准也较为严格，即使被告人犯罪，如果对其定罪的证据存在瑕疵，案件通常也会拖很长时间还判不下来。这时法官会与被告人协商，如果被告人选择认罪，则法庭会给予一定的从轻处罚，其目的是提高司法效率，减少不必要的诉累。

刑事处罚令协商是一种简易的书面审理程序。这种犯罪介于不起诉协商和认罪协商之间，既不能对被告人免予起诉，又不必进行审判浪费时间，于是就

---

① 李勇：《证明标准的差异化问题研究——从认罪认罚从宽制度说起》，载《法治现代化研究》2017 年第 3 期。

② 陈光中、［德］汉斯-约格·阿尔布莱希特：《中德不起诉制度比较研究》，中国检察出版社 2002 年版，第 176 页。

有了刑事处罚令协商。这种程序要求被告人提出，检察官向法院提交刑事命令申请，法官决定是否批准。如果法官同意检察官的申请，被告人会被判处罚金、监禁的缓刑、一年以下的监禁或者禁止驾驶。从某种程度上说，刑事处罚令程序简化了诉讼步骤，加快了对被告人的处罚节奏，同时也减轻了被告人诉讼的负担。

德国刑事诉讼的重要特征在于职权主义的诉讼模式，它要求法官承担起查明事实真相的责任。在《德国刑事诉讼法》中，法官有收集所有的必要证据来调查案件事实的职责。法官有时会主动调查取证，有时会由一方当事人申请调查取证。通常情况下，法官对调查取证起主导作用。而协商性司法的兴起无疑会使刑事司法实践的重点从对真相的探求转向对效率的考虑。例如，在德国的审判过程中，讯问被告人程序在询问证人与调查其他证据之前进行，当被告人在对其讯问程序中自白犯罪时，法官只需调查部分相关证据以确定该自白具有事实依据，即可结束案件审理程序。① 可见，德国的协商性司法不可能严格固守传统的"内心确信"的证明标准，否则与其设置初衷相悖，人财物耗费将大幅提升，甚至造成案件处理陷入僵局。在协商性司法下法官作出的判决，不是建立在努力查明事实真相的基础上，而是基于假定的案件事实和被告人对这种处理的认可上。② 粗犷简略的审查模式，大大削弱了对证据的证据能力以及证明力的要求，有时甚至依赖口供定案，是无法形成普通程序中严格的"内心确信"标准的。这种协商性司法从实践中发展而来，符合实践中处理案件的现实需求，随着其兴起，德国认罪案件证明标准亦朝着适应这一司法实践的方向发展而有所放松。

三、对两大法系简易程序证明标准的评析

从美国和德国认罪案件证明标准的历史发展过程中可以看出，二者既存在差异又存在共性。美国辩诉交易案件和德国协商性司法案件的证明标准的差异根植于两国截然不同的诉讼构造。美国刑事司法实行当事人主义的诉讼构造，当事人承担调查案件事实的责任，法官则根据查明的案件事实居中裁判。因此，美国辩诉交易案件经历了从早期只对被告人有罪答辩的自愿性进行审查，到后来既审查有罪答辩自愿性又审查事实基础的历史发展过程。而德国实行职权主义的诉讼构造，法官承担着发现实质真实的责任，而且为了能够对实践中的协商性案件进行有效控制，《德国刑事诉讼法》和德国联邦最高法院、宪法法院

① ［德］约阿希姆·赫尔曼：《协商性司法——德国刑事程序中的辩诉交易》，程雷译，载《中国刑事法杂志》2004 年第 2 期。
② ［德］托马斯·魏根特：《德国刑事诉讼程序》，岳礼玲、温小洁译，中国政法大学出版社 2004年版，第 166 页。

反复明确，法官发现案件事实的责任不因被告人认罪而减小，对协商性案件的证明标准提出了高要求。但是，在德国司法实践中，协商性司法的兴起造成了证明标准立法与司法实践的分离。法官在处理认罪案件时使用的证明标准普遍低于不认罪案件。从总体上看，德国协商性案件的证明标准低于传统的"内心确信"证明标准。

德国协商性司法制度的产生除了受其本国内部司法环境改变的影响之外，还很大程度上借鉴了美国辩诉交易制度，可以说是德式辩诉交易①。因此，两国认罪案件的证明标准除了存在差异以外还存在着一定的共性：

首先，为了案件的公正审判和被告人权利的保障，无论是实行当事人主义的美国还是实行职权主义的德国，都要求对认罪案件进行审查，不能仅依据被告人的有罪供述而对其定罪量刑。其中，审查既包括对被告人认罪自愿性的审查，也包括对除被告人供述外的其他影响定罪量刑的案件事实基础的审查。

其次，相较于被告人不认罪的案件，被告人认罪案件的证明标准可适度降低。美国辩诉交易案件中不适用"排除合理怀疑"的严格证明标准，如果有罪答辩的事实基础存在"有力证据"即认可达到了法定的证明标准，可据此对被告人进行定罪量刑。而德国的协商性司法制度不仅适用于轻微的刑事案件，还适用于白领犯罪、经济犯罪以及毒品犯罪等取证困难、证明难度高的刑事案件。将协商性司法引入这类案件的初衷就是获得被告人有罪供述而降低证明难度和缓解办案压力，因此，在保障认罪协商自愿和公开的基础上，允许法官只对部分证据进行调查以确定被告人的认罪具有事实依据，便可终结案件的审理。

再次，在证明标准进行适度降低的同时，德国和美国刑事司法都制定了相应的保障制度，以维护审判的公正性、保护被告人的权利。第一，在美国和德国的认罪案件中，辩护律师都发挥着重要作用，被告人的辩护权都得到了充分的保障。被告人在作出有罪答辩或认罪供述时，如能得到律师的指导和帮助，能有效地保障被告人认罪的自愿性并对司法机构形成监督。而且美国还设置了有效辩护制度，对律师的辩护质量提出了要求，当事人可因辩护律师的无效辩护而得到司法救济。第二，美德两国的刑事司法对被告人在认罪案件中的告知权都进行了充分的保障。被告人在作出有罪答辩或认罪供述之前，可以通过阅卷或证据开示，了解控方指控犯罪所依据的主要证据或全部证据，而且法官须在法庭上将被告人享有的诉讼权利、案件指控性质以及法律后果全面告知被告人。② 此外，法院还要在发现新的事实与证据时将背离协商的可能充分告知被告人。第三，充分保障被告人不被强迫自证其罪的权利。辩诉交易和协商性司

---

① 李本森：《我国刑事案件速裁程序研究——中美德刑事案件快速审理程序之比较》，载《环球法律评论》2015年第2期。

② 孙永长：《认罪认罚案件的证明标准》，载《法学研究》2018年第1期。

法中被告人的认罪只限于被告人在法庭上公开进行的认罪。在开庭审理前的认罪不能作为影响定罪量刑的有罪答辩或有罪供述使用，并且被告人在从侦查到审判的整个诉讼过程中都有保持沉默的权利。这能有效避免侦查机关为获得犯罪嫌疑人的有罪答辩或供述而对其诱导或刑讯逼供。

最后，美国和德国刑事司法均规定，当最后无法达成协议时，被告人在协商阶段的有罪答辩或供述不能在之后的诉讼中作为认定被告人有罪的证据使用。对于我国刑事案件速裁程序的完善而言，比较美国的辩诉交易审理方式和德国的协商性司法模式，显然美国的辩诉交易审理方式更具有借鉴价值：第一，美国辩诉交易制度的发展历史比较长，德国协商性司法制度不仅历史短，而且很大程度上借鉴了美国辩诉交易制度，也可以说是德式辩诉交易。第二，德式辩诉交易审理方式虽然比较简化，但是仍然保留了庭审的实质性内容，这和德国传统的纠问式诉讼模式有着密切关系。而美国具有抗辩式诉讼传统，特别强调控辩双方的意思自治，因此更加强调控辩协商，法庭审理的形式化色彩比起德国更加浓厚。第三，我国刑事案件速裁程序和美国辩诉交易制度在技术设计上更相近，特别强调被告人的自愿认罪和程序选择权，以及尊重检察官的量刑建议权。因此，在审理方式上，虽然形式上与德国类似，但是本质上更接近美式辩诉交易制度。从审理方式和技术层面借鉴的角度看，美国的辩诉交易制度，特别是其有关审理的技术性、法庭程式设计等方面，对我国刑事案件速裁程序的完善更具借鉴和参考价值。①

第三节　我国刑事简易程序证明标准的实然考察

一、我国简易程序证明标准的立法现状

我国 1979 年《刑事诉讼法》并没有对认罪案件和不认罪案件作出区分，二者适用同样的诉讼程序。随着我国社会主义市场经济的建立、社会主义民主和法制建设的不断发展，以及社会情势尤其是犯罪和与犯罪作斗争的形势不断发生变化，在 1996 年我国对《刑事诉讼法》进行了第一次修改。修改后的《刑事诉讼法》在第三编第二章第三节，一共用 6 条规定了简易程序，这也是立法上首次对简易程序的确立。

简易程序的初次规定内容简单，细节不明确，无法满足现实案件审理的需

---

① 李本森：《我国刑事案件速裁程序研究与美德刑事案件快速审理程序之比较》，载《环球法律评论》2015 年第 2 期。

要。为改变这一现状，2003 年，最高人民法院与最高人民检察院联合司法部制定并颁布了《关于适用简易程序审理公诉案件的若干意见》（以下简称《若干意见》）以及《关于适用普通程序审理"被告人认罪案件"的若干意见（试行）》（以下简称《简化审意见》），进一步细化了简易程序，使其具有更强的可操作性，并创设了普通程序简化审的审判程序。此次的简易程序在一定程度上增加了被告人在刑事诉讼中的选择权，并且鼓励被告人认罪。随着社会的发展，以及民主法制的不断推进，《刑事诉讼法》的缺陷和不足越来越明显，越来越无法适应人们对司法公正的追求，一些问题也不断暴露出来。为了解决 1996 年《刑事诉讼法》中存在的问题，我国于 2012 年修改了《刑事诉讼法》并于 2013 年正式实施。2012 年《刑事诉讼法》更加符合我国国情和建设社会主义法治国家的需要，进一步保证了公民的诉讼权利。2012 年《刑事诉讼法》对简易程序也进行了修改，扩大了简易程序的适用范围，取消了以往适用简易程序对刑罚年限的限制；扩大了被告人的权利，被告人在简易程序的适用中享有选择权，可以选择适用或者不适用简易程序，明确规定了公诉人员必须在简易程序中出庭。

　　然而，随着劳动教养制度的废除，大量的轻罪被纳入刑事司法，导致检察院、法院的办案数量大幅增长，法官员额制的改革更使一线办案法官人数较之前减少。尽管 2012 年《刑事诉讼法》扩大了简易程序的适用案件范围，但由于其对程序的简化幅度并不明显，很难从根本上解决实践中案多人少的问题。在此背景下，认罪认罚从宽制度和速裁程序应运而生。

　　2014 年 6 月，第十二届全国人大常委会第九次会议通过了《关于授权最高人民法院、最高人民检察院在部分地区开展刑事案件速裁程序试点工作的决定》。2016 年 7 月，中央全面深化改革领导小组第二十六次会议审议通过了《关于认罪认罚从宽制度改革试点方案》（以下简称《认罪认罚从宽试点方案》）。2016 年 8 月，根据第十二届全国人大常委会的授权，最高人民法院、最高人民检察院会同公安部、司法部联合下发《关于在部分地区开展刑事案件速裁程序试点工作办法》（以下简称《速裁办法》），正式在全国 18 个城市开展刑事案件速裁程序试点。2016 年 9 月，第十二届全国人大常委会第二十二次会议通过决定，授权最高人民法院、最高人民检察院在前述地区开展刑事案件认罪认罚从宽制度试点工作，速裁程序试点纳入其中继续试行。速裁程序在试行中取得了一定的成效，也证明这项制度是适用于我国现阶段的必然选择。2016 年 11 月，最高人民法院、最高人民检察院、公安部、国家安全部、司法部联合印发了《关于在部分地区开展刑事案件认罪认罚从宽制度试点工作的办法》（以下简称《认罪认罚从宽试点办法》），认罪认罚从宽试点工作正式启动。2017 年 2 月 17 日，最高人民法院《关于全面推进以审判为中心的刑事诉讼制度改革的实施意见》中再次强调，要"完善繁简分流机制，优化司法资源配置"，"要求推进速裁程序改革，逐步扩大速裁程序适用范围，完善速裁程序运行机制"。2018 年 7 月 24 日，在全面深化司法体制改革推进会上，中央政法委要求"完善速裁程序、简易程序，推动轻重分离、快慢分道，构建起中国特色轻罪诉讼制度体系"①。2018 年 10 月 26 日，十三届全国人大常委会第六次会议通过《关于修改〈中华人民共和国刑事诉讼法〉的决定》，系统吸纳了试点经验，确立了认罪认罚可以依法从宽的处理原则，并增加了速裁程序、值班律师等规定，以法律形式巩固了改革成果。至此，我国形成了"速裁程序—简易程序—普通程序"的多层次刑事诉讼程序体系。②

作为案件繁简分流的两个模式，简易程序是以认罪为程序分流点，而速裁程序是以认罪认罚为程序分流点，是对认罪案件分流处理的层次化、精细化改造，在简易程序基础上，将认罪并且认罚的案件分流出来，进一步简化诉讼程序，是简易程序的再简化。

就现行的立法而言，并未规定适用简易程序、速裁程序审判刑事案件的证明标准。换言之，在适用简易程序和速裁程序的诉讼过程中，其证据适用的基本原则没有突破现行《刑事诉讼法》的规定。在刑事诉讼中，任何刑事案件在证据上都要求达到案件事实清楚，证据确实、充分。这个原则在适用简易程序和速裁程序的案件中同样适用，在立法上并不存在例外。

二、我国简易程序适用高证明标准的实践困境

(一) 高证明标准导致简易程序适用率不高

简易程序简化程序的目的是加快诉讼运行、减少实践中的案件积压，而在司法实践中程序简化却节省不了多少办案时间。简易程序和普通程序适用同等的"事实清楚，证据确实、充分"的证明标准，意味着证据调查的法定化以及案件审理应当贯彻直接言词原则。直接言词原则要求"法官必须在法庭上亲自听取当事人和其他诉讼参与人的陈述，案件事实和证据必须以口头方式向法庭提出，调查证据以口头举证、质证、辩论的方式进行"③。而简易程序一般的审理期限是 20 天，在案件多而审限短的情况下，法官若严格依照直接言词原则进行证据调查就意味着需要承担在审限内无法审结的压力与风险。简易程序与普通程序适用同等的定罪证明标准，也就意味着司法机关在简易程序中承担着和普通程序同等的司法负担。法官要经过庭审中控辩双方的取证、质证，从而形

---

① 中政委：构建中国特色轻罪诉讼制度体系，新华网，http：//www.xinhuanet.com/2018-07/24/c_1123171753.htm，最后访问时间：2019 年 2 月 3 日。

② 王志坚：《我国刑事诉讼程序体系的"双层化"重构》，载《广西警察学院学报》2019 年第 6 期。

③ 孙长永：《刑事诉讼法学》，法律出版社 2013 年版，第 287 页。

成内心确信。对于这种追求"排除合理怀疑"的实质真实，实践中部分法官评价道："过去法官在法庭上要做的事情，诸如讯问被告人、质证等工作并没有减少。特别是在错案追究制的压力下，反而要求法官更加认真对待每一件简易程序案件，庭外的阅卷工作有所增加。"① 在这种情况下，法官承担的查明真实的义务并没有减少，办案压力甚至不减反增。因此，在实践中出现了法官排斥选择适用简易程序的现象，"在吉林省，2013 年全省简易程序适用率为 40.67%，到 2014 年则降为 38.29%。在 2012 年至 2014 年，黑龙江全省简易程序总体适用率为 49.30%"②。

同样的问题也出现在速裁程序中，在速裁程序试点期间，根据对某法院的同期案件统计，满足速裁程序的案件有 110 件，但是实际应用只有 25 件，适用速裁程序的比例仅为 22.73%。③ 2015—2017 年，全国 18 个试点地区单人单罪一审刑事裁判文书分别为 158797 件、146516 件、131367 件，其中适用速裁程序审理的案件分别为 22300 件、31667 件、38494 件，分别占同期试点城市一审刑事裁判文书的 14.04%、21.61%、29.30%。④ 从这些数据中可以看出，我国刑事速裁案件数量及速裁程序的适用率逐年上涨，但是整体的适用率还是偏低。与美国辩诉交易 90% 以上的适用率相比，我国速裁程序的适用还有很大空间。

（二）高证明标准与程序简化相矛盾

2018 年《刑事诉讼法》第 219 条规定："适用简易程序审理案件，不受本章第一节关于送达期限、讯问被告人、询问证人、鉴定人、出示证据、法庭辩论程序规定的限制。但在判决宣告前应当听取被告人的最后陈述意见。"由此可以看出，简易程序在我国存在着对法庭调查、法庭辩论等环节的简化。然而，2018 年《刑事诉讼法》第 55 条规定的"证据确实、充分"却存在对证据的程序性要求，即"据以定案的证据均经法定程序查证属实"。由此可见，"证据确实、充分"的严格证明标准与简易程序和程序的简化是存在矛盾的，证明标准的适用要以具体的程序规则为依托，保障证据具有证据能力。而简易程序中程序的简化缩短了证据审查的程序过程，必然会影响证据的证据能力，从而造成证明标准的实质性降低。

速裁程序是比简易程序还要简单的程序，2018 年《刑事诉讼法》第 224 条规定："适用速裁程序审理案件，不受本章第一节规定的送达期限的限制，一般不进行法庭调查、法庭辩论，但在判决宣告前应当听取辩护人的意见和被告人

---

① 左卫民：《简易程序中的公诉人出庭：基于实证研究的反思》，载《法学评论》2013 年第 4 期。

② 贾志强、闵春雷：《我国刑事简易程序的实践困境及其出路》，载《理论学刊》2015 年第 8 期。

③ 原立荣：《刑事速裁程序实证研究——以 C 市 J 区为分析样本》，载《首都师范大学学报》2016 年第 1 期。

④ 曹波：《全国刑事速裁程序试点宏观状况实证研究》，载《河北法学》2019 年第 4 期。

的最后陈述意见。适用速裁程序审理案件，应当当庭宣判。"由此可见，速裁程序实际上主要采用书面审理的方式。大量的实证研究表明，在具体的速裁案件审理过程中，庭审时间都非常短，如重庆市 2015 年 11 个试点法院适用速裁程序审理案件时，平均庭审时间为 4~7 分钟，平均每起案件审理天数为 6.1 个工作日。[①] 在速裁程序中，庭审主要被用来调查被告认罪认罚的自愿性以及听取被告人的最后陈述。不进行法庭调查和法庭辩论，庭审基本丧失了查明案件真相的功能。速裁程序要求当庭宣判，为保证办案质量，法官只能在庭前审阅卷宗，通过卷宗内容查明案件事实，形成心证。也就是说，法官在开庭前即对案件作出了初步裁判，庭审实质上发挥着验证法官庭前裁判是否准确的功能。由于速裁程序的特性，庭审虚化成为一种不可否认的现象，而且不断有学者提出速裁程序应实行书面审理的方式。显而易见，庭审虚化以及书面审理方式与"案件事实清楚，证据确实、充分"的证明标准存在着冲突，简化程序提高诉讼效率与严格的证明标准无法兼得。

（三）高证明标准有悖于程序简化的价值目标

刑事案件繁简分流模式的设计以提高诉讼效率为初衷。在公正与效率的冲突中，简易程序赋予效率优先性，而严格的证明标准与诉讼效率的提升之间却存在着矛盾，严格的证明标准使得效率提升的实效性受到减损。在简易程序中，被告人已经认罪，这时候已经丧失了控辩双方进行对抗的基础，而简易程序采用和普通程序同等的证明标准，意味着检察机关仍需出庭控诉、调查事实并达到"证据确实、充分"的要求，这反而成为效率的阻碍。

同理，在速裁程序中，由于证明标准的高要求以及错案责任追究的压力，法官审理速裁程序案件的审慎程度与普通程序案件相比并没有太大差异。尽管速裁程序的审理程序得到了极大的简化，但是法官的工作量却没有减少。当前我国刑事速裁案件的审理现状是法官的司法负担由庭上转移到庭下。虽然庭上的审理效率提高了，但是从整个诉讼过程来看，速裁程序的效率提升功能却没有得到充分的实现。对于刑事速裁案件与普通刑事案件，如果在证明标准上不作区分，那么两种案件的办案模式实际上也不会有区别，提高刑事诉讼效率的目标也就缺少了实现的基础。在速裁程序试点过程中，有学者调查发现，虽然各试点法院审理速裁案件的时限存在差异，但是开庭审理的时间都普遍较短，一般都保持在 5~10 分钟。开庭以外的其他时间主要花费在对被告人进行社会危险性评估、法律文件审批、庭前阅卷、庭前准备以及裁判文书撰写和核对等工作上。速裁程序与简易程序在开庭时间上并不存在太大差距，因此仅仅通过简化庭审程序已经无法为刑事诉讼效率提升提供新的增长点，而必须对刑事审

---

① 高通：《刑事速裁程序证明标准研究》，载《法学论坛》2017 年第 2 期。

判运行加以整体简化。①

　　根据案件类型设置不同的证明标准可实现社会收益的最大化，认罪案件具备实现诉讼效率最大化的先天优势。被告人在自愿的情形下作出的认罪供述很有可能是真实的，自愿、明知、理智认罪导致错案的概率很小，因此，国家可减少在查明事实上的投入。所以，若无视认罪案件的特殊性，适用与普通程序相同的证明标准，则简易程序和速裁程序并不能有效发挥其节约司法资源的功能。

第四节　我国刑事简易程序证明标准的应然设计

　　如前所述，适用简易程序和速裁程序皆以犯罪嫌疑人、被告人认罪为前提，而认罪案件具有特殊性，对其证明标准的设置，可差异于普通程序。

　　犯罪嫌疑人、被告人供述是《刑事诉讼法》规定的法定证据之一。在司法实践中，如果没有口供，那么很多案件都无法定案。收集物证、书证等客观证据形成证据链需要极大的司法成本投入，另外，还会因为审查主体的主观认识不同，控方所举证据不一定能得到认可。实际上，一个案件如果不存在有罪供述，假设为零口供，若此时综合其他证据能够认定该被告人有罪，那么便是排除了合理怀疑，否则就是没有实际上排除合理怀疑，只是利用认罪的口供来达到表面上排除合理怀疑、服判息诉之目的。客观证据存在易灭失、对勘验检查技术要求较高、提取不当会被破坏等种种问题，其与侦查人员的侦查能力、技术能力、取证意识等各方面有关，相对而言获取难度较大。因此，实践中侦查人员往往对口供等直接通往所谓"案情真相"的最直接的方式推崇至极。事实上，如果不是惮于《刑法》第306条规定的辩护人妨害作证罪，那么不少辩护律师都可以通过向当事人暗示甚至明示"保持沉默"使相当多的案件无法定案。例如，受贿、强奸等非第一时间报案的案件，由于客观证据多数已经灭失，定罪主要依靠口供，很有可能无法最终定案。

　　有学者明确指出："几乎对所有的公诉案件来说，如果有了被告人供述，那么，证明就相对简单；如果被告人不认罪，证明将异常艰难。这是司法实务部门对供述的价值、立法的意图以及学界的认识反差明显的一种现象。"② 可见，相比不认罪案件而言，认罪案件实际降低了证明标准。对此，实务界也有不少意见表明，只要确保犯罪嫌疑人、被告人认罪是自愿的，那么就可以降低认罪

----

① 刘方权：《刑事速裁程序试点效果实证研究》，载《国家检察官学院学报》2018年第2期。
② 王敏远：《认罪认罚从宽制度疑难问题研究》，载《中国法学》2017年第1期。

案件的证明标准,即适当降低对认罪真实性的要求。换言之,只要保证被告人的"自认"是自愿的、明智的,案件本身错的可能性很小。而对于行为人基于自己认为的明智而自愿作出不真实的认罪供述,只要确保认罪时是自愿的,那么基于人类趋利避害的本性,出现问题、发生错案就是被告人自认所致,办案人员主观上不存在故意或重大过失,不应被追究责任。

可见,对于认罪案件的证明标准出现立法与实践的割裂,这实际上是立法落后于实践的法律滞后性的表现。因此,为了回应实践的需求,在将来的立法中,对于认罪前提下的简易或速裁案件,应当对证明标准予以适当降低。具体而言,降低证明标准的出发点,其实就是降低案件的证明要素的构成,进而提升案件审理的工作效率。[①] 由于《刑事诉讼法》对定罪与量刑的证明标准没有严格区分,但是在认罪案件中可以在定罪和量刑不同标准上进行区分,即认罪案件在认罪的证明标准上不降低,但是在量刑的证明标准上可以适当降低。例如,关于财产型案件涉案财物只要被告人认罪、被害人没有异议,就可以省去价格鉴定等繁杂的程序。另外,对于被告人认罪的涉及复杂证据归集的证明,如电信诈骗犯罪案件的证明,如果严格按照所有证据都进行鉴证,程序就会很复杂和烦琐。采取这种区分定罪与量刑的证明标准双轨制,对于涉及案件的定性和定罪的证明,坚持法定证明标准,并不因被告人认罪而降低证明标准。但是,对于量刑中进行证据证明的部分,可以适当降低证明标准,提升司法效率。总之,对于认罪案件的证明标准可以区分定罪和量刑两个标准,定罪标准坚持高位阶的事实清楚的证明标准,量刑标准采取基本事实清楚的证明标准。

第五节　我国刑事简易程序证明标准的制度保障

美国辩诉交易案件和德国协商性司法案件证明标准的降低均以相应的制度保障为基础,我国简易案件、速裁案件证明标准的降低也必须以一定的制度保障为依托。

一、强化律师帮助,加强对被告人辩护权的保障

对于被告人认罪的简易案件、速裁案件,适当降低定罪证明标准,应当加强对被告人辩护权的保障。在我国的现状下,公民法律素养较低,通常被告人对程序的适用、对自己认罪的罪名及其性质、认罪的后果很难有清晰的认识,

---

① 李本森:《认罪认罚从宽制度中的证据规则:检讨与重构》,载《浙江工商大学学报》2020年第1期。

所以律师为其提供帮助是十分有必要的。

此外，辩护人的有效辩护可以对司法机关形成监督，避免司法机关以非法方式获得被告人的有罪供述，保障被告人选择的自由性。

2018 年《刑事诉讼法》第 36 条确立了值班律师制度，规定："法律援助机构可以在人民法院、看守所等场所派驻值班律师。犯罪嫌疑人、被告人没有委托辩护人，法律援助机构没有指派律师为其提供辩护的，由值班律师为犯罪嫌疑人、被告人提供法律咨询、程序选择建议、申请变更强制措施、对案件处理提出意见等法律帮助。人民法院、人民检察院、看守所应当告知犯罪嫌疑人、被告人有权约见值班律师，并为犯罪嫌疑人、被告人约见值班律师提供便利。"值班律师制度的确立为刑事诉讼中犯罪嫌疑人、被告人权利的保障带来了新的机制。

然而，在实践中，值班律师制度的实际运行却不容乐观，值班律师缺位的情况十分严重。很多地区的法院、检察院和看守所仍未设置值班律师，据有关调查统计，仅仅有不到 50% 的看守所或法院设立了值班律师。[1] 有些地区即使设置了值班律师，其作用也只是形式上的，并不能为犯罪嫌疑人、被告人提供实质性的辩护帮助。之所以会出现这样的问题，一个重要的原因便在于《刑事诉讼法》并没有对值班律师的定位予以明确，反而还对其职责进行了部分限制。

在值班律师的定位问题上，目前学界的主流观点认为值班律师并非辩护律师，理由在于：第一，现有的规范性文件将值班律师的角色定位为"法律帮助者"；第二，由于值班律师的权利来源于法律援助机构的指派，因此决定其不可能是辩护律师。[2] 然而，为了解决我国刑事辩护率低的现实困境，仅仅将值班律师定位为法律帮助者是远远不够的。为了使值班律师制度真正发挥作用，必须赋予值班律师一定程度上的辩护权，从而保障被告人认罪认罚的自愿性、明智性、真实性。

二、完善对认罪自愿性的审查

在普通程序当中，需要审查与判断证据的证据能力与证明力，通过庭审来贯彻非法证据排除规则、直接言词原则等，最终形成对案件事实的确信。而在简易程序、速裁程序案件中，只是审查与被告人认罪相关的部分证据，而非全部证据。这种情况下，对被告人认罪的案件事实虽然仍需审查，但是审查内容的侧重点和标准与普通程序不同，主要审查犯罪嫌疑人、被告人认罪的明智性、

---

[1] 李本森：《认罪认罚从宽制度中的证据规则：检讨与重构》，载《浙江工商大学学报》2020 年第 1 期。

[2] 姚莉：《认罪认罚程序中值班律师的角色与功能》，载《法商研究》2017 年第 6 期。

自愿性与真实性。

根据笔者组织的课题组收集的调查问卷结果，绝大多数被调查的被告人在问卷中声称其认罪是自愿的，但是也有极少数不认为自己的认罪是自愿的。在认罪认罚从宽制度的试点中，采取值班律师或辩护律师见证下签署认罪具结书的方式，但是这并不能绝对保证被告人认罪的自愿性。在审理案件的过程中，很多法官认为被告人已经签署认罪具结书，经过了审查起诉机关的审核把关，在法庭上没有必要浪费时间再对被告人进行自愿性认罪的审查。实际上，认罪自愿性的审查是认罪认罚从宽制度在庭审环节保证案件质量不可或缺的要求。《认罪认罚从宽试点办法》并没有明确要求法庭审理上对被告人的自愿性认罪进行实质审查，缺乏相应的操作性规则，这就给制度创新留下了空间。在这方面，可以借鉴美国认罪答辩机制，对被告人认罪的自愿性、真实性和明智性进行审查。换言之，被告人的认罪是基于对其犯罪行为的性质和量刑结果以及后果清楚的认识，特别是在辩护人或律师的指引下进行的出于个人内心自愿的认罪，表明其真实性和对认罪后果承担的自愿性。事实上，在认罪认罚从宽试点中，有些地方已经尝试建立认罪自愿性审查机制，在规范被告人权利告知程序的基础上，从被告人对认罪后果的认知能力并结合案件证据等方面进行审查，确保被告人明知法律后果、自愿接受处罚，自由选择程序。在认罪认罚从宽制度未来的立法中，对被告人认罪自愿性审查的环节或机制应当明确纳入法定速裁程序、简易程序和普通程序之中。[①]

三、赋予被告人认罪撤回权

赋予被告人认罪撤回权是保障被告人认罪自愿性的基本要求，是当事人获得程序救济的重要途径。简易程序、速裁程序证明标准的降低要以保证被告人认罪自愿性为前提，因此必须对被告人认罪的撤回权进行有效完善和保障。没有撤回权的当事人，自愿性保障并不完善，对其自愿性的保障有戛然而止的感觉。[②]

赋予被告人认罪撤回权具有重要的现实意义。首先，赋予被告人认罪撤回权能够防范司法机关的非法取证行为。随着法制建设的不断完善，刑讯逼供导致的冤假错案越来越少，但是诱供骗供问题却不断浮现。在认罪认罚从宽制度下，司法机关可能会为了减少工作量而通过非法方式获得被告人的有罪供述。若不赋予被告人认罪的撤回权，其合法权益难以获得有效保障并将导致更多冤

---

① 李本森：《认罪认罚从宽制度中的证据规则：检讨与重构》，载《浙江工商大学学报》2020 年第 1 期。

② 王蕾、王德新：《认罪认罚从宽制度中的撤回权和上诉权研究》，载《河北科技大学学报（社会科学版）》2018 年第 2 期。

假错案的发生。其次，被告人能够通过行使撤回权来修正自己的意思表示，维护自己的合法权益。被告人可能由于没有被充分告知或缺少辩护律师的有效指导而缺乏对认罪认罚认识的明智性和评估的理智性，此时应当允许被告人通过行使撤回权来修改其认罪的意思表示，维护其合法权益。赋予被告人认罪撤回权对于保障被告人认罪自愿性和案件裁判的公正性具有重要意义。

　　但是，被告人撤回权的行使并非绝对的自由，而应有限度，否则将会导致犯罪嫌疑人、被告人随意认罪而造成司法资源浪费和诉讼效率降低。因此，应制定一套完善的认罪撤回程序规则，使被告人能够合理而有效地行使撤回权。第一，犯罪嫌疑人、被告人是认罪撤回权的行使主体，犯罪嫌疑人、被告人的近亲属和辩护人经其同意也可代为行使撤回权。第二，在撤回权的行使时间和行使条件方面，犯罪嫌疑人、被告人撤回权行使得越早，其限制条件越少，反之则条件越严苛。在法院审查之前，犯罪嫌疑人可自由撤回认罪协议，但应有次数限制。[①] 根据无罪推定和不得强迫自证其罪原则，在法院审判之前，认罪协议尚处于未生效阶段，此时犯罪嫌疑人可基于自愿性撤回认罪。但应对撤回次数予以限制，因为如果没有次数限制可能会因犯罪嫌疑人任意行使撤回权而浪费司法资源并有损司法权威。在法院审查后作出判决之前，被告人可以行使撤回权，但要有"公正且合理"的理由。在此阶段，被告人撤回认罪将会对诉讼程序产生重大影响，会造成更多司法资源的消耗和浪费，因此应对被告人撤回权的行使作出理由上的要求，即应具有"公正且合理"的理由。"公正且合理"的理由包括但不限于：司法机关没有履行告知义务，使当事人基于错误认识作出认罪决定；未告知当事人可申请法律援助的权利；司法机关采取非法方式收集证据，违背认罪认罚制度中的自愿性要求等。[②] 在判决生效后，原则上不允许撤回认罪协议，但是当被告人可以证明认罪协议导致了"明显不正义"时，法院应准许其撤回。[③] 被告人可以通过向人民法院或检察院提出申诉的方式撤回认罪协议，法院适用审判监督程序对其进行审理。申请撤回认罪认罚协议的条件则适用申请审判监督程序的要件。

　　① 王蕾、王德新：《认罪认罚从宽制度中的撤回权和上诉权研究》，载《河北科技大学学报（社会科学版）》2018年第2期。
　　② 王蕾、王德新：《认罪认罚从宽制度中的撤回权和上诉权研究》，载《河北科技大学学报（社会科学版）》2018年第2期。
　　③ 孔冠颖：《认罪认罚自愿性判断标准及其保障》，载《国家检察官学院学报》2017年第1期。

第八章
刑事简易程序中的检察指控研究

检察机关在简易程序中作为指控机关，在很大程度上决定了进入简易程序的案件的结果。因此，在简易程序中，检察机关作为指控机关的量刑协商、量刑建议和指控的具体方式等都是简易程序构造中需要研究的重点内容。本章立足简易程序立法发展及其对检察指控影响的研究，有针对性地提出检察指控面临的问题，并在此基础上根据认罪认罚从宽制度改革的新要求，提出完善简易程序中检察指控的若干建议。

第一节　刑事简易程序立法发展及其对检察指控的影响

本节系统梳理了我国简易程序的产生、发展，及在某些时段与之并行存在的相关类简易程序之间的联系，并分析其对检察指控方面的影响。

一、1979 年《刑事诉讼法》之前

（一）抗战时期边区政府的"简化诉讼"

有学者认为，我国现行简易程序最早可追溯至抗日战争时期边区政府推广的"马锡五审判法"，[①] 其主要内容是：简化诉讼手续，实行巡回审判、就地审判。在审判中依靠群众、调查研究，解决并纠正疑难与错案，使群众在审判活动中受到教育。彼时边区政府实行的是"审检合署"的检察制度，检察机关受高等法院领导和管辖，检察机关的职能由设在法院的检察处负责。直到 1946 年10 月，陕甘宁边区政府出台的《陕甘宁边区暂行检察条例》规定高等检察处检察长不再受高等法院领导，表明检察机关走出了法院，第一次实现了"审检并立"，[②] 这时检察机关才开始独立行使检察职权。但由于当时特殊的历史背景，

---

① 李英杰：《"马锡五审判方式"的现实意义》，载《朝阳法律评论》2011 年第 2 期。
② 张鹏晋：《陕甘宁边区：检察机构逐渐"走出"法院》，载《检察日报》2011 年 11 月 9 日第 3 版。

检察机关尚属初设，因此，各地检察机关的组织建设并不统一，职权范围各不相同，公诉制度也尚未完备，其调查证据等原本属于控诉的职能主要由法官完成。

（二）对于人民检察院是否派员出庭的规定

1954 年我国颁布了第一部《人民检察院组织法》，其规定检察机关负有出席法庭支持公诉的职责，但由于种种原因检察机关的出庭工作并不尽如人意，"文化大革命"爆发后更是中断。

二、1979 年《刑事诉讼法》施行期间

（一）《刑事诉讼法》及相关解释中的类简易程序条款

我国 1979 年第一部《刑事诉讼法》并未规定简易程序，但其中一些条款的规定与简易程序有些相似，主要有两个方面：独任制审判和控诉方不出庭。其中，第 105 条第 1 款规定了基层和中级人民法院的一审轻微刑事案件和自诉案件可以适用独任制审判。[1] 第 112 条第 1 款明确规定经人民法院同意的罪行较轻的公诉案件，检控方可以不派员出庭。[2] 此外，1980 年的《人民检察院刑事检察工作试行细则》第 30 条[3]，以及 1983 年的《最高人民检察院关于在严厉打击刑事犯罪活动中人民检察院如何派员出庭支持公诉问题的批复》[4]，进一步印证了 1979 年《刑事诉讼法》第 112 条第 1 款关于检察院不派员出庭的规定。

（二）1979—1983 年特殊历史背景下的授权"严打"

"严打"即"依法从重、从快严厉打击严重刑事犯罪活动"，有着特殊的历史背景。1981 年的《关于死刑案件核准问题的决定》规定对于没有上诉的死刑案件不需要报最高人民法院核准。[5] 1983 年全国人大常委会制定的《关于严惩严重危害社会治安的犯罪分子的决定》（以下简称《严惩决定》）和《关于迅速审判严重危害社会治安的犯罪分子的程序的决定》（以下简称《迅速审判决

---

① 1979 年《刑事诉讼法》第 105 条第 1 款规定，基层人民法院、中级人民法院审判第一审自诉案件和轻微刑事案件可以由审判员一人独任审判。

② 1979 年《刑事诉讼法》第 112 条第 1 款规定，人民法院审判公诉案件，除罪行较轻经人民法院同意的以外，人民检察院应当派员出席法庭支持公诉。

③ 1980 年《人民检察院刑事检察工作试行细则》第 30 条规定，人民检察院提起公诉的案件，除罪行较轻并经人民法院同意的以外，都应当派员出席法庭，支持公诉。

④ 1983 年《最高人民检察院关于在严厉打击刑事犯罪活动中人民检察院如何派员出庭支持公诉问题的批复》规定，人民检察院出庭支持公诉案件的范围应按照《刑事诉讼法》中有关规定进行，无论被告人中有没有辩护人，检察院都应派员出庭，以便履行出庭的职责。

⑤ 《关于死刑案件核准问题的决定》规定，在 1981—1983 年内，对犯有杀人、抢劫、强奸、爆炸、放火、投毒、决水和破坏交通、电力等设备的罪行的犯罪分子被判处死刑的，在被告人不上诉的情况下不必上报最高人民法院核准。

定》），分别规定了"从重"和"从快"打击犯罪的政策，也使得"严打"有了法律依据。前者将六种罪的最高刑升格至死刑，① 后者则为了提高审判效率，缩减了起诉书副本、传票、通知等送达被告人的时间，以及上诉和抗诉的时间期限限制，且禁止可能被判处死刑的被告人聘请辩护律师。② "严打"为了提高打击犯罪的诉讼效率，极大地简化了刑事诉讼程序，但此种程序简化和效率的提高是以削减被告人的权利为代价的，可谓"简程序也减权利"。此外，1983年的《关于修改〈中华人民共和国人民法院组织法〉的决定》将原定于年底就收回最高院的死刑复核权彻底下放到地方。

此阶段的"严打"活动确实对打击犯罪起到了明显效果，但也存在许多问题。对于指控方面有如下影响：为了追求从重、从快打击犯罪，公检法三家常常联合起来，形成侦查、逮捕、审查起诉、审判流水化作业，往往尚未开庭就已形成判决结果。在侦办案件过程中，对犯罪嫌疑人常常采取刑讯逼供、欺骗、引诱等非法手段获取口供或其他证据的取证方式，以达到"事实清楚、证据充分"的入罪标准，检察院在此基础上作出起诉决定，法院在缺乏公正的审理和判决程序的基础上以这些证据定罪量刑作出判决，加上检察机关缺乏有效的法律监督，这一时期出现了不少冤假错案。

三、1996 年《刑事诉讼法》施行期间

（一）正式确立简易程序

1996 年对《刑事诉讼法》进行了大幅修改，并正式在刑事诉讼中确立了简易程序（第 174 条~第 179 条）。此后六部委联合颁布的《关于刑事诉讼法实施中若干问题的规定》、1998 年最高人民法院《关于执行〈中华人民共和国刑事诉讼法〉若干问题的解释》和 2003 年最高人民法院、最高人民检察院与司法部联合颁布的《关于适用简易程序审理公诉案件的若干意见》等一系列法规，进一步明确了简易程序适用的案件范围、启动方式、审理方式、审理程序、审理期限，以及简易程序转为普通程序的情形。由于新规初立，其适用率经历了从低到高的过程。在 1997 年修改后的《刑事诉讼法》施行的第一年，简易程序在全国普遍适用率不高。例如，上海地区简易程序适用率占公诉案件总数的 10%

---

① 《严惩决定》规定，对严重危害社会治安的犯罪分子，可以在《刑法》规定的最高刑以上处刑，直至判处死刑。

② 《迅速审判决定》规定，对杀人、强奸、抢劫、爆炸和其他严重危害公共安全应当判处死刑的犯罪分子，主要犯罪事实清楚，证据确凿，民愤极大的，应当迅速及时审判，可以不受《刑事诉讼法》第 110 条规定的关于起诉书副本送达被告人期限以及各项传票、通知书送达期限的限制。这类犯罪分子的上诉期限和人民检察院的抗诉期限，也由《刑事诉讼法》第 131 条规定的 10 日改为 3 日。

左右（其所辖区域在 5%～15%），① 安徽省检察机关适用简易程序的案件占公诉案件总数的 8%。② 其后五年，随着法院、检察院对简易程序的熟悉及对其提高诉讼效率的切实体会，实践中简易程序的适用率逐步提高。根据数据，全国范围内法院适用简易程序进行审理的案件比例分别为：1998 年 19.23%、1999 年 21.45%、2000 年 22.90%、2001 年 21.89%、2002 年 33.77%。③

简易程序的确立对于公诉案件中指控方的影响无疑是积极的。首先，有利于繁简分流，提高了检察机关的工作效率。其次，赋予了控诉方对于是否适用简易程序的建议权与否决权，以及是否派员出庭的权利，缓解了基层检察院长期以来案多人少的压力。但是，其在质控方面亦存在一些弊端。其一，庭审构造受损。在司法实践中，检察院在绝大多数情况下不派员出庭，这导致追诉与审判两项权利集于法官一身，公诉人的指控职能由法官代替行使，庭审中法官代替公诉人宣读起诉书、出示证据、宣读量刑建议等，使原本就偏重职权主义的庭审充满了纠问式的色彩，庭审格局由控辩审三方变为审辩两方，严重违反了控审分离原则。其二，被指控人权利保障缺失。1996 年《刑事诉讼法》没有规定需要询问被告人对起诉书指控的犯罪事实的意见，故仅从法规上看，如果符合 1996 年《刑事诉讼法》中适用简易程序的条件，即使被告人对起诉书中被指控的事实存有异议，仍会适用简易程序。而简易程序会简化关于事实和证据调查的庭审环节，故控诉方和审判方理论上能够削弱被告人的辩护权。

（二）检方派员出庭的"普通程序简化审"

伴随着简易程序适用率的上升，刑事案件总数亦在激增。④ 为了进一步提高诉讼效率，缓解案多人少的矛盾，2003 年最高人民法院、最高人民检察院和司法部共同颁布了《关于适用普通程序审理"被告人认罪案件"的若干意见（试行）》和《关于适用简易程序审理公诉案件的若干意见》的通知。前者就是广为人知的"普通程序简化审"，其作为普通程序的一种特殊形式一直与简易程序并行至 2012 年《刑事诉讼法》再次修改。与简易程序相比，普通程序简化审具有以下特点：（1）仅适用于公诉案件（简易程序可适用于自诉案件）；

---

① 胡锡庆：《刑事诉讼热点问题探究》，中国人民公安大学出版社 2001 年版，第 413 页。
② 杨开江：《困惑检察机关执行新刑诉法的主要问题研究》，载《政法论坛》1998 年第 4 期。
③ 张品泽：《我国刑事简易程序选择权探略》，载《诉讼法学研究》2003 年第 5 卷。
④ 以北京市 18 个基层法院为例，1997 年适用简易程序处理的案件，占全部审结各类刑事案件总数的 14.5%，仅占可以适用简易程序案件总数的 25.9%。之后，随着受案量的激增，简易程序的适用率逐年提高。以北京市某基层人民法院为例，2000 年适用简易程序审结的案件为 564 件，占全年刑事审判案件的 36.6%；2001 年为 989 件，占 50%；2002 年为 1336 件，占 59.9%；2003 年为 1575 件，占 59.2%；2004 年为 1754 件，占 57.3%；2005 年为 1911 件，占 58.7%；2006 年为 1791 件，占 60.7%；2007 年为 2199 件，占 65.5%。可见，在现行法律框架下，简易程序的功能已发挥到极限，但是由于受案量激增，审判压力并未减轻，反而越来越重，现行简易程序的制度设计已不能满足审判实践的需要。

除适用于基层人民法院的一审公诉案件，还可适用于中级人民法院、高级人民法院的一审公诉案件。（2）除七种例外案件不得适用，可适用于可能判处3年以上有期徒刑的案件（无期徒刑和死刑案件除外）。（3）控方需派员出庭。

适用普通程序简化审的被告人认罪的一审案件，提高了控方的工作效率，使其人力资源得到分流，将原本紧张的人员配置到更为重大复杂的案件中。虽然其本身制定主体的局限性导致学界一直对其正当性存有争议，认为其违反程序法定原则，且普通程序简化审中对被告人的诉讼权利保障存在缺失，对被告人认罪的自愿性和真实性缺乏程序性保障。但亦不可否认其在一定程度上的确缓解了司法机关的压力，从相关数据来看，适用简易程序和普通程序简化审的案件数量占全部案件数量的比例已经超过70%。[①]

四、2012年《刑事诉讼法》施行期间

（一）整合后的简易程序

2012年《刑事诉讼法》整合了原《刑事诉讼法》和已有司法解释中关于简易程序和普通程序简化审的有关规定，将二者统一规定在简易程序当中。具体表现为：（1）扩大了其适用范围，对于基层人民法院所管辖的案件只要符合法律规定的条件均可适用；（2）明确了其适用条件，规定了三个适用条件和四种不得适用的情形；（3）分类简化了审判组织，强调了检方需派员出席；（4）加强了对被追诉方权利的保障（询问被告人对起诉书指控的犯罪事实的意见，并赋予其是否同意适用简易程序的选择权）。

此次修改对检察机关指控的影响主要有：（1）基层检察机关出庭工作量激增；（2）由于加强了对被告方权利的保障，控诉方的难度加大，对控诉质量的要求增高；（3）对于控诉方来说需要建立新的简易程序办案机制。此外，2012年9月6日，最高人民检察院公诉厅印发了《关于办理适用简易程序审理的公诉案件座谈会纪要》，对检察机关办理适用简易程序审理的公诉案件进行指导，对检察院就刑事简易程序的指控方面作了进一步规定，包括适用条件、工作机制、文书制作、被告人权利保障、公诉人出庭、简易程序公诉案件抗诉等。

（二）刑事案件速裁程序的试行

随着《刑法修正案（八）》对劳动教养的废除和刑事案件数量的逐年上升，简易程序已不足以解决案多人少的矛盾。2014年6月27日，全国人民代表大会常务委员会通过了《关于授权最高人民法院、最高人民检察院在部分地区开展刑事案件速裁程序试点工作的决定》。2014年8月22日，最高人民法院、

[①] 刑事简易程序课题组：《刑事简易程序扩大适用问题研究》，载《华东政法大学学报》2011年第3期。

最高人民检察院、公安部、司法部又联合出台了《关于在部分地区开展刑事案件速裁程序试点工作的办法》，其内容主要是在 18 个城市，对除了 8 类禁止适用的情形外，符合规定内容的可能判处 1 年有期徒刑以下刑罚的 11 类犯罪案件试点适用速裁程序。在速裁程序试行后，最高人民法院《关于全面深化人民法院改革的意见——人民法院第四个五年改革纲要（2014—2018）》亦明确提出了未来建立速裁程序的设想。① 此外，党的十八届四中全会提出了"完善刑事诉讼中的被告人认罪认罚从宽制度"，这亦在一定程度上为刑事案件速裁程序的试行和今后的正式立法起到了推进作用。

刑事案件速裁程序的主要目的是实现"有效率的公正"，故公检法在试行过程中主要着眼于在保障公正和被告人基本权利的情况下，最大限度提高办案效率，具体表现为在法定范围内最大化适用速裁程序、缩短办案期限、服判息讼等。检察机关在试点初期，存在诸如缺乏最高人民检察院指导意见、量刑建议难以把握、程序工作大量前移导致的工作量增大等问题。在试点中，检察机关主要通过两个方面的工作应对上述问题：一是加强公检法司合作，多数试点城市四部门联合出台针对速裁程序的实施细则，加强程序中各部门的衔接合作，在注重效率的同时保障被告人的基本权利。二是在检察机关内部通过固定专门"队伍"或专人集中负责速裁程序。

（三）认罪认罚从宽制度的试行

2014 年刑事案件速裁程序试点期间，学界与实务界认为速裁程序适用范围过窄，于是在 2016 年，即刑事案件速裁程序两年试点届满之时，又进一步扩大了试点及程序的适用范围。2016 年 9 月 3 日，全国人民代表大会常务委员会通过了《关于授权最高人民法院、最高人民检察院在部分地区开展刑事案件认罪认罚从宽制度试点工作的决定》。2016 年 11 月 11 日，最高人民法院、最高人民检察院、公安部、司法部又联合出台了《关于在部分地区开展刑事案件认罪认罚从宽制度试点工作的办法》。后者实际扩大了刑事案件速裁程序的适用范围，其中第 18 条将简易程序的适用范围由 3 年有期徒刑以下刑罚扩大至 3 年有期徒刑以上刑罚的案件符合条件也可适用；② 第 16 条将刑事案件速裁程序的适

---

① 2015 年 2 月 4 日最高人民法院发布的《关于全面深化人民法院改革的意见——人民法院第四个五年改革纲要（2014—2018）》也明确指出："健全轻微刑事案件快速办理机制。在立法机关的授权和监督下，有序推进刑事案件速裁程序改革。"

② 《关于在部分地区开展刑事案件认罪认罚从宽制度试点工作的办法》第 18 条规定："对于基层人民法院管辖的可能判处三年有期徒刑以上刑罚的案件，被告人认罪认罚，可以依法适用简易程序审判，在判决宣告前应当听取被告人的最后陈述，一般应当当庭宣判。"

用范围由 1 年有期徒刑以下刑罚扩大至 3 年有期徒刑以下刑罚符合条件也可适用。①

认罪认罚从宽制度赋予了检方较大的自由裁量权，对于指控而言有如下影响。其一，赋予检方"类辩诉协商的权利"②。在之前的刑事案件速裁程序试点中，检察机关有量刑建议权，检察机关提出条件，辩方权衡利弊后接受条件，事实上有协商的成分，但形式上体现得不明显。如果构建认罪认罚协商程序，检察机关就可以自案件移送审查起诉之日起至判决前，与犯罪嫌疑人、被告人及其辩护律师就与定罪量刑有关的事项达成协议。协商的内容，有量刑建议的协商、涉案财产处理的协商、必要附随义务的协商，等等。但对于能否对罪名、罪数进行协商，我国理论界和实务界认识不尽一致，还需要进一步地研究论证。③ 其二，检察机关的起诉裁量权方面。对于认罪认罚案件，在检察环节能否进行审前分流，避免所有案件都进入法庭审理程序，是完善认罪认罚从宽制度需要重点研究论证的问题。认罪认罚案件实体上"从宽"，在检察环节主要体现为不起诉和提出从宽处罚的量刑建议。在刑事案件速裁程序试点中，对提出从宽处罚的量刑建议各方认识比较一致。

五、2018 年《刑事诉讼法》施行至今

2018 年 10 月 26 日，第十三届全国人民代表大会常务委员会第六次会议通过《关于修改〈中华人民共和国刑事诉讼法〉的决定》，修改决定共包括 26 条，主要修改内容之一就是吸收 2014 年和 2016 年速裁程序和认罪认罚从宽制度试点的司法改革成果，在《刑事诉讼法》中正式确立速裁程序和认罪认罚从宽制度。修改后的《刑事诉讼法》明确了在刑事案件中认罪认罚可以被依法从宽处理的原则，完善了刑事案件认罪认罚从宽的程序规定，增加了速裁程序，加强了对认罪认罚从宽和速裁程序中当事人的权利保障。自此，我国《刑事诉

---

① 《关于在部分地区开展刑事案件认罪认罚从宽制度试点工作的办法》第 16 条第 1 款规定："对于基层人民法院管辖的可能判处三年有期徒刑以下刑罚的案件，事实清楚、证据充分，当事人对适用法律没有争议，被告人认罪认罚并同意适用速裁程序的，可以适用速裁程序，由审判员独任审判，送达期限不受刑事诉讼法规定的限制，不进行法庭调查、法庭辩论，当庭宣判，但在判决宣告前应当听取被告人的最后陈述。"

② 《关于在部分地区开展刑事案件认罪认罚从宽制度试点工作的办法》第 10 条规定："在审查起诉过程中，人民检察院应当告知犯罪嫌疑人享有的诉讼权利和认罪认罚可能导致的法律后果，就下列事项听取犯罪嫌疑人及其辩护人或者值班律师的意见，记录在案并附卷：（一）指控的罪名及适用的法律条款；（二）从轻、减轻或者免除处罚等从宽处罚的建议；（三）认罪认罚后案件审查适用的程序；（四）其他需要听取意见的情形。犯罪嫌疑人自愿认罪，同意量刑建议和程序适用的，应当在辩护人或者值班律师在场的情况下签署具结书。"

③ 庄永廉：《检察环节认罪认罚从宽制度的适用与程序完善》，载《人民检察》2016 年第 9 期。

讼法》正式确立"普通—简易—速裁"程序，同时将认罪认罚从宽制度贯穿其中。

2019 年 10 月 24 日，"两高三部"为了确保认罪认罚从宽制度准确实施，联合发布了《认罪认罚从宽指导意见》。随后，配套《刑事诉讼法》的《人民检察院刑事诉讼规则》（以下简称 2019 年《刑事诉讼规则》）也于 2019 年 12 月 30 日开始施行。上述两文件对认罪认罚从宽制度下简易程序和速裁程序进行了完善。例如，《刑事诉讼法》规定在简易程序中检察机关必须派员出庭，但并未明确规定在速裁程序中检察机关是否必须派员出庭。2019 年《刑事诉讼规则》第 441 条进行了明确补充规定，要求检察机关在速裁程序中必须派员出庭。

相较于 2012 年《刑事诉讼法》，2018 年《刑事诉讼法》对简易程序的条款未作修改，但新设立了速裁程序，本质上是对简易程序的一种拆分。根据 2018 年《刑事诉讼法》的规定，速裁程序的适用范围小于刑事简易程序，"普通程序—简易程序—速裁程序"是一个同心圆，最外层是普通程序，中间是简易程序，最内层是速裁程序。适用简易程序必须以认罪为前提，适用速裁程序必须以认罪认罚为前提，这就决定了简易程序和速裁程序均涵盖在认罪认罚从宽制度之下。刑事诉讼程序分为两大类：认罪认罚从宽制度下的程序进程和非认罪认罚从宽制度下的程序进程。前者包括普通程序、简易程序、速裁程序，后者仅包括不认罪认罚的普通程序、认罪不认罚的简易程序。故我国目前《刑事诉讼法》中实际存在五种程序路径：认罪认罚速裁程序、认罪认罚简易程序、认罪认罚普通程序、简易程序（认罪不认罚）、普通程序（认罪不认罚或不认罪认罚）。

六、检察指控在类简易程序立法发展中的变化趋势

通过上文梳理可知，我国的刑事简易程序伴随着《刑事诉讼法》的发展，经历了从无到有、从粗疏到完善的过程，亦符合人类认识发展的过程，即"实践—认识—再实践—再认识"的渐进发展规律。具体体现为"司法实践探索"和"吸收转化立法"的交替进行。简易程序经历了从 1979 年《刑事诉讼法》出台前的简化诉讼审判活动，到 1979 年《刑事诉讼法》独任制审判和控方不出庭规定，中间经历了"严打"时期《严惩决定》和《迅速审判决定》导向下的公检法三家合作、从重从快处理；到 1996 年《刑事诉讼法》正式确立简易程序，中间施行了对被告人认罪案件普通程序的简化审；再到 2012 年《刑事诉讼法》整合简易程序，其间先后试行刑事案件速裁程序和认罪认罚从宽制度；最终在 2018 年的《刑事诉讼法》中，将施行已久的"普通—简易"二元程序体系扩展为"普通—简易—速裁"三层程序体系，从简易程序中分离出特殊情况下更为简易的速裁程序，笔者认为速裁程序本质上亦属于类简易程序，是简易程序中的简易程序。

伴随着简易程序的发展，有三条线索：

一是司法实践中案件数量压力的现实需求为不断提高办案效率提供持续动力。由于经济社会的快速发展，案多人少的矛盾日益突出，持续提高司法效率的需求与日俱增。案件总数急剧上升：从 1995—2015 年，我国法院刑事一审收案数由 495741 件上升到 1126748 件，增加了约 127%。案件结构发生变化：1995 年被判处 5 年以上有期徒刑、无期徒刑和死刑（包括死缓）的重刑案件人数占总数的 63.19%，到 2014 年，被判处 3 年有期徒刑以下刑罚、免予刑事处罚的轻罪案件人数占总数的 82.3%。与此同时，员额制改革后的员额法官由 21 万余人下降为 12 万余人。[①] 为此，无论是立法、司法还是法学理论等各方均在各自领域不断探索，以谨慎态度逐步扩大类简易程序的适用范围，或先在试点中试行，在试行中不断找出问题加以完善，逐步推广，最终以立法确认。

二是在不断提高办案效率的同时，对被告人的权利保障不断加强。从单纯为打击震慑犯罪、稳定社会秩序而追求效率的从重从快、简易程序不需要征求被告人意见等，到现在认罪认罚从宽制度中为被告人提供律师帮助，给予被告人程序选择权，无论立法者、司法实践者还是学界，都有着高度一致的共识：追求司法效率不能以牺牲被告人权利为代价，即"简程序不能减权利"。故对于被告人的权利保障非但没有忽视，反而愈加重视，包括在试点实践中如发现存在损害被告人利益的情况，会引起各方重视并最终在立法中加以完善。

三是检察机关角色的重要性同步增强，检察指控在类简易程序中日益发挥主导作用。主要体现在三个方面：其一，明确检察机关必须派员出庭。从《刑事诉讼法》出台前的审检合署到审检并立，到 1979 年《刑事诉讼法》中一审轻微刑事案件经法院同意检察机关可以不派员出庭；经过长久以来在以侦查为中心的模式下，检察机关缺乏有效法律监督，审查起诉流水化作业，再到 2018 年《刑事诉讼法》和 2019 年《刑事诉讼规则》明确规定在简易程序和速裁程序中检察机关均必须派员出庭。在类简易程序庭审中检察机关必须出庭，不仅有利于庭审控辩审三方结构的稳定，亦有利于检察机关在履行控诉职能的同时履行法律监督职能，这也从侧面凸显了在庭审程序中检察机关角色的重要性。毕竟从直观层面看，派员出庭亦比不派员出庭显得更为"不可或缺"。其二，繁简分流实质上始于检察指控阶段，检察机关在程序选择中具有主导地位。类简易程序之所以能够提高诉讼效率，主要原因就是被告人自愿放弃某些诉讼中的权利，通过积极配合检察机关追诉，简化庭审中的某些程序，得到从宽处罚。自 2012 年《刑事诉讼法》整合简易程序后，被告人有对适用简易程序的否决权，检察机关在提起公诉时可向审判机关提出建议适用该程序，实质上是将简

---

① 魏晓娜：《结构视角下的认罪认罚从宽制度》，载《法学家》2019 年第 2 期。

易程序的启动权赋予检察机关。在 2018 年《刑事诉讼法》中赋予了被告人程序选择权，但检察机关在审前程序中依然具有强势主导地位，主导在审查起诉阶段对案件进行程序分流，根据被告人是否认罪认罚，结合案情决定是否给予其从宽。从官方数据中亦可看出检察机关在办理认罪认罚从宽案件中的主导作用：在认罪认罚从宽试点地区，适用认罪认罚从宽的案件数占同期刑事案件总数的 50%，其中绝大部分是检察机关建议适用。① 在 2018 年度认罪认罚从宽制度审理的案件中，检察机关建议适用的占总数的 98.3%。② 其三，检察机关的量刑建议趋于精细化、刚性化，在实体层面居主导地位。2018 年《刑事诉讼法》第 176 条和第 201 条③以及《认罪认罚从宽指导意见》第 40 条④均明确了在认罪认罚案件中检察机关应当提出精细化的量刑建议，包括主刑、附加刑、是否适用缓刑等，且量刑建议具有法定刚性效力。同样，上述条文在规定审判机关依法作出判决时，一般应当采纳检察机关指控的罪名和量刑建议。虽然最终判决以法院为准，但法条实际上确定了以采纳检察机关的指控罪名和量刑建议为原则，以不采纳为例外。无论是官方还是学界均指出认罪认罚从宽制度是以检察官主导责任为基础，⑤ 在司法实践中亦可体现：2018 年度认罪认罚从宽制度审理的案件中，检察机关量刑建议采纳率为 96%。⑥

　　上述三条线索中，第一条是发展的内在动力，第二条对被告人的权利保障与第三条检察指控作用的不断强化，是类简易程序发展的一体两翼，若仅发展其一，势必造成刑事诉讼构造中的失衡。两翼同时发展才能最大程度兼顾提高效率与人权保障，也为双方"协商"提供了基础。检察机关经历了从审检合署到审检并立，从不必须出庭到必须出庭，再到量刑建议刚性化，均体现了检察指控在简易程序中日趋强化，发展至在现行认罪认罚从宽制度下的简易程序中居主导地位。

---

① 孙谦：《检察机关贯彻修改后刑事诉讼法的若干问题》，载《国家检察官学院学报》2018 年第 6 期。

② 张军：《最高人民检察院工作报告——二〇一九年三月十二日在第十三届全国人民代表大会第二次会议上》，载《人民日报》2019 年 3 月 20 日第 2 版。

③ 2018 年《刑事诉讼法》第 176 条第 2 款规定："犯罪嫌疑人认罪认罚的，人民检察院应当就主刑、附加刑、是否适用缓刑等提出量刑建议，并随案移送认罪认罚具结书等材料。"第 201 条规定："对于认罪认罚案件，人民法院依法作出判决时，一般应当采纳人民检察院指控的罪名和量刑建议，但有下列情形的除外：（一）被告人的行为不构成犯罪或者不应当追究其刑事责任的；（二）被告人违背意愿认罪认罚的；（三）被告人否认指控的犯罪事实的；（四）起诉指控的罪名与审理认定的罪名不一致的；（五）其他可能影响公正审判的情形。人民法院经审理认为量刑建议明显不当，或者被告人、辩护人对量刑建议提出异议的，人民检察院可以调整量刑建议。人民检察院不调整量刑建议或者调整量刑建议后仍然明显不当的，人民法院应当依法作出判决。"

④ 《认罪认罚从宽指导意见》第 40 条与《刑事诉讼法》第 201 条内容基本一致。

⑤ 张军：《关于检察工作的若干问题》，载《国家检察官学院学报》2019 年第 5 期。

⑥ 张军：《关于检察工作的若干问题》，载《国家检察官学院学报》2019 年第 5 期。

第二节　刑事简易程序中检察指控现存问题梳理

"指控"一词在汉语词典中的意思为"就某人某事向司法部门提出控告"。具体到我国适用简易程序的公诉案件，指控工作为检方负责，笔者认为主要包括：程序启动、指控方内部工作机制及程序推进（证明标准、庭审环节、量刑建议、抗诉）。2018 年《刑事诉讼法》及其配套规定出台后，检察机关在审查起诉阶段对案件进行了程序分流，在现行认罪认罚从宽制度下分三步进行：第一步看被告人是否认罪，不认罪的依普通程序进行；认罪的进入第二步，看被告人是否认罚，被告人认罪不认罚的根据是否符合法定条件分别依照简易程序或普通程序进行；被告人认罪认罚的进入第三步，根据案件情况对照是否符合简易程序、速裁程序的适用条件及排除条件以及可能判处刑期的不同，分别适用速裁程序、简易程序或普通程序。

具体到简易程序有两种路径：一是认罪认罚从宽制度下的简易程序；二是认罪不认罚的简易程序。前者是 2018 年《刑事诉讼法》修改后出现的；后者自 2012 年《刑事诉讼法》修改后即存在，2018 年《刑事诉讼法》未对其进行修改。

一、程序启动

（一）认罪不认罚简易程序中控辩审三方权能失衡

2018 年《刑事诉讼法》确立了认罪认罚从宽制度和速裁程序，对于认罪认罚从宽制度下的被告人给予了较多保障，赋予了认罪认罚被告人程序选择权，《认罪认罚从宽指导意见》第 7 条第 2 款明确了认罪认罚的被告人若不同意适用速裁或简易程序不影响"认罚"的认定。[①] 被告人在认罪认罚后，可以在符合各程序的法定条件（包括排除性条件）下，选择适用或者不适用速裁程序、简易程序。

但对于认罪不认罚的被告人，却依旧没有赋予其对简易程序的适用选择权。认罪不认罚简易程序中，相对于检察机关启动程序的"建议权"与法院最终适用的"决定权"，被告人无"程序选择权"与其平衡，仅有"程序否定权"作

---

① 《认罪认罚从宽指导意见》第 7 条第 2 款："认罚"考察的重点是犯罪嫌疑人、被告人的悔罪态度和悔罪表现，应当结合退赃退赔、赔偿损失、赔礼道歉等因素来考量。犯罪嫌疑人、被告人虽然表示"认罚"，却暗中串供、干扰证人作证、毁灭、伪造证据或者隐匿、转移财产，有赔偿能力而不赔偿损失，则不能适用认罪认罚从宽制度。犯罪嫌疑人、被告人享有程序选择权，不同意适用速裁程序、简易程序的，不影响"认罚"的认定。

为最低保障。2012 年《刑事诉讼法》修改了 1996 年《刑事诉讼法》对于简易程序启动权的规定，其中法院保留了简易程序启动权，检察院的简易程序启动权变为"建议适用权"，被告人则被赋予了"程序否决权"，2018 年《刑事诉讼法》并未对此进行修改。在认罪不认罚简易程序中：一是从控方权能看，在审查起诉期间，检察官对案件进行审查后，认为案件符合简易程序适用条件的，在提起公诉时可以建议法院适用简易程序。但法律赋予检察机关行使该建议权的自由裁量权，符合简易程序的条件并不必然导致控方建议适用该程序，对于符合简易程序适用条件的案件，检察机关既可建议适用，也可不建议适用。实践中，影响建议权行使的因素很多：检察官个人偏好、适用简易程序的工作量、建议被法院采纳的比例等。出庭工作量增加亦是检察官认为制约简易程序建议权行使的主要因素之一。[①] 二是从辩方权能看，被告人虽被赋予"程序否决权"，但并不具有"程序选择权"，这两者有本质区别，前者是"不完整的程序选择权"，仅能消极否定程序适用，而后者则既可积极主张适用，又可消极否定适用。前者必须附属于法院决定权或者检察院建议权，若检察院不行使建议权或法院不行使简易程序决定权，则被告对简易程序的适用没有话语权。[②] 三是从审方权能看，在 2018 年《刑事诉讼法》中，法院对简易程序的使用与否享有较大的自由裁量权。即使符合简易程序适用条件且检察机关建议适用的案件，法院仍可能不批准适用，尤其是对于可能判处 3 年有期徒刑以上刑罚的案件，实践中，法院常常出于谨慎态度而否决检察机关的适用建议。程序选择权作为诉权内容之一应得到充分保障，以防止检察机关的"程序建议权"和审判机关的"程序决定权"不受约束。

（二）检察指控主导下的简易程序适用率低

如前文所述，我国刑事案件结构中，判处 5 年以上有期徒刑、无期徒刑和死刑（包括死缓）的重刑案件人数占总数比例大幅下降，判处 3 年有期徒刑以下刑罚、免予刑事处罚的轻罪案件人数占总数的八成以上。此数据亦体现了《刑事诉讼法》中的"二八定律"，在所有案件中约 80% 为简单多数，20% 为复杂少数，应以 20% 的司法资源去解决 80% 的简单多数案件，用 80% 的司法资源去解决 20% 的复杂少数案件，通过简化简单多数和优化复杂少数来平衡刑事诉讼中的效率与公正。[③]

从现有文献和实务部门统计数据来看，在司法实践中简易程序适用率较低，

---

① 谢登科：《论刑事简易程序扩大适用的困境与出路》，载《河南师范大学学报（哲学社会科学版）》2015 年第 2 期。

② 高一飞：《刑事简易程序研究》，中国方正出版社 2002 年版，第 192 页。

③ 李本森：《法律中的二八定理——基于被告人认罪案件审理的定量分析》，载《中国社会科学》2013 年第 3 期。

远未达到立法之初的设想水平。根据 2004—2018 年《中国法律年鉴》对 2003—2017 年的数据统计，计算出每年简易程序的适用率，自 2013 年起，每年增加了检察机关建议适用简易程序的统计（如表 8-1 所示）。[1] 由表 8-1 数据可知，2003—2012 年 10 年间我国简易程序适用率年均为 35.58%；2012 年《刑事诉讼法》正式施行后，2013—2017 年 5 年间我国简易程序适用率年均为 48.68%，其中由检察机关建议适用的年均为 67.90%。

表 8-1　2003—2017 年简易程序适用情况

2003—2012 年简易程序适用情况			
年份	简易程序适用率	年份	简易程序适用率
2003	25.0%	2008	37.3%
2004	32.0%	2009	36.9%
2005	35.0%	2010	36.8%
2006	35.6%	2011	39.1%
2007	37.1%	2012	41.0%
2013—2017 年简易程序适用情况			
年份	简易程序适用率		检察机关建议适用占比
2013	51.4%		85.8%
2014	50.0%		76.9%
2015	47.7%		66.4%
2016	51.4%		59.4%
2017	42.9%		51.0%

自 2014 年 8 月 26 日开始，在 18 个试点城市 217 个基层法院开展的为期 2 年的刑事案件速裁程序试点期间，刑事案件速裁程序的适用件数占同期判处 1 年以下有期徒刑刑罚案件总数的 35.88%，占同期全部刑事案件的 18.48%。速裁程序为期 2 年的试行期满后，自 2016 年 9 月—2019 年 9 月在 281 个法院，将速裁程序统一纳入认罪认罚从宽制度继续试点，试点中适用认罪认罚从宽制度的案件数占同期刑事案件总数的 53.5%。[2] 随后修改的《刑事诉讼法》中吸收了速裁程序和认罪认罚从宽制度。

---

[1]　详见 2004—2017 年《中国法律年鉴》"统计资料"一章。

[2]　最高人民法院：《中国法院的司法改革（2013—2018）》，人民法院出版社 2019 年版，第 22 页。

根据上述材料可得出如下结论：第一，在 2018 年《刑事诉讼法》修改前，2012 年《刑事诉讼法》下的简易程序适用率比 1996 年《刑事诉讼法》下的简易程序适用率提高了 13%，占刑事案件总数的 48.68%。第二，刑事案件速裁程序在试点期间适用率为刑事案件总数的 18.48%，认罪认罚从宽制度在试点期间适用件数占刑事案件总数的 53.5%。第三，我国目前被判处 3 年有期徒刑以下刑罚、免予刑事处罚的人数约占刑事案件总数的八成。

二、简易程序检察指控内部工作机制

2018 年《刑事诉讼法》主要对认罪认罚从宽制度和速裁程序进行立法，《认罪认罚从宽指导意见》和 2019 年的《刑事诉讼规则》对其进一步细化。但此次修改并未对简易程序进行完善，故三机关对简易程序各阶段内部工作机制亦未跟进完善。检察指控上承侦查，下启审判，在内部工作机制方面仍存有改进空间。

（一）各阶段衔接不畅

1. 侦诉衔接存在困难，侦诉案件集中移送难度较大，影响集中适用

实践中，简易程序的公诉存在"一案一诉"和"打包起诉"两种模式。前者模式中，检方可就个案单独向法院起诉，案件随来随走，但并不能显著提高效率；后者模式下，能实现大量刑事案件的快速、集中处理，但需公检法三机关在工作机制上衔接默契，侦控审三方面对接畅通。但实践中案件集中移送审查起诉难度较大，影响集中审查起诉和集中开庭审理，其中主要是公安机关侦查的案件集中移送困难。公安机关侦查案件须遵循工作规律，虽然对适用简易程序审理的公诉案件可以在办案期限、办案程序、集中办理等方面作统一规定，但由于基层刑警队、派出所众多，且警员素质良莠不齐、难以统筹，存在公安机关"个案移送"与检察机关"集中起诉"的矛盾。

2. 专人办案影响检察人员业务能力提升

检方建议适用简易程序审理的案件，均为案件事实清楚、证据确实充分、被告人对指控的犯罪事实没有异议的案件。此类案件法庭对抗性小、审理过程简单，如果固定专人办案，会影响其对重大、疑难、复杂案件的公诉能力，不利于公诉队伍的建设。

（二）行政流程及文书有待简化

1. 行政化审批方式冗赘，烦琐程度更甚于普通程序

检察院内部行政化的审批方式阻碍了诉讼效率的提升。案件分配给承办人员后，能否建议法院适用简易程序，在指控上能否启动简易程序办案机制，承办人本人并无最终决定权，必须经过某种审批程序。例如，某些检察院内部规定，建议适用简易程序审理的案件须经过科务会讨论通过并由公诉科科长审批，

而某些检察院则由主任检察官审批。这些检方内部的行政审批程序在某种程度上也阻碍了效率的提高。

2. 相关文书烦琐冗长，与普通程序差异不大

公诉案件简易程序中的指控一方，承上启下，包括提起公诉前的案件审查阶段和提起公诉后的出庭公诉阶段，故简易程序的简化也应该包括案件审查阶段的简化和出庭公诉阶段的简化。适用简易程序审理的案件大多事实简单、案卷材料不多，故制作工作文书恰恰成为其中的主要工作。因此，对适用简易程序审查起诉的公诉案件，简化阅卷笔录、审查报告、公诉意见书、出庭预案、出庭笔录等文书中一些繁杂的内容，可大幅提高该类案件的审查起诉效率。但在实践中现行简易程序检方的"对内工作文书"和"对外法律文书"在简化方面仍有较大空间，这也掣肘了办案效率的提升。具体表现为：

（1）文书种类繁多。对审查起诉的公诉案件，检方需要制作的工作文书主要包括：阅卷笔录、审查报告、起诉书、量刑建议书、出庭预案、公诉意见书、出庭笔录等。对于适用简易程序审理的公诉案件，如果需要全部制作，必然会增加公诉部门的工作量，不利于提高诉讼效率。例如，某基层检察院，对于适用简易程序审理的公诉案件，每个案件都制作了审查报告、起诉书、量刑建议书、出庭预案（或公诉意见书）、出庭笔录等几种文书，对于出庭预案和公诉意见书，有的承办人两者都使用，有的则选择其中之一使用。

（2）文书内容冗长，无明确统一规定予以规范。

①阅卷笔录。相关的规范性文件规定审查报告对证据进行较为详细摘录的，可以不再制作阅卷笔录，但如果举证、质证确需要制作的，则应当分清主次，有重点地制作笔录。

②审查报告。在实践中，检察机关案件管理系统中简易审查报告的格式分普通程序与简易程序两种，简易程序审查报告更为简化，但其仅为样本，且操作不便，实践中相当数量的承办人还是使用原来的普通程序审查报告，没有达到预期的效果。

③起诉书。制作适用简易程序案件的起诉书，其格式仍与普通程序一样，没有区别，不够简化，亦不能体现其差异性，甚至出现承办人在撰写审定事实部分内容时直接摘抄侦查机关移送起诉意见书关于事实部分的情形。

④公诉意见书。对于是否制作专门的公诉意见书，各地做法不一。有的制作了专门的公诉意见书，有的则直接将公诉意见书作为出庭预案的一部分在法庭上宣读。

⑤量刑建议书。对于简易程序案件，可以制作单独的量刑建议书，与案件材料一并移送法院，也可在公诉意见书中提出。量刑建议书的范本对一案有多个被告人的情况未作明确统一规定，导致实践中有的承办人对同案的各被告

都制作了专门的量刑建议书，有的则在一份量刑建议书中分别进行量刑建议。

⑥出庭预案。每个适用简易程序的公诉案件是否制作出庭预案，出庭预案中的举证、质证、答辩提纲具体如何简化，是单独制作公诉意见书还是将起诉意见写入出庭预案，并无明确规定。

⑦出庭笔录。由于没有具体规定，书记员在记录出庭笔录时常常根据各自的习惯而为。有的记录非常简单，对庭审中控辩双方的举证、质证、量刑建议，特别是被告人及辩护人对定罪、量刑的意见等方面内容都没有涉及；有的记录却十分详细。

三、简易程序推进过程中的检察指控

如上文所述，2018 年《刑事诉讼法》及其配套规定主要集中于完善认罪认罚从宽制度及速裁程序，对简易程序几无涉及，导致存在两种简易程序路径：认罪认罚简易程序和认罪不认罚简易程序。前者不仅要依照原有简易程序的规定，还需结合认罪认罚从宽制度。在简易程序推进过程中，检察指控主要包括证明标准、量刑建议、庭审环节、抗诉。

（一）证明标准

2018 年《刑事诉讼法》并未对刑事证明标准进行修改，仍秉持"案件事实清楚，证据确实、充分"的刑事证明标准，并在第 55 条从正反三个条件对其进行解释。目前，我国刑事证明标准具有唯一性，无论是普通程序、简易程序还是速裁程序，均以此为审结标准，在简易程序和速裁程序中，更是将其作为适用前提条件之一。此外，对于认罪认罚从宽制度，在《认罪认罚从宽指导意见》中亦有明确规定，要求所有适用认罪认罚从宽制度的案件在侦查终结（2018 年《刑事诉讼法》第 162 条）、审查起诉（2018 年《刑事诉讼法》第 176 条）、庭审裁判三个阶段均须做到此标准。故目前简易程序的两种路径（认罪认罚简易程序和认罪不认罚简易程序）亦均以"案件事实清楚，证据确实、充分"为证明标准。

学界和实务界曾围绕简易程序是否应采用差异化证明标准进行过激烈讨论。一些学者认为应探索"多层次证明标准"对应"阶梯式程序体系"，对不同程序在证明标准上体现出差异性，对案情简单、争议不大且被告人认可的案件可适当降低证明标准以提高诉讼效率。大多数观点认为应坚持一元化证明标准，证明标准不能因程序简化而降低：一是为避免在实践中产生"疑罪从轻"的异化效果，防止冤假错案的发生；二是认为程序简化只是降低对证明过程的形式性要求，我国强制权主义诉讼价值导向下仍应坚持严格证明原则和法定证明标准。① 还有观点从"立法解释"的视角进行分析。其中，以体系解释为视角得出一元证明标准的结论，② 而以文义解释为视角得出差异证明标准的结论。因为 2012 年《刑事诉讼法》第 208 条规定的简易程序适用条件，用词为"证据充分"，此与第 195 条要求"证据确实、充分"明显不同。③ 但随后官方对此进行了较为权威的解释说明，此处少了"确实"是因为在检察机关启动适用简易程序时，证据尚未经过庭审质证，只有经过庭审质证后方可称为"确实、充分"，并非对简易程序降低证明标准。④

上述对于证明标准的讨论均是针对简易程序中侦查和审查起诉阶段，对于审判阶段定罪量刑所依据的证明标准学界较为一致，即严格坚持"案件事实清楚，证据确实、充分"的法定证明标准。故对于缺乏基础事实或虽有基础事实但依法不构成犯罪或未达到法定证明标准的案件，即使犯罪嫌疑人、被告人自愿认罪也不能简单接受，与其达成定罪量刑协议，在庭审阶段需进行实质性审查。

自速裁程序和认罪认罚从宽制度试点以来，在坚持一元化证明标准（案件事实清楚，证据确实、充分）的基础上，理论界亦在寻求探索不同路径以匹配相应程序，达到提高诉讼效率、效率与公正相平衡的最终目的。有观点认为可对涉及被告人定罪量刑的主要证据和其他次要证据进行区分⑤；亦有观点认为可采用"双阶标准"将定罪与量刑的证明标准相区分⑥，对定罪事实采用最高标准（案件事实清楚，证据确实、充分），对量刑事实的证明标准适当降低⑦。

（二）量刑建议

对于检察机关量刑建议，需区分为认罪认罚简易程序和认罪不认罚简易程序进行讨论。

1. 认罪认罚简易程序中的量刑建议

2018 年《刑事诉讼法》修改后，无论官方还是学界均认可检察机关在认罪

---

① 肖沛权：《认罪认罚案件的证明标准》，载《法学杂志》2019 年第 10 期；汪海燕、范培根：《论刑事证明层次性——从证明责任角度的思考》，载《政法论坛》2001 年第 5 期；熊秋红：《对刑事证明标准的思考——以刑事证明中可能性和确定性为视角》，载《法商研究》2003 年第 1 期；胡常龙：《走出刑事证明标准的几个理论误区》，载《法学论坛》2009 年第 5 期。

② 陈瑞华：《刑事证明标准中主客观要素的关系》，载《中国法学》2014 年第 3 期；龙宗智：《中国法语境中的"排除合理怀疑"》，载《中外法学》2012 年第 6 期；李训虎：《"排除合理怀疑"的中国叙事》，载《法学家》2012 年第 5 期。

③ 谢登科：《论刑事简易程序中的证明标准》，载《当代法学》2015 年第 3 期。

④ 张军：《新刑事诉讼法法官培训教材》，法律出版社 2012 年版，第 41 页。

⑤ 陈光中、马康：《认罪认罚从宽制度若干重要问题探讨》，载《法学》2016 年第 8 期。

⑥ 李本森：《认罪认罚从宽制度中的证据规则：检讨与重构》，载《浙江工商大学学报》2020 年第 1 期。

⑦ 陈瑞华：《认罪认罚从宽制度的若干争议问题》，载《中国法学》2017 年第 1 期。

认罚从宽制度中的主导作用。而认罪认罚从宽作为一种协商性司法制度，被告人通过认罪认罚、放弃部分诉讼权利而有利于节约司法资源、促进司法效率，作为回报，检察机关根据案情在量刑建议中充分考虑被告人的表现，给予其从宽处罚。2018年《刑事诉讼法》在第174条第1款中将被告人同意检察机关量刑建议作为适用认罪认罚从宽制度的条件之一①；第176条第2款规定检察机关量刑建议的内容②；第201条更是赋予认罪认罚从宽制度中量刑建议具有刚性效力，规定认罪认罚案件中审判机关作出判决应以采纳检察机关指控的罪名和量刑建议为原则，不采纳为例外③。2019年《刑事诉讼规则》亦对检察机关量刑建议进行规定，其中第272条对应了2018年《刑事诉讼法》第174条；第275条对2018年《刑事诉讼法》第176条进行了细化规定，明确量刑建议应以"确定刑"为原则，以"幅度刑"为例外④。此外，《认罪认罚从宽指导意见》对量刑建议也进行了规定，其中第31条与2018年《刑事诉讼法》第174条对应；第33条与2018年《刑事诉讼法》第176条对应；第40条和第41条对2018年《刑事诉讼法》第201条进行了补充，除规定认罪认罚案件中法院对量刑建议应当以采纳为原则外，还规定了控审意见不一致时的协商机制⑤。在认罪认罚从

---

① 2018年《刑事诉讼法》第174条第1款规定："犯罪嫌疑人自愿认罪，同意量刑建议和程序适用的，应当在辩护人或者值班律师在场的情况下签署认罪认罚具结书。"
② 2018年《刑事诉讼法》第176条第2款规定："犯罪嫌疑人认罪认罚的，人民检察院应当就主刑、附加刑、是否适用缓刑等提出量刑建议，并随案移送认罪认罚具结书等材料。"
③ 2018年《刑事诉讼法》第201条规定："对于认罪认罚案件，人民法院依法作出判决时，一般应当采纳人民检察院指控的罪名和量刑建议，但有下列情形的除外：（一）被告人的行为不构成犯罪或者不应当追究其刑事责任的；（二）被告人违背意愿认罪认罚的；（三）被告人否认指控的犯罪事实的；（四）起诉指控的罪名与审判认定的罪名不一致的；（五）其他可能影响公正审判的情形。人民法院经审理认为量刑建议明显不当，或者被告人、辩护人对量刑建议提出异议的，人民检察院可以调整量刑建议。人民检察院不调整量刑建议或者调整量刑建议后仍然明显不当的，人民法院应当依法作出判决。"
④ 2019年《刑事诉讼规则》第275条规定："犯罪嫌疑人认罪认罚的，人民检察院应当就主刑、附加刑、是否适用缓刑等提出量刑建议。量刑建议一般应当为确定刑。对新类型、不常见犯罪案件，量刑情节复杂的重罪案件等，也可以提出幅度刑量刑建议。"
⑤ 《认罪认罚从宽指导意见》第40条规定："量刑建议的采纳。对于人民检察院提出的量刑建议，人民法院应当依法进行审查。对于事实清楚，证据确实、充分，指控的罪名准确，量刑建议适当的，人民法院应当采纳。具有下列情形之一的，不予采纳：（一）被告人的行为不构成犯罪或者不应当追究刑事责任的；（二）被告人违背意愿认罪认罚的；（三）被告人否认指控的犯罪事实的；（四）起诉指控的罪名与审理认定的罪名不一致的；（五）其他可能影响公正审判的情形。对于人民检察院起诉指控的事实清楚，量刑建议适当，但指控的罪名与审理认定的罪名不一致的，人民法院可以听取人民检察院、被告人及其辩护人对审理认定罪名的意见，依法作出裁判。人民法院不采纳人民检察院量刑建议的，应当说明理由和依据。"第41条规定："量刑建议的调整。人民法院经审理，认为量刑建议明显不当，或者被告人、辩护人对量刑建议有异议且有理有据的，人民法院应当告知人民检察院，人民检察院可以调整量刑建议。人民法院认为调整后的量刑建议适当的，应当予以采纳；人民检察院不调整量刑建议或者调整后仍然明显不当的，人民法院应当依法作出判决。适用速裁程序审理的，人民检察院调整量刑建议应当在庭前或者当庭提出。调整量刑建议后，被告人同意继续适用速裁程序的，不需要转换程序处理。"

宽制度试点中，检察机关建议适用的占 98.4%①，在 2018 年度认罪认罚从宽制度审理的案件中检察机关量刑建议采纳率为 96%②。

综上，此次立法对认罪认罚案件中的量刑建议用两个"一般应当"确定了两个原则：一是检察机关提出量刑建议的样态——以确定刑为原则，以幅度刑为例外；二是量刑建议的效力——审判机关以采纳为原则，以不采纳为例外。第一个原则的主要问题是检察机关在实践中提出确定刑的比例不高，与立法要求存在差距。③ 检察机关在长期实践中，量刑建议是以幅度刑为主、确定刑为辅，这与 2010 年《人民检察院开展量刑建议工作的指导意见（试行）》的规定亦有关系。随着新法实施，这一情况在今后或有所转变。第二个原则的主要问题是检察机关量刑建议的效力应如何把握？对此有观点认为，量刑建议作为量刑请求权，与定罪请求权同属求刑权，是指控职能的重要内容之一，从认罪认罚从宽制度设计来看，是检察机关在审前主导与被告人协商并提高诉讼效率，是一种权力让渡——将审判机关的自由裁量权部分让渡与检察机关。④ 亦有观点认为，在认罪认罚从宽制度中，量刑建议是控辩双方协商合意的结果，法条规定充分体现了对控辩双方"合意"的尊重，但并非"照单全收"，法院仍应进行严格审查，对于不当情形进行依法裁判。⑤

2. 认罪不认罚简易程序中的量刑建议

无论是 2012 年《刑事诉讼法》还是 2018 年《刑事诉讼法》，均未对认罪不认罚简易程序与普通程序中检察机关量刑建议作差异性规定。2019 年《刑事诉讼规则》第 364 条，亦将公诉案件普通程序与简易程序的量刑建议一并规定，将认罪认罚案件的量刑建议作单独规定。⑥ 检方并不能与被告就适用简易程序与从轻量刑进行"协商"。2018 年《刑事诉讼法》中没有规定被告人同意适用简易程序后给予其从轻处罚。自 2012 年《刑事诉讼法》开始，虽赋予了被告人对简易程序适用的否决权，但并未规定被告人同意适用简易程序后是否及如

① 谢文英：《刑事案件认罪认罚从宽制度试点一年：法院对检察机关量刑建议采纳率为 92.1%》，载《检察日报》2017 年 12 月 24 日版。
② 高一飞：《刑事简易程序研究》，中国方正出版社 2002 年版，第 192 页。
③ 陈国庆：《刑事诉讼法修改与刑事检查工作的新发展》，载《国家检察官学院学报》2019 年第 1 期。
④ 陈国庆：《量刑建议的若干问题》，载《中国刑法杂志》2019 年第 5 期。
⑤ 胡云腾：《正确把握认罪认罚从宽 保证严格公正高效司法》，载《人民法院报》2019 年 10 月 24 日版。
⑥ 2019 年《刑事诉讼规则》第 364 条规定："人民检察院提起公诉的案件，可以向人民法院提出量刑建议。除有减轻处罚或者免除处罚情节外，量刑建议应当在法定量刑幅度内提出。建议判处有期徒刑、管制、拘役的，可以具有一定的幅度，也可以提出具体确定的建议。提出量刑建议的，可以制作量刑建议书，与起诉书一并移送人民法院。量刑建议书的主要内容应当包括被告人所犯罪行的法定刑、量刑情节、建议人民法院对被告人判处刑罚的种类、刑罚幅度、可以适用的刑罚执行方式以及提出量刑建议的依据和理由等。认罪认罚案件的量刑建议，按照本章第二节的规定办理。"

何给予其量刑上的"优惠"，仅在最高人民法院发布的《人民法院量刑指导意见（试行）》（以下简称《量刑指导意见》）规定了对审判阶段认罪的被告人量刑时最高可以减少基准刑的 10%。法官也主要根据《量刑指导意见》进行科刑，不能将被告人"牺牲"的诉讼权利用"从轻"进行"补偿"。

（三）庭审环节

简易程序庭审环节中检察指控主要涉及两个方面，一是是否必须派员出庭，二是庭审程序有哪些简化。

对于第一点，2012 年《刑事诉讼法》对 1996 年《刑事诉讼法》进行了修改，明确了在简易程序中检察机关必须派员出庭，到 2018 年《刑事诉讼法》对此并无修改。值得一提的是，2018 年《刑事诉讼法》对于从简易程序分出的速裁程序中检察机关是否必须派员出庭并未作明确规定，2019 年《刑事诉讼规则》对此进行了补充，即所有刑事案件检察机关均需要派员出庭。虽然从利益权衡的角度而言，检方派员出庭有助于规范刑事诉讼程序、促进实现程序公正，有利于构建控辩平等对抗、法官居中裁判的控辩审三方庭审结构，但仍会大幅增加检方的工作量，进一步增加基层检察院的工作负担，我们仍需探寻在简易程序中检方派员出庭的情况下如何缓解公诉人出庭压力大的问题。

对于第二点，为缓解简易程序中检方的出庭压力，2018 年《刑事诉讼法》和司法解释规定适用简易程序审理的案件，可以适当简化部分庭审环节，以缩短庭审时间，提高审判效率。但庭审程序简化仍有空间，此处需将认罪认罚简易程序和认罪不认罚简易程序分开讨论。一是对于认罪认罚简易程序，庭审中公诉人可简要宣读起诉书，审判人员核实指控的犯罪事实和证据、量刑建议、程序适用以及被告人具结书的"三性"（自愿性、真实性、合法性），法庭调查可简化，法庭辩论仅围绕争议问题，裁判文书可简化。二是对于认罪不认罚简易程序，公诉人员可简化宣读起诉书，根据案件情况，可决定是否讯问、询问相关人员，可简化法庭调查和法庭辩论。在实践中，简易程序的庭审常常与普通程序差异不大，具体表现为：（1）部分公诉人宣读起诉书时通篇宣读，没有归纳概括或适当简化。（2）对控辩双方无异议的证据，仍有部分公诉人举证时照本宣科，没有对证据证明的内容进行概括说明，达不到简易审的目的。（3）法庭辩论时，有时没有将重点放在量刑情节、争议焦点等方面，庭审效率不够。[①]

值得注意的是，对于认罪认罚的普通程序庭审的简化，《认罪认罚从宽指导意见》第 47 条亦有规定，公诉人需正常宣读起诉书，对于法庭调查和法庭辩论可适当简化，合议庭核实犯罪事实及证据、被告人具结书是否符合"三性"，控辩审三方对被告讯问可简化，对法庭认为有必要质证的证据进行质证，围绕

---

① 谌晓琴：《刑事简易程序修正对检察实务影响研究》，西南大学 2014 年硕士学位论文。

争议点进行法庭辩论，裁判文书可简化。通过对比不难发现，认罪不认罚简易程序相对于认罪认罚普通程序而言，差异并不明显。

（四）抗诉

在《刑事诉讼法》的历次修改中，均未针对简易程序的抗诉进行专门规定，故简易程序与普通程序、速裁程序的抗诉流程并无差异。学界与实务界主要围绕是否应对类简易程序限制上诉与抗诉进行讨论。对此同样要区分为认罪认罚简易程序和认罪不认罚简易程序。

1. 认罪认罚简易程序的抗诉

此问题本质是对于量刑建议效力的定位：控辩双方达成认罪认罚量刑建议后对双方效力如何，若法院完全依照量刑建议裁判，是否允许双方反悔进行上诉、抗诉；若法院未依照量刑建议裁判，是否应该进行上诉、抗诉。从《刑事诉讼法》及《认罪认罚从宽指导意见》的规定来看，量刑建议对于控辩审三方具有不同约束。首先，对于被告人的上诉权，曾经出现过支持、限制、禁止三种讨论[1]，最后在立法上出于保障人权的考量，并未限制其上诉权，以至于在实践中出现了"空白上诉"和"技术性上诉"[2]。其次，对于检察机关和审判机关具有一定法律约束，若法院按照量刑建议裁判，检察机关则没有任何理由进行抗诉，若法院没有按照"一般应当采纳"的规定采纳，则一方面需要写明不采纳理由，另一方面需面临控辩双方上诉、抗诉的风险。

对此，司法实践中已有案例，具体可分为三种情形：（1）法院按照量刑建议判决，被告人反悔上诉，检察机关抗诉。（2）法院判决重于量刑建议，被告人上诉，检察机关抗诉或不抗诉。（3）法院判决轻于量刑建议，被告人不上诉，检察机关抗诉。引起社会广泛关注的"余某平交通肇事案"就是一个典型案例。在控辩双方达成合意，被告人为获得检察机关从宽的量刑建议认罪认罚、积极赔偿被害人损失并取得被害人谅解后，法院在一审未按照"三年有期徒刑缓刑四年"的量刑建议，而是判决"有期徒刑两年"。判决后被告人上诉，同时检察机关以被害人利益提起抗诉，二审加重判决三年零六个月。[3] 此案即反映了检察机关与审判机关对于认罪认罚从宽制度量刑建议效力的定位差异，从整个案件来看，甚至有"控审角力"的嫌疑。

2. 认罪不认罚简易程序的抗诉

有观点认为检察机关重视普通程序案件的抗诉，对于简易程序案件的抗诉则缺乏重视。造成此现象的原因主要有三：一是案情方面，普通程序较简易程

---

① 陈卫东：《认罪认罚从宽制度研究》，载《中国法学》2016 年第 2 期。
② 张丽霞：《认罪认罚案件上诉与抗诉的发力辨析》，载《中国人民公安大学学报（社会科学版）》2020 年第 1 期。
③ 《余某平交通肇事二审刑事判决书》，（2019）京 01 刑终 628 号。

序往往案情更为复杂，涉及罪名更为严重，犯罪行为对社会的危害也更大，故检察机关对于普通程序案件的关注比简易程序更多。二是程序特点，法律对适用普通程序和简易程序不同条件的规定，决定了简易程序的案件争议不大，故适用简易程序后的判决，出现错误的概率较小。三是检察机关对于简易程序监督的关注不够。出于上述原因，检察机关和审判机关往往都对简易程序重视不足。检察机关对简易程序的关注不足，亦是对于其法律监督职责的认识不足。

现实数据方面，一是在《中国法律年鉴》等官方数据中，尚无对刑事简易程序抗诉方面详尽的数据统计，仅能找到部分相关数据从侧面进行分析。二是通过在中国裁判文书网检索刑事抗诉案件，检索出的案例样本有三类共计642件/873人，其中497件/707人为刑事二审抗诉引起的裁判（2015年1月1日—2015年12月31日），121件/140人为刑事再审抗诉引起的裁判（2015年1月1日—2015年12月31日），24件/26人为刑事案件速裁程序抗诉引起的裁判。在上述刑事二审抗诉和再审抗诉的案例样本中均未出现关于简易程序的抗诉情况。[①] 三是在网上进行检索，发现个别省份公布了部分年份的简易程序抗诉的相关数据，在此一并展示，以从侧面进行参考：四川省2009—2011年全省检察机关对简易程序提出抗诉19件，改判14件，改判率约为73.68%。[②]

笔者从中国裁判文书网检索的2015年审结的所有刑事抗诉案例样本中，没有发现裁判文书中提到一审为简易程序的情况，若据此判断简易程序的抗诉率为0，显然与常识不符。笔者推测是裁判文书的规范中不强制要求载明一审是简易程序，故简易程序的抗诉无从判断。但从样本一审量刑的统计上来看，多数被告人的刑罚为3年以上有期徒刑，故以此推测从侧面可以证明我国刑事抗诉中简易程序数量少，存在"重普通程序，轻简易程序"的现象，但并无法证明此现象是否合理。此情况或是由于简易程序固有的特点所造成的：案件事实清楚，证据确实、充分，被告人承认检察机关指控罪行且对适用该程序无异议。此种情况下，控辩审三方均对案件几无争议，并不具备作为刑事抗诉对象的条件。毕竟简易程序的目的是提高司法效率，节约司法资源，将有限的司法资源用向更为复杂的案件，若不重视普通程序，而重视简易程序，难免有本末倒置之嫌。

---

① 郭倩：《刑事抗诉程序实证研究》，中国政法大学2018年博士学位论文。

② 刘德华、刘韵：《四川省检察机关加大简易程序审判监督力度》，载《检察日报》2012年5月5日版。

第三节　刑事简易程序中检察指控的完善路径

上文已对我国简易程序中检察指控的发展、现状及问题进行了分析，针对上述问题，一方面可以参考国外相似制度辩证借鉴，另一方面可以结合我国司法实践及学界探索成果为其设计完善路径。自速裁程序和认罪认罚制度试点伊始，实务界与学界均为其完善积极探索，研究成果丰硕，其中多以美国辩诉交易制度和德国认罪协商制度为参考依据，对美国辩诉交易制度的借鉴更甚。但借鉴并非"照抄"，在借鉴的同时各界一致认为我国认罪认罚从宽制度是具有"中国特色的认罪宽恕制度"，并非美国的辩诉交易或西方某些制度的翻版。①笔者亦认为我国认罪认罚从宽制度与国外制度相比有自己的特点与优势，在结合我国国情基础上兼收国外大陆法系与普通法系的优秀经验。但相对来讲，我国类简易程序还是带有较为浓厚的职权主义与实体真实主义特点②，故相较于秉持当事人主义与程序真实的普通法系国家，我国与坚持职权主义和实体真实主义的大陆法系国家在制度上有更多契合点，在吸收借鉴方面会少一些"水土不服"。

一、程序启动

如上文所述，目前现行简易程序中，实际有认罪认罚与认罪不认罚两种路径且存在差异，由于 2018 年《刑事诉讼法》及其配套司法解释、法规主要集中于认罪认罚从宽制度和速裁程序的确立与完善，对于简易程序几无涉及，客观上造成了认罪认罚制度与速裁程序相对于简易程序更为完善的情况。具体到简易程序启动，认罪认罚简易程序相较于认罪不认罚简易程序更为合理完善，故应对认罪不认罚简易程序的启动路径进行完善。

（一）国外借鉴

1. 德国

《德国刑事诉讼法》中除普通程序外，有两种刑事案件快速处理程序：一个是快速审判程序，又称简易程序；另一个是刑事处罚令。前者只能判处 1 年有期徒刑及以下刑罚，后者不得判处实际监禁刑。《德国刑事诉讼法》中对上述两者的启动及适用规定极为明确细致。（1）简易程序由刑事法官、参审法

---

① 胡云腾：《正确把握认罪认罚从宽　保证严格公正高效司法》，载《人民法院报》2019 年 10 月 24 日版；陈国庆：《刑事诉讼法修改与刑事检查工作的新发展》，载《国家检察官学院学报》2019 年第 1 期；卞建林：《刑事诉讼法学：构建新时代刑事程序法治体系》，载《检察日报》2020 年 1 月 3 日版。

② 周维明：《德国刑事协商制度的最新发展与启示》，载《法律适用》2018 年第 13 期。

庭审理，如果案情简单或证据清楚适宜立即审理案件的，检察院可以书面或者口头申请快速审理程序进行裁决，检察院无须提交起诉书。未提交起诉书的，在法庭审理开始时口头起诉。法官可以同意适用简易程序或者不同意适用。①（2）刑事处罚令程序则适用于由刑事法官、参审法庭审理管辖的轻罪，依检察院书面申请，可以不经法庭审理以书面处罚令确定行为的法律后果。根据侦查结果，检察院认为无法庭审理必要的，就会提起处罚令申请，申请应当针对特定的法律后果。公诉经由刑事处罚令申请的提出而提起。参审法庭审判长认为刑事法官有管辖权的，通过检察院将案件移送刑事法官；移送案卷的裁定对刑事法官有约束力的，检察院可以提起立即（程序问题的）上诉。刑事法官认为参审法庭有管辖权的，通过检察院将案件移送参审法庭的审判长作裁决；认为被诉人没有足够嫌疑的，应当拒绝签发处罚令。拒绝签发处罚令的裁决，等同于拒绝启动审判程序的裁定。对签发处罚令不存在疑虑的，法官应当同意检察院的申请。如果对不经法庭审理就作裁决有疑虑的，或者欲偏离处罚令申请中的法律评断的，或者要判处的法律后果与所申请的不同，但检察院又坚持申请的，则由法官确定法庭审理的日期。传唤时，应当向被告人送达除去法律后果部分的处罚令申请的副本。审判程序业已开始的，如果符合法定条件，并且如果由于被告人不到庭、缺席或者其他重要原因使得法庭审理难以进行的，在刑事法官、参审法庭审理的程序中检察院可以提出处罚令申请。法庭审理中，检察院可以口头提出申请，处罚令申请的主要内容要记入庭审笔录。对签发处罚令不存在疑虑的，法官应当同意处罚令申请。在其他情形下，法官应当以不可异议的裁定拒绝申请，并继续进行审判程序。②

2. 日本

日本刑事类简易程序可分为两种情况：一是检察官在公诉阶段基于追诉裁量权请求的简易程序；二是依普通程序提起公诉后，法院决定适用简易程序。前者又分为"略式程序"和"即决裁判程序"。其对我国的简易程序指控方简易程序启动权的完善尤其有借鉴意义。（1）略式程序。建议法院原则上不进行审判程序，仅根据检察官提出的资料，通过略式命令科处"科料"（日本最轻的刑罚，属于财产刑的一种）。检察官需要在向法院提起公诉的同时，以书面形式提起"略式命令"的请求，且需要向被告人说明该程序，并告知其有权选择是否适用该程序。法院可以在被告也同意的情况下批准适用该程序。③（2）即决裁判程序。对于没有争议的、案情简单清楚的案件，可以采用简易而迅速裁判的程序。其可以宣告惩役或缓期执行的禁锢。其启动方式为：对于检

---

① 《德国刑事诉讼法》第417条、第418条、第419条。
② 《德国刑事诉讼法》第407条、第408条。
③ 《日本刑事诉讼法》第289条、第461条、第462条。

察官将要提起公诉的案件，考虑到案件轻微、事实清楚、预计证据调查可以很快完成，并认为可以适用该程序的，在提起公诉时可以同时申请即决裁判程序，提出该申请时需要被告人对适用该程序表示同意，对可能判处 1 年以上惩役或者禁锢的案件不得适用。若有辩护人还需要辩护人同意，被告人没有辩护人时可申请法院指派辩护人。①

（二）完善路径

通过对德国刑事案件快速处理程序与日本类简易程序的分析借鉴，结合我国现有的认罪认罚从宽制度，笔者认为：对于认罪不认罚简易程序，应细化程序启动的法律规定，限制检方对程序适用建议的自由裁量权，限制法院对程序启动与否的自由裁量权，赋予被告人完整的程序选择权（可以向司法机关主动申请适用简易程序），对符合法定条件的案件严格适用简易程序。上述两国的类简易程序，都赋予了检察官程序启动权，但均需受到法院最终决定权的限制，且控审双方的自由裁量权较小，整个程序均有较为严格细致的法规对其进行限制。其中日本也赋予了被告人"程序否决权"，虽并未规定被告人可以主动向司法机关提出适用该程序，但由于其明确规定，控审双方因"谨慎"而行将不符合法定条件的案件适用简易程序的可能性较低，不至于出现我国这种严重影响简易程序适用率低的情况。德日都有类似规定：经被告人同意后，检察院提起的适用简易程序的建议，法院原则上必须同意。对此 2018 年《刑事诉讼法》中认罪认罚从宽制度在规定上已经取得进步，细化了启动程序的规定，也赋予了被告人完全的程序选择权。

二、检察指控内部工作机制

（一）国外借鉴

由上文可知，我国简易程序在指控方内部工作机制方面出现的上述问题，主要有以下原因：一是法律规定粗疏，多概括性规定，对于具体做法规定得不够明确细致。德国和法国在刑事诉讼法规中明确规定了不同程序繁简分流的起点以及控方需进行的工作和步骤。二是不同程序间差异不明显。以德国和日本为例，无论是德国的"普通程序—快速审判程序—刑事处罚令程序"，还是日本的"普通程序—简易裁判程序—即决裁判程序—略式程序"，作为对刑事案件案情的不同处理机制，差异明显，普通程序无论从文书制作还是庭审程序上都极为谨慎全面，而对于那些适用案情简单、可能判处刑罚较轻的案件，均在程序的各个阶段予以简化，包括文书方面。例如，德国的快速审判程序中，检察院可以书面或者口头申请快速审理程序进行裁决，无须提交起诉书，未提交

---

① 《日本刑事诉讼法》第 350 条。

起诉书的，在法庭审理开始时口头起诉。法官可以同意适用简易程序或者不同意适用。处罚令程序中检察院书面申请，可以不经法庭审理以书面处罚令确定行为的法律后果。例如，在严格按照起诉状一本主义的日本，略式程序则成为例外不适用该原则。此外，德日两国的类简易程序均比普通程序的诉讼文书更加简化。

（二）完善路径

一是应优化案件移送机制，协调法院集中审判，确立相对集中的工作原则。一方面，对于简易程序案件，应完善并采取相对集中的移送起诉、提起公诉、开庭审判以及专人承办的原则。检方拟适用简易程序的案件，一般应做到相对集中分案、相对集中审查、相对集中提审、相对集中提起公诉等一系列相对集中的处理方式。经初步审查认为符合适用简易程序的案件，可相对集中分给某一人或一组进行办理，新的认罪认罚从宽试点地区已针对此问题进行尝试。另一方面，检察机关可根据当地治安状况，引导侦查机关建立"认罪案件快速办理机制"，并以队所为单位集中向检察机关移送案件，检方审查完毕后集中起诉。同时，协调、建议法院对"打包起诉"的案件集中审理、宣判，从源头开始进行分流建立"集中审理"模式：从审查起诉到庭审准备，对被告人实现集中送达、集中宣判。

二是简易程序案件办理合理集中化。集中化的原则要求利用集约化机制提高效率，但应该避免出现长期专人固定的局面。可具体采取如下措施：（1）办案人员集中化，建议检察机关公诉部门成立专门的简易程序专案组或由专人负责。（2）采用轮岗制，全体办案人员定期轮岗专职负责简易程序，有利于公诉人才培养和工作量的平衡。在认罪认罚从宽试点中，已尝试从公检法三机关在各自阶段进行集中，有专人或小组进行专案负责。认罪不认罚简易程序，亦可吸收借鉴。

三是检方内部办案程序"简政放权"。不同程序间应强调差异性，否则非同类程序的设置将丧失其立法初衷。故普通程序和简易程序也应该繁简分流，简易程序在检察机关内部行政审批也应该简易化。会议讨论制、领导审批制严重降低了简易程序的工作效率。从国外经验来看，对于简易程序是否适用的决定权都在法院，且检方承办人员认为拟适用简易程序的案件也需要符合相关条件，故检察机关内部对简易程序的审批大可简化，将检方对"建议适用简易程序"的权力下放给案件承办人员。

四是将简易程序的法律文书精简化、格式化。对于简单、多发类的案件，可以采用模板化的审查报告：对于案件事实清楚的犯罪案件，可采用列举式的方法简要摘录证据、阐明证明内容，对事实、证据不必作详细论证与分析。对于3年有期徒刑以下刑罚的案件，既可模板化制作审查报告，亦可将审查报告与起诉书、出庭文件等一体化制作，只需满足庭审需要即可。

三、简易程序推进过程中的检察指控

（一）证明标准

1. 国外借鉴

国外大都针对不同的程序设置了不同的刑事证明标准。在美国的辩诉交易制度中，在当事人主义下被告人选择有罪答辩，就意味着其放弃了"排除合理怀疑"证明标准之保护。1997年德国联邦上诉法院在一个开创性案例中认为，即使法院未在掌握相关证据之前就作出有罪判决，但只要法庭成员和所有当事人都参与了协商，并且协商是公开的，法庭与当事人之间就审判结果达成的合意就是允许的。日本的略式程序则规定只要当事人没有争议，就可以适用自白法则，允许违反正当程序原则。①

2. 完善路径

一是明确证据裁判规则，坚持法定证明标准，在此原则下对简易程序进行下位规定。

二是对简易程序进行区分细化。（1）对于认罪认罚简易程序采用"双阶标准"（定罪与量刑双标准）②：对于定罪按照法定证明标准，即"事实清楚，证据确实、充分"；对于量刑标准，可根据案件情况保证质量但适当减少数量。（2）对于认罪不认罚简易程序，可对涉及被告人定罪量刑的主要证据和其他次要证据进行区分，主要证据保质保量，其他次要证据适当降低数量。

三是对法条进行文义完善。之所以对简易程序的证明标准出现讨论，一方面是探索为案情相对简单且争议不大的案件适用类简易程序提供配套的更为高效的证明标准。另一方面是由于立法文义的疏漏。在2012年《刑事诉讼法》修改时，曾有学者提出简易程序规定的"事实清楚，证据充分"与"事实清楚，证据确实、充分"有明显差异，前者从文意理解其证明标准当然弱于后者。但随后官方出面解释此处少了"确实"两字并非降低证明标准，而是因为在该阶段尚未进行庭审，未经庭审质证的不能成为"确实"证据。到了2018年《刑事诉讼法》修改，此处关于简易程序的证明标准仍未作修改。但值得注意的是：2018年《刑事诉讼法》第160条第2款在侦查期间，就已经提出了"事实清

---

① ［日］田口守一：《刑事诉讼法》，张凌、于秀峰译，中国政法大学出版社2010年版，第166页。
② 2018年《刑事诉讼法》第176条第2款规定："犯罪嫌疑人认罪认罚的，人民检察院应当就主刑、附加刑、是否适用缓刑等提出量刑建议，并随案移送认罪认罚具结书等材料。"

楚，证据确实、充分"①；第 162 条公安机关侦查终结的案件，亦规定须达到"事实清楚，证据确实、充分"②；在第 222 条速裁程序适用条件同样是规定"事实清楚，证据确实、充分"③；唯独对于第 214 条简易程序的适用条件，条文中仍旧保持"事实清楚，证据充分"的文字叙述④。此处着实令人不解。若未经庭审质证就不能用"确实"字眼，那上述侦查阶段和速裁程序的标准该如何解释？故为了规范表述，减少歧义，应将 2018 年《刑事诉讼法》第 214 条简易程序的适用条件第一项改为"（一）案件事实清楚，证据确实、充分的"。

（二）量刑建议

1. 国外借鉴

对于同意适用类简易程序的被告人，各国均在其放弃部分权利的同时给予其量刑上的"补偿"，美国的辩诉交易制度即是如此。无论是普通法系的辩诉交易，还是大陆法系的处罚令程序，一般也都给予选择适用简易程序的被告人减轻处罚的机会。

2. 完善路径

对于量刑建议，应区分认罪认罚简易程序和认罪不认罚简易程序分别讨论。

一是认罪认罚简易程序。2018 年《刑事诉讼法》、2019 年《刑事诉讼规则》及《认罪认罚从宽指导意见》对量刑建议有了较为具体的规定，主要问题是与长久以来司法实践的惯性有所差异，还需要时间磨合适应。需明确认罪认罚从宽制度下的量刑建议具有两个性质，一方面具有"合意性"，体现了控辩双方的意思表示；另一方面具有"法定性"，根据现行法规定，对检察机关和审判机关均有约束效力。故笔者认为在今后应进一步严格按照已有法规执行，对于认罪认罚简易程序中的量刑建议是：（1）量刑建议样态方面，以确定刑为

---

① 2018 年《刑事诉讼法》第 160 条规定："在侦查期间，发现犯罪嫌疑人另有重要罪行的，自发现之日起依照本法第一百五十六条的规定重新计算侦查羁押期限。犯罪嫌疑人不讲真实姓名、住址，身份不明的，应当对其身份进行调查，侦查羁押期限自查清其身份之日起计算，但是不得停止对其犯罪行为的侦查取证。对于犯罪事实清楚，证据确实、充分，确实无法查明其身份的，也可以按其自报的姓名起诉、审判。"

② 2018 年《刑事诉讼法》第 162 条规定："公安机关侦查终结的案件，应当做到犯罪事实清楚，证据确实、充分，并且写出起诉意见书，连同案卷材料、证据一并移送同级人民检察院审查决定；同时将案件移送情况告知犯罪嫌疑人及其辩护律师。犯罪嫌疑人自愿认罪的，应当记录在案，随案移送，并在起诉意见书中写明有关情况。"

③ 2018 年《刑事诉讼法》第 222 条规定："基层人民法院管辖的可能判处三年有期徒刑以下刑罚的案件，案件事实清楚，证据确实、充分，被告人认罪认罚并同意适用速裁程序的，可以适用速裁程序，由审判员一人独任审判。人民检察院在提起公诉的时候，可以建议人民法院适用速裁程序。"

④ 2018 年《刑事诉讼法》第 214 条规定："基层人民法院管辖的案件，符合下列条件的，可以适用简易程序审判：（一）案件事实清楚、证据充分的；（二）被告人承认自己所犯罪行，对指控的犯罪事实没有异议的；（三）被告人对适用简易程序没有异议的。人民检察院在提起公诉的时候，可以建议人民法院适用简易程序。"

主、幅度刑为辅；（2）量刑建议效力方面，以审判机关采纳为原则、不采纳为例外。

二是认罪不认罚简易程序。应赋予检方与被追诉方进行"协商"的权利，明确规定对同意适用简易程序的被告人原则上应在法定刑一定比例的幅度内从轻处罚。在新的认罪认罚从宽制度试点规定中，给予了检方与被追诉方协商的自由裁量权，明确规定了犯罪嫌疑人、被告人自愿如实供述自己的罪行，对指控的犯罪事实没有异议，同意量刑建议；签署具结书的，可以依法从宽处理。此外，还给予了检方在特定情况下，超出《刑事诉讼法》范围的"不起诉决定"权。这都是给予检方更多的"协商筹码"。

（三）庭审环节

1. 国外借鉴

一是在公诉人出庭方面。由检察机关代表国家提起诉讼并出庭支持公诉，被认为是现代诉讼构造的基本内容，在大多数国家的刑事诉讼法中都有所规定。（1）根据《德国刑事诉讼法》第226条的规定，在整个审判过程中，检察机关都必须有人在场，若在检察机关缺席的情况下进行审判，就构成了"绝对上诉理由"。① 在德国，除了不开庭审理的刑事处罚令程序以外，公诉人都必须出庭。对于需要开庭审理的简易程序案件，在审理之前首先就已经对案件进行了繁简分流。根据案件的轻重分别由不同的检察机关人员负责：轻微案件由不具备检察官资格的助理检察官出庭，复杂案件由检察官负责。助理检察官和检察官对自己负责的案件分别提起公诉并负责出庭应诉。这种方式类似于我们现在探索的"集中出庭模式"，案件的承办人与出庭公诉的人员是同一人，在出庭时跟法院协商沟通，并在约定的时间内集中处理简易程序案件。（2）在日本，刑事诉讼实行国家追诉主义和起诉垄断主义，对犯罪一律由检察官代表国家提起公诉。凡法院开庭审理的案件，不论是适用简易程序还是公判程序，检察机关都必须派员出庭，只是根据不同程序所选派的人员有所不同。《日本检察厅法》规定，检察人员按照来源、分工和职能的不同分为三类。第一类是检察官。即行使检察权的国家公务员，具体分为检事总长、次长检事、检事长、检事和副检事五种职务。第二类是检察事务官。受检察官或其他上级官员之命，掌管检察厅事务，并辅佐检察官或受其指挥进行侦查。第三类是检察技术官。受检察官指挥，掌管技术，主要是检察厅的司机、电话接线员等。能够出庭支持公诉的是五类检察官，在出庭人员上并无严格的限制，通常在违警罪案件中是由副检事出庭，其他公诉案件一般是检事出庭。案件的承办人与出庭公诉人之间

---

① 王军：《简易程序中对公诉人"可以不出庭"的追问》，载《检察日报》2009年7月15日第3版。

并没有必然的联系。① 这点类似于"专职公诉人出庭模式",只是日本检察官分工更细,将简易程序分成了四类,分别由不同的专门人员负责。

二是在庭审程序简化方面。世界主要国家均对简易程序的庭审进行了简化,如《德国刑事诉讼法》第 420 条第 1~3 款规定:法庭可以在出庭参加诉讼的当事人同意的情况下以宣读书证或者先前的询问笔录来代替证人出庭作证。② 该程序的主要特点是:去除中间程序,无须书面起诉,无须传唤被指控人,证据调查可以不适用直接原则。而其刑事处罚令程序更是不开庭,直接通过书面审理。《日本刑事诉讼法》第 289 条规定略式程序不适用起诉书一本主义,第 464 条还规定略式程序不需要提交证据目录,因为被告人不需要到案接受审判,该程序不受正当程序原则和自白原则的限制。

2. 完善路径

一是对于公诉人出庭问题,需探索新的公诉人出庭方式。经过检察机关的实践探索,目前有三种较好的办法应对案多人少派员出庭难问题。(1)专职公诉人出庭模式,即"简案专办,专人出庭"的新模式。③ 该模式区分审查与出庭职能,允许案件承办人与出庭人相分离,即审查起诉与出庭支持公诉由不同检察官完成。由办案人承担审查职能,而由专职公诉人集中出庭,且专职出庭人或小组实行轮换制。(2)值班公诉人出庭模式,在公诉部门内部固定期限内选定一人专门承担出庭任务,而办案人员则承担审查职能。(3)办案公诉人集中出庭模式,又叫承办人集中出庭模式,由同一公诉人承担审查和出庭职能,待案件积累到一定数量后,由其集中起诉、集中出庭。(4)远程视频出庭,由于被羁押于看守所的被告人往往离位于市区内的法院、检察院较远,提押被告人会耗费大量时间、人力和财力,视频庭审可以利用现有的科技手段突破普通庭审模式的空间局限。此类技术已日趋成熟,不存在技术壁垒。

二是庭审简化。对于认罪认罚简易程序,2018 年《刑事诉讼法》已对认罪认罚制度下的庭审进行了简化,此处主要探讨认罪不认罚简易程序的完善路径。(1)公诉人可选择性宣读"案件事实""起诉的根据和理由"等主要部分。(2)被告人对起诉书指控事实无异议的,控辩审三方可以不再就无争议问题进行讯问,仅针对性地简要讯问关键情节。(3)公诉人可选择概括式的举证方式,对控辩双方无异议的证据简化举证、质证的程序和内容,举证时只需说明证据名称和证明事项。经庭前会议开示过的证据只宣读证据名单,不再进行内容说明。(4)在法庭辩论时,公诉人直接围绕案件定性和对被告人的量刑发表

① 许浩:《刑事简易程序中公诉人出庭模式研究》,吉林大学 2015 年硕士学位论文。

② 〔德〕托马斯·魏根特:《德国刑事诉讼程序》,岳礼玲、温小洁译,中国政法大学出版社 2004 年版,第 208 页。

③ 任志峰:《简易程序公诉人出庭的应对》,载《法制与经济》2013 年第 9 期。

意见，控辩双方仅对有争议的问题展开讨论。（5）借鉴德国刑事处罚令程序，对符合法定条件的简单案件进行书面审理。

（四）抗诉

1. 国外借鉴

对于检察机关的抗诉问题国外大都遵循"禁止双重危险原则"（普通法系）与"一事不再理原则"（大陆法系），在刑事案件中对代表国家的指控方追诉权限制较为严格，不论是普通程序还是简易程序，其对被告人不利的抗诉权都严格受限。

2. 完善路径

在2018年《刑事诉讼法》修改前，由于简易程序案情相对简单且控辩双方争议不大，我国简易程序抗诉率极低，笔者认为并无特别需要完善之处。但2018年《刑事诉讼法》的修改，确立了认罪认罚从宽制度，在该制度下对量刑建议样态与效率的两个法定要求，使得检察机关和审判机关均需改变一些长久以来的工作惯性。其导致可能产生抗诉的三种情况，上文已经论述。笔者认为，认罪认罚简易程序的抗诉情况与量刑建议紧密相连，即控辩审三方对量刑建议的态度决定了检察机关是否抗诉。

故对此有如下建议：一是严格依照现行法，转变工作惯性。（1）检察机关提出量刑建议以确定刑为主、幅度刑为辅，明确的刑罚可给予被告人明确的心理预期，幅度刑易导致被告人心理预期落空而产生消极情绪，进而提起上诉，导致检察机关不得不抗诉应对。（2）审判机关在量刑建议为确定刑时，若无法定事由，应依法采纳量刑建议，尊重控辩双方的合意，减少上诉、抗诉。若确实存在不采纳量刑建议的法定事由，应充分说明情况并提前告知控辩双方，给予其重新合议的时间；若最终仍存在不采纳量刑建议的法定事由，应依法判决并进行详细说明。二是进一步细化法律规定，明确认罪认罚简易程序中的抗诉事由。三是检察机关与审判机关应进一步依法对量刑建议的效力达成共识，在实践中形成相对稳定的工作惯性，避免因控审两机关对立法理解差异导致被告人利益受损，承受讼累。

第九章
刑事简易程序中的权利保障问题研究

我国简易程序发展是一个较长的过程，经历了从无到有、从单一到多元的发展。1979 年《刑事诉讼法》并未设立简易程序，因为当时案件总量不多，且普通程序本身已经比较简易，所以一审刑事案件均适用普通程序。随着改革开放和市场经济的发展，刑事案件猛增，为了降低诉讼成本、提高诉讼效率，1996 年修改《刑事诉讼法》时增设了"简易程序"专节，以案情简单轻微作为适用简易程序的主要依据，不考虑被告人是否认罪问题。至此，简易程序在法典中被正式确立。2012 年《刑事诉讼法》修改采用英美法系国家的模式，以被告人认罪作为适用简易程序启动条件之一。但是，我国在总体上并未采用当事人主义诉讼模式。如何最大限度地保障被告人认罪的案件中被告人的权利，避免陷入被告人口供实际上成为"证据之王"的历史轮回[1]，则成为我国简易程序设计中的一大难题。

第一节　刑事简易程序中被告人权利保障的现实意义

尽管简易程序在一定程度上实现了效率价值，但是也"不同程度地包含着对被告人某些诉讼权利的限制或剥夺"。正如匈牙利学者阿尔培德·欧德所指出："在我们当今的时代里，几乎所有刑事司法程序改革都有两个基本目的：一是发现实施一种迅速、简便和成功程序的新方式和新途径，换言之，使刑事诉讼活动的进行更有效率；二是确保诉讼参与人的权利，这与公正的要求密切相联。"[2] 因此，诉讼参与人在简易程序中的权利是否得到保护，影响着简易程序的公正性。根据 2018 年《刑事诉讼法》第 219 条的规定，简易程序相对于普通

---

① 熊秋红：《刑事简易速裁程序之权利保障与体系化构建》，载《人民检察》2014 年第 17 期。

② Comparative Law Yearbook, Vol. 9, 1985 by Martinus Nijhoff Pubshers, Dordrecht, pp. 4-5. 转引自陈瑞华：《刑事诉讼的前沿问题》，中国人民大学出版社 2016 年版，第 192 页。

程序而言，不受普通程序的"送达期限、讯问被告人、询问证人、鉴定人、出示证据、法庭辩论程序规定的限制"。伴随着程序的简化，权利也必然受到影响。如何使被告人的基本权利得到保障是简易程序能得到有效、广泛且正当适用的前提，保护好诉讼参与人的权利也能使简易程序更具有生命力。国际人权公约要求各国在严格限制简易程序适用范围的前提下，保障被告人的基本诉讼权利。

一、简易程序中被告人权利保护有利于实现诉讼主体的参与原则

被告人的知悉权来源于程序主体性理论及其产生的程序参与原则。[①] 被告人的有效参与也是简易程序运转的基础，被告人首先要明智、明知了解案件真相，并明确了解诉讼进程中各项权利，才可以作出相应决定。参与原则是保证认罪自愿性和真实性的基础。有效的参与意味着程序参与者知悉案情、有利或不利的证据以及相应的权利，进而发表自己的意见、主张，并可以根据程序的便利和保障，最终对裁判结果的形成发挥有影响力的作用。

正是因为程序性权利与实体权益之间关系密切，如对简易程序的否定权、要求提供辩护帮助、阅卷权、申请回避等权利影响着实体权益，因此才要确保诉讼主体富有意义地参与到诉讼过程中来。如果程序参与者只是被动接受公权力机关的安排，"配合"公检法机关的运转，则不可能有效发挥程序性权利带来的影响，参与也是没有任何意义的。陈瑞华教授认为，为了保障诉讼主体的参与不流于形式，裁判者必须做到以下几点：（1）确保各方向法庭提出有利于本方的主张、意见和证据，并对其他各方提出的证据和主张进行质证、反驳和评论，从而拥有充分的参与机会。（2）确保各方拥有充分的时间和便利进行抗辩准备，及时将各方的证据告知其他各方，尤其要及时告知被告人、被害人有关控诉的内容和理由，确保每一方均有为反驳其他各方主张和证据进行准备的机会，确保被告人、被害人获得有效的律师协助，从而拥有参与的能力。（3）确保各方的主张和证据均得到考虑和采纳，在各方同时在场的情况下听取每一方的主张和证据，并将裁判结论直接建立在根据这些主张、证据、辩论所进行的理性推论的基础上，从而使各方的参与产生实际的参与效果。（4）法院还应在审判过程中对各方参与者给予人道的对待，这项要求可以说是"自主、自治地参与"所固有的。[②] 做到上述几点才能保障被告人在进行程序选择时，能够充分地实现"自愿"，并自主地对裁判结果产生影响。参与原则的内在价值可以说是程

---

① 高一飞：《不能简化的权利——评刑事简易程序中的国际人权标准》，载《现代法学》2002 年第 4 期。

② 陈瑞华：《刑事诉讼的前沿问题》，中国人民大学出版社 2016 年版，第 173 页。

序选择的基础，诉讼参与人是作为拥有主体资格的人而不是被动客体参与到简易程序中的，诉讼参与人的权利保护有利于参与原则的实现。

二、简易程序中被告人权利保护有利于实现抗辩平衡原则

诉讼参与者的参与权必须发生实质性的意义，这决定着简易程序被告人辩护权的特殊地位。基于简易程序快速且简化的特点，在被告人不精通甚至不了解法律的情况下，他很难理解并充分行使自己的诉讼权利，在与公诉人协商进行程序选择的时候也很容易受到控方诱惑，作出不明智、违背真实意愿的选择。因此，律师的帮助也是维持简易程序控辩平衡的需要。

被告人在简易程序中获得律师帮助的意义在于以下几点：第一，确保被告人理解认罪和适用简易程序的后果。由于被告人可能缺乏相应的法律专业知识，自己无法认识到适用简易程序就意味着有罪判决以及重要诉讼权利的克减。在律师的帮助下，被告人能够更好地理解认罪和适用简易程序的性质，以作出理智的判断和决定。第二，制衡国家机关。尽管国家机关负有相关的告知义务，有助于被告人对认罪和适用简易程序后果的理解和判断，但律师的帮助能够平衡被告人与国家之间的不对等状态，降低国家机关强制被告人认罪和选择适用简易程序的风险。同时也能防止被告人在精神压力、恐慌下作出认罪和选择适用简易程序的行为，以保障被告人意思表示的真实性和自愿性。

第二节　刑事简易程序中权利保障面临的主要问题

一、被告人权利保障的欠缺

基于对简易程序中被告人权利保障的共识，1989 年维也纳召开的第 14 届世界刑法学会代表大会通过了《有关刑事诉讼中简易程序的决议》，其建议各国立法部门"对简单的案件可以采取也应当采取简易程序，但是应确保被告人享有获知被控内容和有罪证据的权利，享有获得法庭审判的权利，包括提供证据的权利和延聘律师为其辩护的权利"。第 15 届世界刑法学协会代表大会通过了《关于刑事诉讼法中的人权问题的决议》，其中第 23 条规定："严重犯罪不得实行简易审判，也不得由被告人来决定是否进行简易审判。至于其他犯罪，立法机关应该规定实行简易审判的条件，并且规定保障被告人与司法机关合作的自愿性质的方法，例如由律师进行帮助。建议简易审判只适用于轻微犯罪，

目的是加快刑事诉讼的进行和向被告人提供更多的保护。"① 上述两次会议决议实际上规定了简易程序中基本程序权利的三项内容：一是知悉权，包括知悉指控内容和有罪证据的权利；二是程序选择权，即被告人可以选择与司法机关合作，也可以选择拒绝；三是律师帮助权，即聘请律师为其辩护的权利。② 具体到我国的立法规定，简易程序中速裁程序被告人是否有上诉权，虽然仍是一个很有争议的问题，但是作为程序救济的基本手段，根据我国两审终审制度，上诉权也是法定的诉讼权利。《刑事诉讼法》明文规定，对被告人的上诉权，不得以任何借口加以剥夺。被告人无须任何理由都可以启动二审程序。因此，上诉权也应该属于简易程序中的被告人权利。

（一）证据知悉权的薄弱

简易程序的被告人知悉权包括但不限于权利告知，是被告人有权知道和了解自己被指控犯罪的内容、相关证据以及程序选择的后果等。可以说被告人的知悉权是一切程序展开的基础。被告人的知悉权来源于程序主体性理论及其产生的程序参与原则。③ 被告人被刑事追诉后，其权益可能会受到刑事裁定的影响，根据程序主体性理论，被告人就应当有充分的机会，富有意义地参与到审判中去，并最终影响到裁判结果，而参与的前提有赖于知悉。在简易程序中，被告人的知悉权是被告人决定是否同意简易程序而放弃接受正式审判，是被告人行使辩护权和其他基本程序权的基础。如果没有这种权利的行使，其他程序内容就不可能是正当的。

根据我国《刑事诉讼法》的规定，简易程序只是普通程序的简化，其他的应当遵守普通程序的相关规定。从表面上看，似乎权利得到了同等的保障，被告人可以知悉自己的罪名，但不完善的地方在于对证据的获知。在庭审前，我国的证据知悉权实质上被置换成阅卷权。阅卷权被定位为辩护人的诉讼权利，而被告人并不享有阅卷权。在庭审期间，公诉人在庭审上也只是简单出示证据的名称及相关页码。任何一个刑事简易程序，都必须建立在被告人明知、明智地了解案件，清楚并自愿承担量刑后果的心理基础之上。所以，在有辩护人的案件中，被告人可以通过辩护人行使阅卷权了解案件材料，但是在很多刑事速裁案件中，只有值班律师对被告人的法律困惑进行一般性解答，值班律师并不通过具体阅卷来帮助被告人分析案件材料和案情，被告人几乎是在没有接触案卷材料的情况下作出认罪和简易程序选择的。在我国司法实践中，由于被告人

---

① 熊秋红：《刑事简易速裁程序之权利保障与体系化构建》，载《人民检察》2014年第17期。

② 高一飞：《不能简化的权利——评刑事简易程序中的国际人权标准》，载《现代法学》2002年第4期。

③ 高一飞：《不能简化的权利——评刑事简易程序中的国际人权标准》，载《现代法学》2002年第4期。

无法及时知悉其被指控的内容和相关证据，导致了被告人在审判阶段翻供现象的大量出现。在对证据知悉权的保护上，简易程序并没有做到使被告人有机会充分了解对自己有利或不利的证据，其正当性在一定意义上受到了减损。

（二）主动申请程序选择权的缺失

程序选择权是指刑事诉讼程序的参与者有权根据自己的意愿，决定启动刑事诉讼简易程序，这也是程序主体性理论的内在要求。一直以来，都有学者质疑"由于被告人认罪的自愿性、真实性缺乏足够保障，所以简易程序可能有损诉讼公正"①。因此，为了保障程序选择的自愿性，《刑事诉讼法》明确规定，审判人员和检察人员必须要向被告人解释、说明简易程序的启动要件和程序后果，程序的启动要以被告人的同意为前提条件，被告人就简易程序的启动享有否定和表达意见的权利。

但是，我国简易程序的启动权主要还是掌握在国家手中，被告人只有同意或否定的权利，并不具备真正意义上的主动申请权。《刑事诉讼法》第214条规定，被告人对适用简易程序没有异议，是简易程序的适用范围要件，即只规定了适用简易程序必须要得到被告人的同意，却并没有对被告人主动要求适用简易程序进行规定。《关于在检察工作中贯彻宽严相济刑事司法政策的若干意见》中提到："对于符合法定条件的轻微刑事案件，人民检察院应当建议适用简易程序；被告人及其辩护人提出适用简易程序，人民检察院经审查认为符合法定条件的，应当同意并向人民法院提出建议。"在法条和政策的解读上，法院和检察院拥有对简易程序的绝对启动权，被告人只有间接的建议权利且不必然引起程序的启动。由此看出，我国《刑事诉讼法》并没有赋予被告人完整意义上的程序选择权，只有程序异议权。

在理论上，诉讼权利的可处分性本身就包含着被告人主动选择处分和被动同意处分两个方面，因此，在具体规则设计上被告人的程序选择权亦应包含主动选择和被动同意的两种具体权能。从程序控制的角度来看，只赋予被告人被动同意权，尽管也体现了对被告人主体地位的关照，但归根结底，程序的控制权仍在国家的手中。除非国家发出适用简易程序的"要约"，否则简易程序无法适用，这种情况更多的是体现了国家的职权性和程序启动的权力型色彩。允许被告人主动选择或者说主动申请适用简易程序则更加体现了被告人的自主性和个人与国家在刑事诉讼中的平等性，这种程序启动方式则更具有权利型的色彩。

（三）简易程序中辩护律师参与程度低

当事人的知悉和程序选择都是前提，目的是能够影响到案件的最终裁判，

---

① 宋川：《刑事案件普通程序简易审质疑》，载《国家检察官学院学报》2003年第3期。

实质在于，能够在诉讼活动上与对方展开平等甚至对抗性质的交流，真正成为诉讼的主体，实现富有实质意义的参与。所以，律师的帮助在简易程序中的作用应当受到格外的重视。而在简易程序中，被告人又多了一项非常重要的选择，即程序选择权。被告人在不精通法律的情况下，与公诉人协商的过程中很容易因各种来自控方的诱惑，而作出不明智的选择，违背其真实意愿。如果有律师参与，则被告人就会在全面了解案情以及选择简易程序带来的后果后作出选择，从而使其获得普通程序审判的机会得到保障。

2018 年《刑事诉讼法》并没有对简易程序中的律师帮助权作出特殊规定，只是参照第四章"辩护"的规定，与普通程序共同适用第 35 条的规定，即"犯罪嫌疑人、被告人因经济困难或者其他原因没有委托辩护人的，本人及其近亲属可以向法律援助机构提出申请。对符合法律援助条件的，法律援助机构应当指派律师为其提供辩护"。在司法实践中，我国简易程序的辩护率极低。根据贾志强博士的统计：在所收集的 100 例简易程序案例中，有辩护人参加庭审的有 29 例，无辩护人的有 71 例，辩护率仅为 29%。这 29 例案件中的辩护人均为律师，其中属于委托辩护的有 23 例，占有辩护人案件的 79.3%；属于指定辩护即法律援助的有 6 例，占 20.7%。① 简易程序的被告人律师帮助权的保障需要受到重视。而速裁程序的问题在于，只是设立了值班律师制度。这虽然解决了被告人羁押期间的法律咨询问题，但是值班律师并不能起到辩护律师的作用，也不能代表被告人出庭与检察机关平等对抗，最大限度地为被告人争取量刑优惠。所以，无论是简易程序还是速裁程序，获得律师帮助权的保障都有待提升。

二、被害人权利保障的问题

被害人是犯罪行为的直接侵害对象，其作为诉讼参与人之一始终密切关注裁判结果。由于被害人与被告人天然对立，被害人必然会产生惩罚犯罪的愿望。不过，在公诉案件中被害人的诉权会丧失，检察机关的控诉行为虽然在一定程度上完成了被害人控诉犯罪的愿望，但是被害人实质参与的缺乏导致其利益并不能完全得到满足。在普通程序中尚且如此，简易程序中被害人的存在感只会更低，从而更难了解案件的有关情况。一旦出现不符合被害人预期的判决，被害人则很难接受相关判决结果，从而对司法公正产生怀疑，这不但不利于定分止争，也无法收获良好的法律效果及社会效果。简易程序中被害人权利保障主要存在以下几个问题：

（一）知情权保障不足

《刑事诉讼法》第 217 条规定："适用简易程序审理案件，审判人员应当询

---

① 贾志强：《刑事简易程序研究》，吉林大学 2016 年博士论文。

问被告人对指控的犯罪事实的意见，告知被告人适用简易程序审理的法律规定，确认被告人是否同意适用简易程序审理。"可以看出，《刑事诉讼法》对于适用简易程序时知情权的保障是比较到位的。

与此相比，对被害人的权利保障则显得十分不足。《最高人民法院关于适用〈中华人民共和国刑事诉讼法〉的解释》第 359 条第 1 款规定："……被告人对指控的犯罪事实没有异议并同意适用简易程序的，可以决定适用简易程序，并在开庭前通知人民检察院和辩护人。"可以看出，法院决定适用简易程序并没有通知被害人的义务。同时，第 362 条第 1 款规定："适用简易程序审理案件，人民法院应当在开庭前将开庭的时间、地点通知人民检察院、自诉人、被告人、辩护人，也可以通知其他诉讼参与人。"由此可见，是否通知被害人参与简易程序由法院自行决定，被害人并不属于必须通知的范围。被害人在无法获得通知的情况下很难及时了解案件情况，其诉讼参与人的主体地位得不到充分尊重。知情权的存在是保障被害人诉讼参与权的要求，也是加强诉讼监督、防止司法腐败、提高判决透明度和接受性的要求。[1] 换言之，如果被害人丧失了知情权，也就丧失了了解案件进展的主要渠道，必然影响其后续权利的行使。因此，保障被害人在简易程序中的知情权很有必要。

（二）发表意见权保障不足

《刑事诉讼法》第 173 条第 1 款规定："人民检察院审查案件，应当讯问犯罪嫌疑人，听取辩护人或者值班律师、被害人及其诉讼代理人的意见，并记录在案。辩护人或者值班律师、被害人及其诉讼代理人提出书面意见的，应当附卷。"但是对于是否适用简易程序，被害人并没有发表意见的权利，也不需要征得被害人的同意。不仅如此，如前所述，在简易程序中，如果法院不将开庭的时间、地点通知被害人，在被害人不出庭的情况下，被告人享有最后陈述的权利，而被害人则没有发表意见的机会。由此可见，作为案件当事人之一的被害人在简易程序当中存在感极弱，其身影已经被被告人所遮挡。

（三）获得法律援助权的缺失

随着我国社会经济的快速发展，法律援助体系也得到了长足的进步，在保障当事人权利方面发挥了极大的作用。但是，我国刑事法律援助体系的重心仍旧放在被告人一方，忽视了被害人获得法律援助的需求。随着值班律师制度的建立，被告人获得法律帮助的权利更进一步。但是，由相关法律可以看出，被害人并不属于值班律师的服务范围。实践中，值班律师在看守所这一工作方式也导致其不可能为被害人服务。一边是被告人获得法律援助可能性的不断上升，另一边是被害人获得法律援助保障的停滞不前。这使得被害人在遭受犯罪行为

---

① 刘昂：《试论被害人知情权在我国刑事诉讼中的缺失与建构》，载《法学杂志》2007 年第 2 期。

侵害后，又一次被不公正地伤害。法律援助体系并不是为被告人定制的，而是为诉讼过程中相对弱势的群体提供法律帮助，此种不公平的对待不仅违背法律援助的根本目的，同时也是对司法公正的侵蚀。

第三节　刑事简易程序中权利保障欠缺的原因分析

一、价值层面上：程序本身所体现的价值冲突

简易程序在司法实践中对于实现程序分流、提高审判效率、减少案件积压有着十分重要的作用，可以说破解"案多人少"的问题是促进简易程序发展的直接动力。近些年来，持续增长的刑事案件数量与有限诉讼资源之间的矛盾愈发紧张。时任最高人民法院司法办主任胡仕浩表示，矛盾典型表现为人案增速不同步、人案配比不合理。目前，我国法官的配置比例大概是每 10 万人有 14.3 名法官。改革开放以来，法院受理的案件数量从 1978 年的 61 万件增加到 2015 年的 1952 万件，增长了 30 多倍，而法官的人数从 1978 年的 6 万人增加到 2015 年的将近 20 万人，增幅明显不同步，不成比例。同时，不少国外法官配备有大量的审判辅助人员，或者设置非职业法官、限权法官、司法行政人员等来消化大量案件，而我国法官与审判辅助人员的平均比例仅为 1∶0.63，3 个法官共用 1 个书记员的情况比较多。[1] 国家对刑事审判活动的司法资源投入一般都是相对固定和有限的，只有使这些资源得到最佳的合理配置，才能在不损害正义目标实现的前提下提高审判活动的经济效益。所以，在所有的刑事案件上平均分配司法资源，采用繁杂程度相同的程序，无疑是对司法资源的一种浪费。在这种前提下，效率是简易程序较为优先追求的价值。被告人主动认罪这一点，也使得此类案件减损部分程序获得一定的正当性。

对程序的简化也必须要有一个必要的限度，即"不妨碍审判的公正进行"[2]。在对刑事审判程序的简化问题上，陈朴生教授提出"不过剩"原则，即减少不必要的程序，如调查证据、讯问、传唤等。但是，当前司法中，省略的却远远不止这些，证据知悉权和获得律师帮助权的缺失，使得希望通过认罪而获得量刑优惠的被告人因为没有律师、无法阅卷、不知悉证据等原因而被司法机关"牵着鼻子走"，完全无法展开积极的量刑辩护。实体权益在不"明智"

---

① 《最高法再谈"案多人少"：人案增速不同步，配比不合理》，http://news.163.com/16/0913/12/C0RHET4I00014SEH.html，最后访问时间：2017 年 3 月 1 日。

② 陈瑞华：《刑事诉讼的前沿问题》，中国人民大学出版社 2016 年版，第 173 页。

的情况下被随意处分。

从"不必要"原则和被告人承认犯罪事实的角度来看，简易程序在事实调查的环节上似乎可以有所省略，但是，被告人的主动认罪，并不代表被告人对法律定性上的认可以及量刑问题的认可。被告人的主动认罪甚至就是为了追求一定程度的量刑优惠，公权力机关也正是通过被告人程序处分权而得以适用简易程序，从而获得"效益"利益。因此，公权力机关更加不能剥夺被告人在量刑程序上的程序性权利，如证据知悉权、获得律师帮助权。被告人虽然承认了犯罪事实，但是依然可以通过律师的帮助，分析有利证据，进行量刑情节认定上的争取。可是，当前的简易程序忽略了量刑环节对认罪被告人的重要性，一"简"到底，认为既然对犯罪事实没有异议，对罪名也会没有异议，那么量刑也是无关紧要的，而这恰恰是被告人最关心的。虽然简易程序的效率利益比较显著且诱人，程序公正的标准也总是在不断地发展变化，无法列举穷尽，但是人们能够对程序不公正的情况产生感性和直观的判断，而"当事人对诉讼程序产生的不公正感和人们对程序过程不公的否定评价可能会动摇程序制度的根基"①。

二、诉讼构造上：为了追求效率协作色彩加重

从刑事审判模式发展的过程来看，纯粹的对抗式审判和审问式审判都已不再受到各国立法者和法学家们的推崇。回顾刑事诉讼制度的发展就会发现，大陆法系国家正在从英美对抗式程序中寻找改革的思路，如检察官代表国家开展刑事追诉，而大陆法系国家也吸收了对抗制程序的内容，如陪审法庭制度等。因此，纯粹的理论划分只是便于从一个角度去理解刑事诉讼程序运转的模式，且远远不能据此生搬硬套。"事实上，帕克自己都承认，经过抽象而归纳出来的两个纯粹的观念模式在任何一种现实的司法制度中都不可能单独存在。将大陆法系国家的审判程序理念归入纯粹的'控制犯罪模式'，恐怕是大陆法系国家的学者们所不能接受的。赫尔曼认为像美国对抗式诉讼制度一样，现代德国审问式程序也是以帕克所称的所谓'正当程序模式'为基础而构建起来的，尽管这两个制度在确保事实真相的查明、保护被告人的权利以及对这两个目标进行平衡方面采纳了不同的程序模式。"② 因此，尽管简易程序的首要理论是被告人的处分权，而被告人处分权是在当事人主义的英美法系中得到较好的保护和发展的，但是，审问式的程序同样也可以确保事实真相的查明，并保护被告人的

---

① 樊崇义：《诉讼原理》，法律出版社 2009 年版，第 191 页。

② ［德］赫尔曼：《中国刑事审判改革的模式》，1994 年北京刑事诉讼法学国家研讨会论文，第264 页。

权利,只是二者的平衡点不同。所以,不能简单地断言,在简易程序中双方没有形成对抗,简易程序就无法追求事实真相。出自被告本人意愿的自认,同样可以在协作的情况下实现客观真实。

无论人们对诉讼构造的定义如何,这些概念充其量不过是诉讼主体或职能间法律关系的代名词。诉讼法律关系本身包含的内容是非常广泛的。陈瑞华教授认为,刑事审判模式的构成要素还有"体现刑事审判程序核心特征的诉讼控制分配情况,在刑事审判程序背后起着支配和制约作用的基础性价值观念和思想"。帕克在提出正当程序模式和犯罪控制模式时,并未考虑效益问题。直到西方经济分析法学的兴起,才使得法律程序中的经济效率问题逐渐受到人们的重视。反观我国简易程序的发展历程,也是一个不断发现效率价值的过程。

诚如上文所述,基础性价值观制约着刑事审判程序,而刑事审判程序的核心是诉讼控制的分配情况。英美法系建立在"公平竞争"理论和"当事人主义"理论的基础上,法官始终保持着消极仲裁的地位,当事人认罪后加快程序、提高效率,比较容易理解。受大陆法系的影响,我国刑事诉讼程序以审问式审判为基础。审问式审判是由法官主导和控制的证据调查程序,控辩双方在证据调查程序中居次要和辅助地位。即使没有律师的协助,审问式审判同样能够顺利进行,大陆法系国家的审问式审判实际上是一种由法官主导进行的司法调查程序。检察官和辩护律师甚至被告人,都只是法官调查活动的补充或辅助。所以,在诉讼控制的分配上,法官为了发现真相,居主导地位。那么,在不受强迫的情况下,被告人作出有罪供述后,法官就可以在此基础上发现真相、提高效率,被告人也从积极对抗转为协作。但是,问题的关键在于协作是否基于被告人的自愿。

三、政策影响上:我国义务本位主义的刑事司法传统

我国"坦白从宽、抗拒从严"的政策引发了一系列的程序效应,被告人具有"如实回答义务"也被《刑事诉讼法》明文确定下来。学界将"坦白从宽、抗拒从严"视为"惩罚与宽大相结合"政策的组成部分,更是将其与"认罪认罚从宽"和"被告人供述自愿性"结合起来分析。"坦白从宽、抗拒从严"是一项在我国实行了多年的刑事政策,至今仍对刑法、刑事法和刑事证据法有不同程度的影响,"自首、坦白"等方面的量刑制度被视为"坦白从宽"影响刑法立法的主要证据。《刑事诉讼法》中的简易程序所给予的量刑优惠就是受到这一政策影响。美国的米勒教授在分析传统的大陆法系国家移植对抗式程序后所出现的一些涉及法律传统冲突的问题后,认为:"文化"是指一个国家的宪法和政治文化,它在一国刑事程序的发展演变过程中产生着巨大的影响。"传统"则是指一个国家的法律传统,它能够解释刑事程序中的主要诉讼角色(如

法官、检察官等）经长期司法实践而在行为方式上所具有的特殊性。①

　　经过多年的刑事司法实践，"坦白从宽、抗拒从严"已成为我国司法人员奉行的司法传统。按照这种理念，面对公诉机关的调查，犯罪嫌疑人、被告人只有服从和配合的义务，也就是"如实供述自己的罪行"，以协助司法机关查明案件真实情况。也只有如此，犯罪嫌疑人、被告人才能最终获得国家的"宽大处理"。相反，那些与国家追诉对抗的，没有如实供述的，或是没有积极配合的，很可能会在量刑上受到严惩。因此，在我国这种传统政策下，无罪推定原则并没有得到很好的贯彻，鼓励供述、惩罚不认罪的政策已经将犯罪嫌疑人置于被告人的境地。在很大程度上，被告人并没有表达"无罪辩解"的自由，被告人对自己的无罪辩解会被理解为对公权力部门的"抗拒"，被告人在作出无罪辩解和提供有罪供述之间并没有选择的自由和权利。在刑事诉讼程序发展的过程中，"坦白从宽、抗拒从严"经过数十年的演变，早已成为公检法机关的法律思维的逻辑起点。在这种政策的影响下，司法实务中对当事人权利的漠视成为必然，又基于我国以调查真相为主的诉讼构造，再加上现在对效率的追求，很容易让人产生怀疑：被告人在刑事诉讼中是否真的有处分权、选择权。如果公检法机关还抱持着这种政策指导下的理念来实施简易程序，那么学者们对被告人权利保障欠缺的担心就会成为现实。

　　有学者认为，这种政策反映了我国以"义务为本位"的刑事诉讼模式，"中国本土的刑事司法制度有着一个潜在的深层结构，那就是强调被告人的服从义务、排斥被告人的诉讼主体资格的传统理念。这一理念不仅阻碍着那些旨在加强被告人诉讼主体地位的程序规则的事实，而且对未来被告人供述自愿法则以及相关制度的确定，将产生很强的排斥效果"②。区别于承认被告人地位、被告人拥有充分自由行使处分权，并可以与检察机关形成对抗的"权利本位主义"的诉讼模式，义务为本位的刑事诉讼模式给了侦查人员、检察人员在要求犯罪嫌疑人"如实供述犯罪事实"方面极大的心理优势，利用强势地位暗示被告人"主动认罪"。到了审判阶段，法官则将被告人的"认罪态度"作为量刑的重要酌定情节，在判决书中还予以强调。在这种"义务本位主义"刑事司法传统下，被告人处分权的行使以及"征求被告人同意"的真实程度，不难引起公众的质疑。

---

　　① 陈瑞华：《刑事诉讼的前沿问题》，中国人民大学出版社 2016 年版，第 251 页。
　　② 陈瑞华：《"义务本位主义"的刑事诉讼模式——论"坦白从宽、抗拒从严"政策的程序效应》，载《清华法学》2008 年第 1 期。

第四节　完善刑事简易程序中被告人权利保障的建议

一、追求价值的相对平衡点

程序公正与诉讼效益都属于诉讼的内在价值，但二者的冲突在简易程序上较为明显。这两者的关系，具体而言："其一，对诉讼效益的注重在一定程度上限制了程序公正的实现。程序公正固然是诉讼的崇高理性，但程序公正并不是不计一切代价购买来的，对程序公正的追求必然要受到诉讼效益的制约。其二，一般情况下，程序公正的增强会直接导致诉讼效益的降低。这是因为，程序公正性的增强要求诉讼制度充分保障当事人的程序参与权和提出证据进行辩论的权利，要做到这一点，就要提高程序的烦琐性。由此，当事人和法院在诉讼过程投入的经济成本也会相应增大，但诉讼收益并未同时得到提高，因为诉讼效益随着程序公正的增强而降低了。"[1]

但是，从另一个角度来看，公正和效益又是具有一致性的，刑事审判活动保持适度的效益性，也实现了程序公正中的程序及时原则。简易程序确保程序及时地产生裁判结果，会让被告人、被害人的利益受到充分及时的关注和维护，防止因为诉讼拖延而给他们带来的损害，从而使他们尽快恢复正常生活，这是以一种较为经济的方式来实现公正的目标。"波斯纳在回答其他学者对经济分析方法忽略了正义（公正）的批评时说，效益与公正概念经常是一致的，只有在效益提高的前提下才能实现更高层次的公正。因而，正义的第二种含义——也许是最普通的含义——是效益"，但是，"正义并不仅仅具有效益的含义"。[2]

在这对矛盾上，不同的学者有着不同的选择。万毅教授提出了底限正义理论。他所认为的底限正义，是指刑事诉讼中具有普适性的一些公理性原则和规则，是一种最低限度的正义要求。[3] 尽管效率价值对于简易程序尤为重要，但正义永远是简易程序不可逾越的界限。樊崇义教授认为：传统的程序理论和立法一直将程序公正作为诉讼最高的内在价值目标，忽略甚至无视诉讼效益价值，而现代的经济分析法学又把经济效益抬到至高无上的地位。其实，程序公正和诉讼效益都不是绝对的：绝对的程序公正缺乏时代感，绝对的诉讼效益则不能长久。要把握好二者之间的关系，必须坚持以公正为基础、效益为关键。这种

---

① 樊崇义：《诉讼原理》，法律出版社 2009 年版，第 189 页。

② 樊崇义：《诉讼原理》，法律出版社 2009 年版，第 189-191 页。

③ 万毅：《刑事诉讼制度改革中的"底限正义"——对中国刑事诉讼制度改革理路的质评》，载《政法论坛》2005 年第 3 期。

解释的方式在理论层面较为通顺，但具体到简易程序的实务操作中，其实并不具备实际的指导意义。陈瑞华教授的评价体系则引入了"内在价值""外在价值"以及"效益价值"，并认为应该从刑事审判的目的出发，刑事审判的目的不仅仅强调其中任何一个或两个，而是通过三项价值进行适当的协调和平衡，追求三者之间的"合力"，即最大限度的统一。无论是立法部门对国家的刑事审判制度进行重新规划和设计，还是司法部门对具体刑事案件进行审判，三项价值目标均应同时得到考虑和实现。①

具体到简易程序中的冲突，更应该看到简易程序本身的特殊性。程序正义理论发展的本身是建立对抗制的诉讼构造，无论是参与原则还是裁判者的中立和程序对等性原则，都是在对抗制审判下力求双方势均力敌地发生冲突并提供信息给中立第三方进行评判的具体操作原则。但是，作为刑事诉讼程序的一项内在价值，程序正义与其他任何法律价值一样，并不是一种"放之四海而皆准"的具有绝对普遍性的价值，也不是评判每一个诉讼程序公正与否的唯一标准。程序正义的诸项也要求具有特定的适用语境和范围，即"这些原则是传统的对抗式审判模式的原则"。但是，针对简易程序这类相对偏向协作的审判模式，完全套用为了形成对抗而制定的程序要求则显得有些苛刻。

综合上述学者的讨论，简易程序追求的应该是"底线正义"，即低于传统的程序性正义标准，但是程序结果正义是最低限度的正义标准，再在这种前提下追求效益价值。程序结果正义是法庭通过整个刑事审判过程所要达到的一种理想结果，它主要体现在法院所作的刑事裁判上。简易程序必须要在追求效益的同时，保证最终量刑结果的公正，并以此为最低限度的要求，赋予被告人相应的证据知悉权、获得律师帮助权、程序处分权等。

二、充分认可诉讼参与人诉讼主体地位

在刑事审判过程中，法官与检察官、被告人、被害人等一起共同进行诉讼活动并在诉讼过程中制作司法裁判。简易程序也一样，甚至更明显地体现了这一特质。在适用条件上，必须要经过被告人的同意，但是被告人的参与是否有效地影响到诉讼结果，取决于对诉讼参与人诉讼主体地位的认可。如果法官否认他们的诉讼地位，就会排除他们参与裁判制作过程的可能，制约他们权利的行使，在权利告知方面草率随意，被告人甚至无法阅卷，不知道对自己有利的证据。缺位的辩护权也导致被告人无法与公诉部门形成平等对抗，最终在定罪量刑问题上被公权力机关绝对地控制和引导。对诉讼参与人诉讼主体地位的否定，其实就意味着参与者不是自身实体权利真正的掌握者和决定者。

---

① 陈瑞华：《刑事诉讼的前沿问题》，中国人民大学出版社 2016 年版，第 202 页。

　　为了保障简易程序中被告人的权利，就必须要充分尊重和认可其诉讼参与人的诉讼主体地位。在封建纠问式诉讼中，被告人处于几乎没有任何诉讼权利的诉讼客体地位。被告人本身不属于拥有诉讼权利的独立一方，不仅难以进行有效的辩解，而且还要承受刑讯逼供等非人道的取证手段的折磨，在事实有疑问时，还要承担败诉的法律后果。在这种情况下，被告人实际上完全成了司法官吏纠问的对象和实现刑罚恐吓功能的工具，没有任何尊严甚至人格可言。①直到启蒙思想冲击，康德和黑格尔对人主体地位问题的论述带来了法律上对社会每个成员本身地位的认可，任何人都不应当被当作他人主观专横意志的对象。这些思想反映在刑事诉讼中，就是要求确立被告人的诉讼主体地位。

　　宋英辉教授认为被告人在法律上的地位得到应有的保护，首先要做到让个体在诉讼中必须受到有人格的对待。具体到简易程序中，被告人不再成为被任意处置的对象，不再单纯成为为了查明事实、实现效率的工具，被告人的人格尊严应该是国家在实现简易程序目的时不可逾越的底线。其次，作为主体，被告人的基本人权在诉讼中应得到国家立法和司法的有效保障。简易程序应该采取措施来防范和救济对被告人权利的漠视，防止被告人沦为诉讼客体。最后，作为主体，个人必须拥有参与涉及自身利益的决定过程，即改善自身处境的机会和手段。这也是被告人成为诉讼主体的重要标志。"主体"意味着意思自治，即根据自己的意志行动的权利。如果在诉讼中个体无法按照由自身利益所决定的意志去采取行动，那么他就称不上一个真正的诉讼主体。在简易程序中，被告人必须有对程序的主动选择权，可以放弃普通程序而选择简易程序，也可以主动启动简易程序来获得量刑优惠。简易程序选择权的实质其实是被告人的程序处分权。被告人必须要有不受诱导和胁迫的意识自由，有处分自己实体权利和程序权利的权利。如果被告人愿意选择简易程序，而不适用普通程序，那么司法机关就应当尊重被告人的这种权利。即使这种选择有时候可能对保证被告人的实体权利是不利的，但这是被告人权衡自己的各种利益作出的明智选择，我们应该尊重这种权利。当然，被告人也要承担因此而产生的法律后果。②

三、国家机关诉讼角色的分工保持不变

　　面对国家的刑事追诉，犯罪嫌疑人、被告人应当自由地选择诉讼角色，自愿作出有罪供述或者无罪辩解，而不能被强迫充当控方证人。我国的诉讼构造因受大陆法系影响，采取的是审问式审判，由法官主导和控制着证据调查程序，控辩双方在证据调查程序中居于次要和辅助地位。实际上是法官在审问式审判

---

① 宋英辉：《刑事诉讼原理》，中国人民大学出版社 2016 年版，第 173–175 页。
② 熊秋红：《刑事简易速裁程序之权利保障与体系化构建》，载《人民检察》2014 年第 17 期。

中起到主导作用，展开司法调查程序，检察官和辩护律师甚至被告人都只是法官调查活动的补充或辅助。因此，一旦法官在程序中对自己诉讼角色定位模糊，没有起到中立的裁判作用，没有进行公开公正无偏袒的审判，而是受到案卷或其他先入为主因素的影响，成为法庭上的"第二公诉人"，那么，被告人将在简易程序中陷入毫无救援的境地，简易程序将成为一场为了追求效率而对被告人进行的"围猎"。

因此，在简易程序中，国家机关更应该明确自己的诉讼角色分工。公正的审判程序需要有一个中立的裁判主体，这是被告人公正审判权在司法组织方面的要求。《世界人权宣言》第 10 条的规定："人人完全平等地有权由一个独立而无偏倚的法庭进行公正的和公开的审判，以确定他的权利和义务并判定对他提出的任何刑事指控。"所谓"独立而无偏倚"，强调的就是裁判者的中立性。简易程序通常在审判组织方面都会有所简化。例如，我国《速裁办法》第 10 条规定，速裁程序应由审判员一人独任审判。但无论简易程序的审判组织简化到何种程度，均应由中立的裁判者组成。在裁判者中立性这方面，简易程序与普通程序并无差别。如果裁判者与裁判结果有利益关系，或者对诉讼某一方存在偏见，甚至不具备一个中立的外观，那么最终裁判结果的公正性都可能会受到某一诉讼参与方以及社会公众的质疑，裁判结果的公信力和权威性也会受到挑战。

因此，即使被告人自愿认罪，裁判者也不应对被告人形成偏见。一方面，裁判者在整个诉讼过程中仍要给予被告人充分的尊重，不能任意剥夺被告人享有的诉讼权利。另一方面，裁判者仍应以中立的态度对案件事实进行审查，公平、准确地适用法律进行裁判。与程序正义的标准相同，"底限正义"对裁判者中立性的要求有以下四项具体内容：（1）与案件有牵连的人不得担任该案的裁判者；（2）法官不得与案件结果或者各方当事人有任何利益关系，或其他足以影响其中立性的社会关系；（3）裁判者不应存在支持一方、反对另一方的预断或偏见[1]；（4）裁判者在外观上不能使任何一方对其中立性产生合理的怀疑。在简易程序中，如果被告人对裁判者的中立性持有异议，同样有权申请该裁判者回避。

裁判者在简易程序中对被告人进行不平等的待遇，无论是否直接导致裁判错误，都会使参与者的实体权益受到损害。因为被告人已经放弃了无罪辩护，选择与检察机关协作，法官必须保持中立，不持偏见地核实调查事情的客观真相。简易程序能够得以适用的另一个重要条件是"案件事实清楚，证据充分"。即使被告人认罪或是同意适用简易程序，也应该建立在"案件事实清楚"的前

---

① 陈瑞华：《刑事诉讼的前沿问题》，中国人民大学出版社 2016 年版，第 174 页。

提下。法官在庭审中的一个重要作用就是核实案件事实，这不仅是对实体正义的追求和实现，也是对被告人处分权的保护，防止检察机关在不尊重事实的情况下恶意引导被告人。

与此同时，本文认为应当在简易程序中赋予被害人一定的参与权。一方面，每个人都是自身权利最好的维护者，因此赋予被害人一定的参与权有助于保障其权利。另一方面，作为刑事诉讼的主体，只有真正参与了刑事诉讼，并且产生了影响力，才能充分体现被害人角色的主体性。这样才不会使被害人有被视为实现他人或社会利益的工具的感觉，而是享有实体权利并拥有为维护这些权利而抗争的法律主体。①

四、精细化权利行使的配套程序

（一）完善被告人的程序主动选择权

"所谓选择权是指刑事诉讼程序的参与者有权根据自己的意识，决定启动刑事诉讼简易程序，适用简易程序后变更该程序的权利。"② 根据前文分析，诉讼权利的可处分性本身既包含主动选择又包含被动同意。从尊重被告人主体地位的角度来说，虽然赋予了被告人被动同意权也体现了部分主体地位，但程序的启动权始终还是牢牢地控制在国家机关手中。被告人只能被动等待，即使向检察机关发出申请，也不一定能够得到肯定的回复。我国的简易程序启动更多体现了国家的职能性，更多的是为了实现国家机关的司法效率。允许被告人主动选择或者说主动申请适用简易程序则更加体现了被告人程序处分的权利和被告人在诉讼程序中的主体地位。完善被告人主动选择程序的权利更有利于体现被告人同意的自愿性，增强简易程序适用的正当性。而且，这在司法实践中并不难推广，速裁程序已经赋予了被告人完整的程序选择权。

目前，我国的简易程序由普通简易程序和速裁程序组成。普通简易程序的司法解释规定，被告人只能被动同意程序的适用，即"被告人对适用简易程序没有异议"。相比之下，在我国速裁程序中，被告人不仅拥有被动的程序同意权，还可以主动启动程序。《速裁办法》第5条第2款规定："辩护人认为案件符合速裁程序适用条件的，经犯罪嫌疑人同意，可以建议人民检察院按速裁案件办理。"也就是说，作为被告人代理的辩护人可以主动建议人民检察院启动速裁程序。这一规定与被动同意的权利共同构成了一个完整的程序选择权。有了速裁程序的规定在先，简易程序增加被告人的程序主动选择权也更具有可操作性。另外，从控辩平等的角度出发，在相关司法解释规定了控方有适用简易程

---

① 陈瑞华：《程序正义的理论基础》，载《中国法学》2003年第3期。
② 高一飞：《刑事简易程序研究》，中国方正出版社2002年版，第186页。

序的建议权时，也应当赋予辩方相同的权利，否则又会使得司法天平向着控方倾斜。对控辩双方简易程序选择权的平等保护同样符合国际趋势，1994 年 9 月在里约热内卢举行的第 15 届世界刑法学会代表大会通过的《关于刑事诉讼中的人权问题的决议》第 23 条指出，立法机关应该规定实行简易程序审判的条件，并且规定保障被告人与司法机关合作的自愿性的方法。当然，被告人程序选择权的有效行使还需要其他配套性制度的保障，如办案人员的告知义务、获得律师帮助等。

（二）明确被告人的证据知悉权

当前的立法规定和司法实践中，被告人确实有知悉自己罪名的权利，但是由于被告人本身并没有阅卷权，没有辩护律师的被告人将面临在庭审前看不到有利于自己证据的境遇。为了保证简易程序被告人同意的自愿性和程序处分权的实现，被告人应当充分了解自己被追诉的内容、罪名、有利和不利的证据，以及清楚且明知简易程序的过程、后果等信息。相对应的，公权力机关就负有告知的义务。联合国《公民权利和政治权利国际公约》第 14 条第 3 款第 1 项规定："迅速以一种他懂得的语言详细地告知对他提出的指控的性质和原因。"该项规定的权利通常被称为被告知指控的权利，其实也就是被告人的知悉权。

获知被指控的内容不能仅仅限于对罪名的了解，最主要的还是对证据的获悉，被告人只有获悉证据，才有可能清楚自己的行为可能受到何种指控，在庭审时是否可以争取到量刑的优惠，从而作出是否同意适用简易程序的选择。自愿选择是简易程序正当性的关键，也只有在明知且明智的情况下作出的同意决定才能真正形成与检察机关的合意，因此，被告人充分获知证据就尤为重要。这能够使得被告人在进行程序选择时，不会因为信息不对称而作出错误决定，进而导致重要的诉讼权利受到限制或丧失。

（三）强化被告人获得律师帮助的权利

德肖微茨曾说："认真负责、积极热心的辩护律师是自由的最后堡垒，是抵抗气势汹汹的政府欺负它的子民的最后一道防线。辩护律师的任务正是对政府的行为进行监督和挑战，要使这些权势在握的尊者对无权无势的小民百姓做出格行动前三思而后行，想想可能引起的法律后果，进而去呼吁、去保护那些孤立无援无权无势的民众的正当权利。"[①] 为了保障简易程序中被告人认罪和选择程序的自愿性，作为配套措施，强化被告人获得律师帮助权也是必不可少的。由于简易程序中合意因素的存在，为了保障被告人认罪和程序选择的自愿性，简易程序的辩护人参与与否比起普通程序来说，可能更加重要。律师的介入既能确保被告人理解认罪和适用简易程序的后果，也有利于平衡被告人与国家之

---

① 高一飞：《刑事简易程序研究》，中国方正出版社 2002 年版，第 186 页。

间的不平等关系，形成真正的对抗。同时也能帮助被告人仔细分析案情和适用程序的利弊，防止被告人在精神压力、恐慌下作出认罪和选择适用简易程序的行为。

从可操作性的角度来看，速裁程序案件已经建立了法律援助值班律师制度，简易程序案件可以共享这方面的既有资源，在简易程序中共享值班律师提供的帮助。同时，要严格值班律师的选任条件并提高法律援助的质量，使得被告人都能够充分获得律师的帮助，从而作出对自己有利的选择，提高简易程序的正当性。值班律师制度的建立，在很大程度上缓解了简易程序中控辩不平等的现状，使得被告人获得法律帮助的可能性极大提升。但是，也必须认识到，值班律师并不能够提供和辩护律师同一水准的法律服务。

虽然 2019 年 10 月颁布的《认罪认罚从宽指导意见》中明确了值班律师享有"查阅"卷宗的权利、会见当事人的权利，但在案件的处理过程中值班律师仍面临诸如诉讼地位不明确、职业风险大、时间不充足、衔接不畅等困境，这也是值班律师制度进一步改革需要突破的重点。

第十章
刑事简易程序庭审问题研究

党的十八届四中全会以来，以审判为中心的诉讼制度、认罪认罚从宽制度以及速裁程序等多项刑事司法制度得以先后推进。其中，以审判为中心的诉讼制度改革的初衷主要在于扭转我国刑事司法实践中的侦查中心主义问题，强调庭审实质化，侧重于司法公正。本章聚焦于简易程序中的庭审问题，从简易程序庭审的立法规定与司法实践入手，揭示简易程序庭审过程中保障公正与提升效率方面存在的问题，并在此基础上提出改革的设想。

第一节 刑事简易程序庭审规则的立法特点

我国简易程序与国外的相关制度存在诸多差异。例如，就简易程序的适用范围来看，我国区分简易程序与普通程序的标准主要在于"案件事实清楚、证据充分"和"被告人承认自己所犯罪行，对指控的犯罪事实没有异议"。这一区分标准既不同于英国以被告人是否认罪为区分标准的简易审判程序，也不同于德国以"案情简单或证据清楚，适宜于立即审理"和"最高刑不超过一年有期徒刑"为标准的简易程序，而是呈现一种兼而采之的折中做法。[①] 这反映了我国刑事司法制度兼具英美法系和大陆法系不同价值取向的结果。即从要求"案件事实清楚、证据充分"上看，其具有大陆法系职权主义色彩，重视实体真实；而要求"认罪"则具有英美法系当事人主义倾向，重视被告人意愿。以此为基础，我国简易程序在庭审规则方面呈现如下特点：

一、一律坚持传统的开庭审理方式

我国简易程序审理的基本方式与普通程序相比没有本质的区别，即一律开庭审理。《刑事诉讼法》第 186 条规定："人民法院对提起公诉的案件进行审查

---

① 熊秋红：《认罪认罚从宽的理论审视与制度完善》，载《法学》2016 年第 10 期。

后，对于起诉书中有明确的指控犯罪事实的，应当决定开庭审判。"这一审理方式不同于德国的处罚令程序。根据《德国刑事诉讼法》的规定，对于检察官认为没有必要进行法庭审理的轻罪案件，法庭可以在检察官的申请之下不经开庭程序而作出书面处刑命令，一般是判处罚金刑或者 1 年以下有期徒刑、禁止驾驶或者吊销驾照 2 年。① 我国台湾地区仿照德国的上述程序设有简易判决处刑程序，规定"第一审法院依被告在侦查中之自白或其他现存之证据，已足认定其犯罪者，得因检察官之申请，不经通常审判程序，遂以简易判决处刑"②。据此，有学者提出可以借鉴上述程序，将我国的简易程序设置成书面审理程序。③

显然，这一提议并不可行。一是，这并不符合我国的法律传统和具体的法律规定。二是，我国简易程序与德国处罚令程序以及我国台湾地区的简易判决处刑在适用对象上存在明显的区别。即我国简易程序适用的对象不限于轻罪，对于可能判处 3 年以上有期徒刑的案件，需要通过相对严格的庭审来确保公正。三是，速裁程序的施行在一定程度上或将占据简易程序的改革空间，为了提升司法效率，在未来即使确立书面审理模式，那也一定优先适用于速裁程序。④

二、以刑罚轻重为标准决定独任审判或合议庭审判

《刑事诉讼法》第 216 条第 1 款规定："适用简易程序审理案件，对可能判处三年有期徒刑以下刑罚的，可以组成合议庭进行审判，也可以由审判员一人独任审判；对可能判处的有期徒刑超过三年的，应当组成合议庭进行审判。"这一规定类似德国的简易程序。根据《德国法院组织法》第 24 条的规定，区法院作为初级法院管辖轻微的刑事案件，对于自诉案件以及最高刑罚不超过 2 年的，由职业法官独任审判；对于最高刑罚不超过 4 年的，则由 1~2 名职业法官和 2 名参审法官组成的参审法庭进行审判。

以可能判处的刑期为标准决定独任审判还是合议庭审判具有一定的合理性，对可能判处 3 年有期徒刑以下的案件一般由 1 名审判员独任审判，可以省去合议的环节，进而可以提升诉讼效率。但是，法律同时规定也可以组成合议庭进行审判，这样就为可能判处 3 年以下有期徒刑但案情较为复杂、对部分事实存在争议的案件留有一定的空间，通过合议庭审判确保案件的公正审理。⑤

---

① 宋英辉、孙长永、朴宗根等：《外国刑事诉讼法》，北京大学出版社 2018 年版，第 344-345 页。

② 林钰雄：《刑事诉讼法（下册）》，元照出版有限公司 2006 年第 4 版，第 235 页；潘怡宏：《简易判决处刑程序之策进——取经德国处刑命令程序》，载《月旦法学教室》2019 年第 195 期。

③ 杨雄、刘宏武：《论统一的刑事简易程序》，载《法学杂志》2012 年第 12 期；赵恒：《"认罪认罚从宽"内涵再辨析》，载《法学评论》2019 年第 4 期。

④ 贾志强、闵春雷：《我国形事简易程序的实践困境及其出路》，载《理论学刊》2015 年第 8 期。

⑤ 宋英辉：《我国刑事简易程序的重大改革》，载《中国刑事法杂志》2012 年第 7 期。

三、庭审环节的简化要求较为模糊

我国的简易程序是在普通程序的基础上简化而来，但是对于简化的要求则并无明确的规定，显得较为模糊、笼统。《刑事诉讼法》第 219 条规定："适用简易程序审理案件，不受本章第一节关于送达期限、讯问被告人、询问证人、鉴定人、出示证据、法庭辩论程序规定的限制。但在判决宣告前应当听取被告人的最后陈述意见。"但是，应该在何时送达起诉书副本与开庭通知书、何种情况下需要讯问被告人等，都缺乏明确的规定。整体来看，我国简易程序的庭审规则较为模糊、笼统，带有明显的粗线条特征。

第二节 刑事简易程序庭审规则的立法问题

概括地讲，我国简易程序庭审规则的总体特点是具有模糊性、摇摆性。从审判方式上看，其本身意在提升诉讼效率，但是并不采取书面审理，而是坚持开庭审理。从审判组织上看，对于可能判处 3 年以下有期徒刑的案件，其既希望通过独任审判提升诉讼效率，又保留合议庭审判来保障司法公正。从具体的庭审环节上看，其只是笼统地规定可以不受普通程序关于庭审规则的限制，但是又不明确什么情形下可以省略哪些环节、可以简化哪些环节。这种模糊性反映了简易程序在公正与效率之间的摇摆，而如果将其置于普通程序、简易程序、速裁程序这一三元体系和认罪认罚从宽制度之下，这种模糊性和摇摆性则呈现出简易程序与普通程序、速裁程序的混同以及与认罪认罚从宽制度衔接不当的问题。

一、与普通程序的混同问题

简易程序与普通程序在庭审中的差异并不明显，几乎普通程序的所有流程在简易程序中都有适用的空间。例如，就审判组织的组成而言，如前所述，所有的简易程序在法律上均可以适用合议庭进行审判。就法庭调查、法庭辩论等环节而言，法律规定简易程序不受普通程序相关庭审规则的限制，表面上可以提升诉讼效率，然而即便没有这样的规定，简易程序在这两个环节中也能够较快地推进。因为简易程序本身的适用前提就是案件事实清楚、证据充分和被告人认罪，因此法庭调查和法庭辩论必然会更为顺畅。简言之，是案件本身决定了庭审的效率，简易程序本身并没有为诉讼效率的提升提供实质性的庭审规则，其在本质上与普通程序并无差别。这种混同最明显地表现在认罪认罚普通程序中。对此，下文关于简易程序与认罪认罚从宽制度的衔接中将予以展开论述。

二、与速裁程序的混同问题

虽然速裁程序是新一轮司法改革所推行的新制度，但是其本质上仍然是在传统的诉讼程序基础上的简化。如果说简易程序是对普通程序的简化，那么速裁程序就是对简易程序的再简化。因此，从根本上而言，速裁程序和简易程序并不存在实质性的差别，其并未超出简易程序的范畴：[①] 同样需要开庭审理而不能直接进行书面审理，同样需要检察院派员出庭支持公诉，刑事诉讼控辩审三方构造并没有改变，庭审过程中的具体环节也没有变。只不过速裁程序的简化内容相比简易程序而言更为清晰一些。例如，就法庭调查和法庭辩论而言，简易程序并未规定如何进行简化，而速裁程序则不同。时任最高人民法院院长周强在 2016 年《全国人大常委会关于〈关于授权在部分地区开展刑事案件认罪认罚从宽制度试点工作的决定（草案）〉的说明》中提出，"……适用速裁程序，由审判员独任审判，不进行法庭调查、法庭辩论"。2018 年《刑事诉讼法》和 2019 年 "两高三部"《认罪认罚从宽指导意见》在此基础上有所限制，规定"一般不进行法庭调查、法庭辩论"。整体而言，速裁程序比简易程序在庭审环节的简化上更进一步，但是二者之间并无明确的界限，因此仍存在混同的问题。这一混同的根源在于，简易程序与速裁程序在适用范围上的重合性，对于可能判处 3 年以下有期徒刑的、被告人认罪的案件，一般情况下都符合简易程序和速裁程序的适用条件，因此，其在程序上必然不可能有实质性的界限。

三、与认罪认罚从宽制度的衔接问题

2018 年《刑事诉讼法》的重要内容就是正式规定了认罪认罚从宽制度和基于被告人认罪认罚的速裁程序，这两项新的制度对整个刑事诉讼程序体系的冲击巨大。[②] 就简易程序而言，一方面，认罪认罚从宽制度适用于包括普通程序、简易程序和速裁程序在内的所有程序，在研究简易程序与相关程序的关系时，无法再就程序论程序，而必须要结合认罪认罚从宽制度。另一方面，速裁程序的设立直接改变了过去普通程序、简易程序这一二元体系或者说普通程序、普通程序简易审、简易程序这一三元体系，速裁程序一跃成为最简化的程序，而简易程序变成了中间程序，形成了普通程序、简易程序和速裁程序的新三元体

---

① 魏化鹏：《刑事简易程序庭审制度研究》，载《西南民族大学学报（人文社会科学版）》2018年第 1 期。

② 周新：《我国刑事诉讼程序类型体系化探究——以认罪认罚从宽制度的改革为切入点》，载《法商研究》2018 年第 1 期。

系。但是，具体到微观层面，简易程序应该如何根据上述变化而进行调整则并无新的规定。2018 年《刑事诉讼法》并未就简易程序章节进行任何修改。2019 年《认罪认罚从宽指导意见》第 46 条第 2 款规定："适用简易程序审理认罪认罚案件，公诉人可以简要宣读起诉书，审判人员当庭询问被告人对指控的犯罪事实、证据、量刑建议及适用简易程序的意见，核实具结书签署的自愿性、真实性、合法性。法庭调查可以简化，但对有争议的事实和证据应当进行调查、质证，法庭辩论可以仅围绕有争议的问题进行。裁判文书可以简化。"其强调了要核实具结书签署的自愿性、真实性、合法性以及可以简化裁判文书，但具体的庭审规则并无变化。

整体而言，认罪认罚从宽制度与简易程序之间缺乏有效的、精细的衔接。例如，就权利保障而言，对于适用认罪认罚从宽制度的案件，在被告人没有律师的场合，法院、检察院、公安机关应当通知值班律师为被告人提供法律帮助，确保被告人了解认罪认罚的性质和法律后果，但是简易程序案件中的被告人则并无这一保障。而简易程序的适用前提之一是被告人认罪，仅仅因为认罪与认罪认罚之间的差别而赋予被告人明显不同的权利，显然并不合适。此外，认罪认罚从宽制度的施行加重了简易程序与普通程序和速裁程序的混同。

《认罪认罚从宽指导意见》第 8 条规定，认罪认罚从宽处理既包括实体上从宽处罚，也包括程序上从简处理。第 47 条规定，"适用普通程序办理认罪认罚案件，可以适当简化法庭调查、辩论程序。公诉人宣读起诉书后，合议庭当庭询问被告人对指控的犯罪事实、证据及量刑建议的意见，核实具结书签署的自愿性、真实性、合法性。公诉人、辩护人、审判人员对被告人的讯问、发问可以简化。对控辩双方无异议的证据，可以仅就证据名称及证明内容进行说明；对控辩双方有异议，或者法庭认为有必要调查核实的证据，应当出示并进行质证。法庭辩论主要围绕有争议的问题进行，裁判文书可以适当简化"。从条文规定来看，认罪认罚普通程序与简易程序的庭审规则并无区别。

产生上述问题的原因在于《刑事诉讼法》并未就认罪认罚从宽构建专门的，独立于普通程序、简易程序和速裁程序的审理程序，认罪认罚自身不归属特定的程序范畴，亦不具有特殊程序地位。[①] 但是其本身可以在不适用简易程序的情况下简化审判程序，有学者甚至将程序从简视为认罪认罚从宽制度的最显著特征。[②] 或许正因为如此，有学者把简易程序、速裁程序和认罪认罚从宽制度作为我国广义的简易程序体系，认为该三大程序设置的目的均在于提高诉讼效率、优化司法资源配置，以有效应对刑事案件增多和实行"以审判为中

---

① 陈卫东、胡晴晴：《刑事速裁程序改革中的三重关系》，载《法律适用》2016 年第 10 期。

② 樊崇义：《认罪认罚从宽协商程序的独立地位与保障机制》，载《国家检察官学报》2018 年第 1 期。

心"导致司法损耗增加的问题。① 笔者认为这一观点值得商榷:虽然认罪认罚从宽制度与简易程序和速裁程序都包含提升司法效率的价值取向,但并不能简单地将三者视为并列的程序。认罪认罚是统摄简易程序和速裁程序的一个集合性的法律制度②,我国广义上的简易程序仅指简易程序和速裁程序,并不包括认罪认罚从宽制度。

第三节　刑事简易程序庭审实践中存在的问题

前文提到了简易程序在立法中的诸多问题,概言之,简易程序适用范围较大,加上与认罪认罚从宽制度缺乏有效衔接,导致其庭审规则较为模糊和粗糙,在公正与效率之间摇摆,且与普通程序、速裁程序存在一定的混同。但这些问题只是基于对法条的解读,问题是,简易程序的庭审在司法实践中到底呈现出怎样的图景。

认罪认罚从宽制度和速裁程序的推行从另一个层面落实了以审判为中心的改革要求,即通过节约司法资源使得相对复杂的案件的实质化审查得以实现,但是这两项改革尤其是速裁程序推行的直接目的和作用仍在于提升诉讼效率。在此背景下,学者们对速裁程序的运行状况进行了实证分析,并就如何推进和完善速裁程序建言献策。③ 与此同时,全国各地司法机关纷纷推陈出新,办案时间屡创新低,如"海淀司法机关创新适用 48 小时全流程速裁程序""山东新泰:适用速裁程序,不到 1 小时审结 6 起类案""采用速裁程序审查起诉仅用 5 日"等。④ 可以说,认罪认罚从宽制度和速裁程序的有效推行极大提升了整体诉讼效率,节约了司法资源。然而,问题在于,当前速裁程序的适用率并不高,其只能提升较少一部分案件的诉讼效率。笔者通过中国裁判文书网,以"刑事案由""刑事案件""基层法院""判决书""刑事一审"为关键词进行检索,

---

① 庄永廉、苗生明等:《如何建立健全与多层次诉讼体系相适应的公诉模式》,载《人民检察》2017 年第 1 期。

② 熊秋红:《认罪认罚从宽制度的理论审视与制度完善》,载《法学》2016 年第 10 期;魏化鹏:《刑事简易程序庭审制度研究》,载《西南民族大学学报(人文社会科学版)》2018 年第 1 期。

③ 代表性的有:汪建成:《以效率为价值导向的刑事速裁程序论纲》,载《政法论坛》2016 年第 1 期;周长军、李军海:《完善刑事速裁程序的理论构想》,载《法学》2017 年第 5 期;李本森:《刑事速裁程序试点实效检验——基于 12666 份速裁案件裁判文书的实证分析》,载《法学研究》2017 年第 5 期;李本森:《刑事速裁程序试点研究报告——基于 18 个试点城市的调查问卷分析》,载《法学界》2018 年第 1 期。

④ 北京市海淀区人民法院课题组:《关于北京海淀全流程刑事案件速裁程序试点的调研——以认罪认罚为基础的资源配置模式》,载《法律适用》2016 年第 4 期。

获取了基层法院审理的刑事案件数量，在此基础上分别以"普通程序""简易程序"和"速裁程序"为关键词进行二次检索，得出的数据如表 10-1 所示。

表 10-1 三种程序初次检索和二次检索结果 （单位：件）

年份	初次检索	二次检索			
		普通程序	简易程序	速裁程序	总和
2020 年	151000	16471	67962	28335	112768
2019 年	989259	93775	449868	138603	682246
2018 年	954700	88399	471491	73474	633364
2017 年	954601	74448	481274	53610	609332
2016 年	876587	60847	463431	34924	559202

根据表 10-1，在以"普通程序""简易程序"和"速裁程序"为关键词进行第二次检索时，发现案件总数小于初次检索的案件数。这是因为当前司法实践中，如果适用简易程序或速裁程序进行审理，则判决书会予以列明，但如果适用普通程序审理，则判决书不一定会特别交代。因此，上述差额主要是适用普通程序审理但判决书未载明的案件，而"简易程序"和"速裁程序"项下的案件数基本正确。由此不难发现，2016—2020 年，简易程序的适用率基本在45%~50%，远高于速裁程序和普通程序。因此，要真正提升司法效率、解决司法公正与效率的冲突问题，必须着眼于改革简易程序。

对此，本部分通过与法官、检察官和律师进行访谈的方式以及观看庭审直播网审理简易程序案件①来了解、观察庭审过程中存在的问题。通过梳理，笔者认为，在司法实践中，简易程序在庭审中存在以下问题：

一、审判组织组成的恣意性

在 50 起案件中，由合议庭审判的共计 34 件，由审判员一人独任审判的共16 件。数量本身并不能反映问题，然而结合合议庭审判案件与独任审判案件所涉及的罪名、是否当庭宣判以及刑期来看，在合议庭审判与独任审判之间并无清晰的界限，恣意性较大。

---

① 笔者共观看了 50 起简易程序案件的庭审直播。50 起案件虽然不能充分反映简易程序庭审的全貌，但是一方面，这 50 起案件从地域上涉及新疆、内蒙古、北京、江苏、广东、四川等多地，从罪名上涉及交通肇事罪、危险驾驶罪、故意伤害罪、抢夺罪、诈骗罪、妨害公务罪、非法持有枪支罪等多个罪名，能够大致反映简易程序庭审过程中的问题；另一方面，针对观察中发现的问题，笔者与法官、检察官和律师等诉讼主体进行了访谈，确认了上述问题的客观存在。

（一）从涉及的罪名来看

适用合议庭审判的案件所涉及的主要罪名虽然包括相对较为严重的抢劫罪、抢夺罪以及相对复杂的犯数罪的情形，但绝大多数都是危险驾驶罪、故意伤害罪等轻微罪名。而独任审判的案件涉及的罪名包括抢夺罪，危险驾驶罪，开设赌场罪，侵占罪，伪造、买卖国家机关证件、印章罪，买卖武装部队印章罪，滥伐林木罪等。仅从案件类型上看，合议庭审判与独任审判的案件并无明显差别。

（二）从当庭宣判适用率来看

是否当庭宣判在一定程度上能够反映案件的复杂程度。经观察，通过合议庭审判的 34 起案件中，当庭宣判的共计 23 起，择日宣判的共计 11 起，当庭宣判的适用率接近 68%。通过独任审判的 16 起案件中，当庭宣判的仅 8 起，占50%，远低于合议庭审判案件的当庭宣判适用率。如此看来，似乎合议庭审判的案件比独任审判的案件案情更为简单。

（三）从宣告刑刑期来看

承上，合议庭审判的案件中，当庭宣判的共计 23 件。其中，刑期较重的有：张某犯故意毁坏财物、危险驾驶罪被判处有期徒刑 3 年 9 个月[①]；孙某华犯组织、领导传销活动罪被判处有期徒刑 2 年 1 个月，并处罚金人民币 20 万元[②]；邬某飞、王某明犯伪造、变造、买卖武装部队公文、证件、印章罪，伪造事业单位、人民团体印章罪，被判处有期徒刑 1 年 10 个月[③]；王某云犯非法拘禁罪被判处有期徒刑 1 年 6 个月[④]。其余宣告刑均在有期徒刑 1 年以下，其中还包括 4 起宣告刑为拘役 1 个月[⑤]。而独任审判的案件刑期基本上也在有期徒刑 1 年上下，如喻某华犯伪造、买卖国家机关证件、印章罪，买卖武装部队印章罪被判处有期徒刑 1 年 6 个月，并处罚金人民币 5000 元。由此可见，独任审判的案件并不比合议庭审判的案件轻微。

综上，就审判组织的组成来看，在由合议庭审判还是由审判员独任审判之间，缺乏明确的区分标准，在适用过程中随意性较大。而审判组织组成的随意性所可能产生的问题是：一方面，对于事实清楚、情节轻微的案件，由合议庭

---

① （2020）浙 0783 刑初 335 号。

② （2020）桂 0109 刑初 45 号。

③ （2020）湘 1321 刑初 204 号。

④ （2020）苏 0583 刑初 46 号。

⑤ 包括黄某强犯危险驾驶罪，被判处拘役 1 个月，罚金人民币 1000 元 ［（2020）桂 0332 刑初 4号］；蔡某福犯危险驾驶罪，被判处拘役 1 个月 15 日，缓刑 5 个月，罚金人民币 5500 元 ［（2020）闽0981 刑初 191 号］；李某平犯危险驾驶罪，被判处拘役 1 个月，缓刑 3 个月，罚金人民币 2000 元［（2020）闽0981 刑初 194 号］；秦某犯危险驾驶罪，被判处拘役 1 个月，罚金人民币 1000 元 ［（2020）桂 0332 刑初 36 号］。

审判浪费了司法资源,背离了简易程序的价值取向。另一方面,对于具有一定复杂性的案件,如果由审判员独任审判,则可能存在能力不足的问题,影响司法公正。这显然背离了前文提到的法律保留对可能判处 3 年以下有期徒刑的案件可以组成合议庭审判这一规定的立法初衷。

与审判组织组成的随意性类似的是公诉人出庭随意性问题。《刑事诉讼法》和《刑事诉讼规则》均规定:"适用简易程序审理公诉案件,人民检察院应当派员出席法庭。"但是对于由几名公诉人出庭则并无规定。通过观察,在 50 起案件中,由两名检察官(包括检察官助理)出庭支持公诉的共 38 起,而且其中有 25 起由其中一名公诉人全程负责宣读起诉书、出示证据以及发表公诉意见,另外一人既不参与庭审活动,也无进行庭审记录的迹象。这 38 起案件中,有的案件由法官独任审判、当庭宣判,可见案情简单,并无两人出庭支持公诉之必要。其余 12 起只有一名检察官出席庭审的案件也并非都是最为轻微的案件,相反包括某些事实存在争议、刑期也较长、由合议庭审判的案件,如被判处有期徒刑 3 年 9 个月的张某故意毁坏财物、危险驾驶案。

二、程序适用的混同性

通过观察,50 起案件中被告人全部认罪认罚,由此,在庭审中出现简易程序与认罪认罚制度混用的问题。例如,有的法官称"为体现认罪认罚特殊审理的原则,本院在审理过程中,对法庭调查和法庭辩论的环节予以简化"[1],有的检察官称"公诉人鉴于被告人认罪认罚,简练宣读起诉书"。而绝大多数法官或检察官则是称,"鉴于本案适用简易程序审理,因此法庭调查予以简化"[2]。因此,问题是,对法庭调查和法庭辩论等庭审环节的简化是因为认罪认罚还是因为适用简易程序。从《刑事诉讼法》的规定来看,适用简易程序才是简化庭审的理由之所在,但是前文也提到认罪认罚从宽制度包含了程序从宽的内涵,《认罪认罚从宽指导意见》也明确规定认罪认罚案件可以简化庭审。由此在实践中就产生了上述表述不一的问题。

此外,这些案件中被告人均认罪认罚,而除了前文提到的张某犯故意毁坏财物、危险驾驶罪被判处有期徒刑 3 年 9 个月和马某学交通肇事案[3],尚未就民事赔偿数额达成一致而不符合速裁程序之外,其余案件均符合速裁程序的适用条件。然而,这些案件均适用简易程序进行审理,因此,在简易程序与速裁程序的适用选择上,存在明显的混同问题。实践中的简易程序在适用中并非以不

---

① 刘某民滥伐林木案,(2020)内 0426 刑初 103 号。

② 蒙某娣抢夺案,(2020)粤 1202 刑初 188 号。

③ (2020)新 2122 刑初 189 号。

能适用速裁程序为先决条件。

就程序简化而言，简易程序与认罪认罚的普通程序相比存在很大的重合度。例如，在管某冲故意伤害案①中，被告人故意伤害致人重伤，检察院建议判处有期徒刑 5 年至 6 年，法院采纳量刑建议，判处被告人有期徒刑 5 年，当庭宣判。整个庭审过程较为简化，一共用时 17 分 57 秒，比部分简易程序用时还短。

三、庭审过程的烦琐性

通常认为，简易程序的定位介于普通程序和速裁程序之间，因此其价值取向在于追求公正与效率的统一。从庭审要求上看，简易程序比普通程序简单，比速裁程序复杂。然而，结合对庭审的具体观察，笔者发现，简易程序的庭审过程存在不必要的烦琐性问题。

（一）关于信息核实

在法庭调查之前，法官通常要对被告人的身份信息、前科信息、被采取强制措施情况等进行核实，同时询问是否收到起诉书副本、开庭传票以及收到的时间等信息，这些属于正常的庭审环节。然而，如果不考虑简易程序的特殊性而与普通程序不加区分，则将极大浪费司法资源，明显违背简易程序设立之目的。例如，法官询问被告人何时被采取强制措施、何时收到起诉书副本，但被告人根本记不清具体的时间，此时法官再结合有关文书上载明的日期向被告人核实，被告人通常作出肯定回答。既然由法官进行确认式的核实也是有效的，为何多此一举要被告人自行陈述？② 又如，在告知诉讼权利环节，部分法官宣读全部相关权利所对应的法条序号，包括《刑事诉讼法》第 11 条、第 20 条、第 30 条、第 32 条、第 58 条第 2 款、第 190 条、第 197 条、第 198 条，③ 整个告知权利的过程就用时 5 分钟，而被告人根本不知道这些条文的具体所指，因此，这一过程看似规范，实则严重拖延了庭审的速度，对提升司法公正也毫无实益。这种形式主义的问题还体现在法官在核实信息中发现问题之后的态度。例如，在杨某莉贩卖毒品案④和谢某辉诈骗案⑤中，被告人在签收起诉书副本和拘留证的时间上存在明显的问题，但法官置之不理，直接宣布进入下一个诉讼程序，那么，核实的目的何在呢？

（二）关于宣读起诉书

部分检察官宣读起诉书时，从被告人身份信息到认定的事实，再到法律依

---

① （2020）黔 0111 刑初 82 号。
② 如李某斗抢劫案，（2020）云 2528 刑初 129 号；刘某民滥伐林木案，（2020）内 0426 刑初 103 号。
③ 高某礼危险驾驶案，（2020）新 2122 刑初 238 号。
④ （2020）湘 1322 刑初 201 号。
⑤ （2020）赣 0103 刑初 277 号。

据以及相关的证据，一字不落全文宣读。例如，在韩某容留他人吸毒案①中，法官在开庭时核实了被告人身份信息、前科信息以及强制措施情况，后通过询问被告人对起诉书副本记载的内容有无异议，相当于进行了第二次核实，此时公诉人宣读起诉书时仍宣读基本信息，实无必要。有关认定事实的证据内容与后续的举证质证环节重复，亦无必要。此外，在法庭调查之后的法庭辩论环节，检察官发表的公诉意见与起诉书的内容基本完全重复。

（三）关于出示证据

通过观察，部分公诉人出示证据与普通程序出示证据类似，即一份证据或一组证据一出示、一质证。例如，在刘某普寻衅滋事案②中，公诉人在出示证据时，除了宣读证据名称、证据所要证明的内容，还宣读了证据所在的页数，仅举证环节就用时 7 分钟 53 秒。此外，公诉人在举证时，有一些证据对认定案件事实并不重要或者在此前的庭审过程中已经确认并无异议，如被告人身份信息登记表、受案信息登记表、受案回执、到案经过、取保候审决定书、鉴定聘请书、鉴定结果通知书等，但公诉人基本都按照书证、物证的不同顺序全部出示。

（四）关于庭审笔录

实践中，所有的庭审笔录都由书记员负责记录，法官为了让书记员能够顺利记录庭审内容，常常会放慢语速，或者重复宣读有关内容。而在庭审结束之后，法庭又要求被告人核实庭审笔录并进行签字，这一环节同样耗费不少时间。例如，在高某礼危险驾驶案③中，自休庭至被告人在书记员打好笔录后再签字，一共用时 9 分钟 13 秒。

此外，庭审过程的烦琐性还体现在法庭纪律的宣读上，这一过程通常需要耗时 2 分钟，而有一些纪律并无宣读之必要。例如，在庭审中并无旁听人员时，就没有必要宣读针对旁听人员的法条纪律。

四、被告人权利保障的形式化

如果说庭审程序的烦琐性能够提升公正性，那么前文提到的程序的烦琐性或许就具有相应的正当性。但是，通过观察，简易程序在庭审中存在明显的公正保障不足、流于形式化的问题，具体体现在：

（一）辩护权

1. 律师辩护

50 起案件中，被告人或者其家属委托律师的共 12 起，指定律师的共 8 起，

---

① （2020）川 1527 刑初 92 号。

② （2020）豫 0823 刑初 170 号。

③ （2020）新 2122 刑初 238 号。

剩余 30 起案件并无律师。就委托律师而言，其在整个庭审中基本上没有发挥实质性作用，在举证环节基本上都是无证据，在辩论环节基本上都是列举坦白、认罪认罚、初犯偶犯等公诉人已经提到的、没有争议的量刑事实，并建议法庭采纳公诉人的量刑建议。就指定辩护而言，基本上与上述情况一致。在刘某民滥伐林木案中，法院为被告人指定了辩护律师，该律师相对而言提出了实质性的辩护意见，即结合被告人的供述和辩解，提出被告人所伐的树木中大量已经枯死，因此鉴定机关认定的树木的数量以及蓄积量都存在问题，但是提出上述意见之后，律师称不申请重新鉴定，法官据此称，"既然不申请重新鉴定，那么就采纳现在的鉴定结论"。这是少有的律师能够提出实质性意见的案件，而且这一实质性意见虽然不影响对被告人行为的定性，但是显然可以影响其量刑，而律师却又不申请重新鉴定。

2. 自行辩护

被告人在自行辩护环节发表意见的极少，要么没有提出任何意见，要么只是希望法庭能够从轻处理，在仅有的几起提出实质性辩护意见的案件中，也因为法官或检察官的抵触与不耐烦以及自身辩护能力的不足而无法起到相应的效果。例如，在马某东拒不支付劳动报酬案①中，被告人辩解称其之所以没有及时支付员工报酬，是因为上家尚未结清工程款。公诉人答辩称，被告人没有支付能力，不影响犯罪的成立。对此，被告人并不知道如何进一步答辩。

从根本上来说，被告人的文化程度限制了其辩护权的有效发挥。在 50 起案件中，具有高中以上文化程度的仅 5 人，有 37 人仅具有小学文化程度。例如，犯滥伐林木罪的刘某民只有小学二年级的文化程度，其在自行辩护中将"滥伐"中的"滥"读成"鉴定"的"鉴"。由此可见，"虽然被告人名义上享有认罪或不认罪的绝对权利，但是他们经常会发现，在没有辩护人的情况下想自己辩护其实根本不享有任何保护"②。

又如，在孙某华组织、领导传销活动案中，被告人在认罪的前提下提出自己于 2016 年年底脱离传销组织，量刑建议有点重（有期徒刑 2 年 1 个月，罚金人民币 20 万元）。对此，一名公诉人回复称："被告人，在庭前公诉人跟你是在值班律师的见证下确认了认罪认罚具结书的内容，公诉人当时已经明确了，检察院认为你的行为构成组织、领导传销活动罪，你也表示自愿认罪认罚。检察院作出的量刑建议，就是有期徒刑 2 年 1 个月，罚金人民币 20 万元。你在律师的见证下说是接受这些条款的内容的，所以说你要注意，你是自愿签署认罪认罚具结书的。你要注意，如果你要反悔，法律责任需要由你来承担的。"在公诉

---

① （2020）粤 1202 刑初 157 号。

② ［美］乔治·费希尔：《辩诉交易的胜利——美国辩诉交易史》，郭志媛译，中国政法大学出版社 2012 年版，"序言"第 6 页。

人作完上述答辩后，被告人不再提任何意见，既不自我辩护，在最后陈述环节也保持沉默。不得不说，公诉人的这一答辩看似是向被告人解释认罪认罚制度，但是其用语以及语气更多地体现了对被告人的一种胁迫，而在缺乏律师帮助、法官与检察官对其不耐烦、自己对所谓的"法律责任"又不知所谓的情况下，只能保持沉默。

再如，在喻某华伪造、买卖国家机关证件、印章案，买卖武装部队印章案①中，被告人多次想要进行辩解，但公诉人和法官均予以打断。最后法官说："公诉人刚刚已经跟你讲了，你之前在公安机关和检察机关笔录已经做了，认罪认罚具结书已经签署了，如果你对认罪的事实和适用罪名有异议的话，就是不适用认罪认罚了。"停顿了一下后，法官问被告人："认罪的吧？"被告人最终回答认罪，不再进行辩解。

复如，在杨某莉贩卖毒品案②中，在最后陈述环节，被告人正在陈述"希望法官给一次机会，因为家里还有 5 岁小孩没人带，我是没有办法才走上这条路……"但话未说完，法官即打断其陈述，直接宣告休庭进行合议，然后当庭宣判，并直接采纳检察院的量刑建议。

法官或检察官的上述做法显然存在极大的问题，其匆匆审结案件，看似能够提升司法效率，却损害了司法的公正性。适用简易程序或认罪认罚，并不意味着对某一诉讼环节的彻底省略，不意味着降低定罪的标准，也不意味着法官可以放弃调查的义务，更不意味着被告人不能提出辩解的意见。

（二）程序异议权

《刑事诉讼法》第 217 条规定："适用简易程序审理案件，审判人员应当询问被告人对指控的犯罪事实的意见，告知被告人适用简易程序审理的法律规定，确认被告人是否同意适用简易程序审理。"然而，在实践中存在以下问题：第一，部分案件庭审中，法官没有向被告人确认是否同意适用简易程序。③ 第二，部分案件中，法官虽然履行了上述确认程序，但是并未告知被告人适用简易程序审理的法律规定，以致被告人的同意是否是建立在对简易程序的正确理解上值得质疑。前文提到的被告人的文化程度决定了对刑事诉讼诸多专业概念不可能有深入的理解，包括"简易程序""认罪认罚""回避"等。例如，在谢某辉诈骗案④中，法官询问被告人是否申请回避，被告人直接反问法官什么叫回避。第三，部分法官在告知被告人简易程序的相关规定时，存在明显的错误和严重

① （2020）苏 0585 刑初 192 号。
② （2020）湘 1322 刑初 201 号。
③ 覃某偷越国边境案，（2020）桂 0108 刑初 51 号。
④ （2020）赣 0103 刑初 277 号。

的误导性。例如，在石某中危险驾驶案①中，法官询问被告人是否同意适用简易程序时称："你是否同意本案适用简易程序审理，就是由一个审判员来审理案子，同意我审理吗？"被告人作出肯定的回答之后，法官进一步解释："要是说你的案子案情比较复杂，有可能判处 3 年以上有期徒刑，就适用普通程序，由一个合议庭来审，因为你案件事实简单，认罪悔罪好，所以适用简易程序。"这一解释明显不符合关于简易程序的法律规定，而且容易让被告人误以为如果不同意简易程序而适用普通程序的话，可能会被判处 3 年以上有期徒刑，同意适用简易程序，就一定会被判处 3 年以下有期徒刑。笔者在与部分法官进行访谈时，其也称确有一些被告人认为只要适用简易程序就意味着得到了从轻处理。

（三）申请调取新的证据权

《刑事诉讼法》第 197 条规定，当事人和辩护人有权申请通知新的证人到庭，调取新的物证。而且上述 50 起案件中，法官均告知了被告人的上述权利，然而当被告人想要提出新的证据时，无论是法官还是检察官，都表现出明显的抵触心态。在孙某华组织、领导传销活动案庭审中，法官问被告人是否有证据提交，被告人称有一份合同，但其尚未讲清希望证明的问题时法官即将其打断，让其直接提交证据而不要发表辩护意见，并称后面有专门的辩论环节。然后，法官重新问"有证据吗"，被告人依然回答"有转让合同"，然后说明了需要证明的内容，其于 2016 年已经签订转让合同，将其在传销组织中的份额转让给其他人，从此与传销组织无任何关系。即便被告人如此坚持，法官最终也并未调取该证据。该案起诉书指控的犯罪事实是被告人从 2015—2018 年间组织、领导传销组织活动，被告人提出其于 2016 年已经退出，并且有转让协议，这一事实虽然不影响对被告人行为的定性，但是明显影响其量刑。

第四节　刑事简易程序庭审规范化改革设想

就简易程序的完善而言，有学者认为我国简易程序改革效果不彰的根本原因在于过于重视审判程序简易化而忽视审前程序简易化，过于追求庭审的改革空间而弃置审前的改革空间。"简言之，中国刑事简易程序的改革只是单方面的'简易审判程序改革'，而非全方位的'简易诉讼程序改革'。"② 据此提出应该

---

① （2020）黔 2629 刑初 30 号。

② 孔令勇：《诉讼程序的"压缩"与"跳跃"——刑事简易程序改革的新思路》，载《北京社会科学》2017 年第 3 期。

将改革的重点放在案件流转机制、审批机制等审前的程序上。① 然而，笔者认为：一方面，这些改革建议偏离了简易程序的主题。从立法上看，我国简易程序的"简易"所针对的就是审判阶段，本质上就是庭审的简化。② 关于案件流转、审批机制的改革问题是包括普通程序、速裁程序在内都可能存在的问题，归根到底是司法化程度不足而行政化色彩有余的问题。这一问题并不需要依靠简易程序去解决。另一方面，"案件事实清楚，证据确实、充分"既是我国简易程序适用的前提，也是简易程序适用的正当性基础，其实现必须依赖完善的审前程序。"如果审前程序推进过快，那么会导致审判的基础性不足，也难以发挥其目的。"③ 针对简易程序的庭审，笔者认为应当从宏观和微观两个层面进行改革。

一、宏观上：明确简易程序的定位与价值取向

"无论刑事诉讼哪个阶段的设计理念，几乎都与刑事诉讼的目的息息相关。"④ 前文提到的简易程序庭审中存在的诸多问题，归根结底都是因为简易程序的定位与价值取向不清。因此，关于简易程序庭审的规范化改革，首先需要明确的是简易程序的制度定位和价值取向问题。

在1996年《刑事诉讼法》首次设立简易程序之后，我国刑事诉讼形成了普通程序和简易程序二元制度体系，其中普通程序作为刑事诉讼的基础程序，是保障刑事审判公正的基石，而简易程序在提升诉讼效率这一改革目标下，自然将效率作为价值取向。简易程序设立以后，并未解决司法机关案多人少的矛盾，有学者认为其中一大原因在于简易程序适用范围较小，仅限于可能判处3年以下有期徒刑的案件。⑤

2003年，司法机关开始推行普通程序简化审，规定对被告人认罪的、可能判处3年以上有期徒刑的案件，在适用普通程序审理过程中，可以简化某些庭审环节。至此，我国刑事诉讼审判形成了普通程序、普通程序简化审和简易程序并行的三元体系。

2012年《刑事诉讼法》修改时将普通程序简化审纳入简易程序之中，重新回归普通程序、简易程序的二元体系，但此时简易程序的适用范围得到了极大

---

① 孔令勇：《诉讼程序的"压缩"与"跳跃"——刑事简易程序改革的新思路》，载《北京社会科学》2017年第3期。

② 陈卫东、胡晴晴：《刑事速裁程序改革中的三重关系》，载《法律适用》2016年第10期。

③ 周新：《我国刑事诉讼程序类型体系化探究——以认罪认罚从宽制度的改革为切入点》，载《法商研究》2018年第1期。

④ 林钰雄：《刑事诉讼法（上）》，元照出版有限公司2006年版，第7页。

⑤ 祖彤：《我国刑事审判程序分流体系研究》，载《山东社会科学》2012年第2期。

的扩展。这一扩展看似回应了过去认为简易程序适用范围过窄的问题，但适用
范围的扩展恰恰又限制了简易程序的功能发挥。

因此，2014 年，我国开始试点速裁程序，形成普通程序、简易程序和速裁
程序并行的新三元体系。有学者认为，在这一体系之下，普通程序的价值追求
在于公正，速裁程序的价值追求是效率，而简易程序的价值追求则是介于两者
之间，兼顾公正与效率。① "刑事诉讼中，被告人认罪案简易程序审理的制度设
计就是力图体现刑事程序公正与效率的统一。"② 从普通程序、简易程序和速裁
程序这三者的比较层面而言，认为简易程序的价值取向是追求兼顾公正与效率
并无不可，但问题有二：一是在认罪认罚从宽制度下，普通程序的价值取向并
非单纯地追求公正，而是同样追求兼顾公正与效率。此时，普通程序与简易程
序的价值定位是一致的。二是就简易程序而言，如何理解以及如何实现兼顾公
正与效率并不明确。

笔者认为，就普通程序而言，对于非认罪认罚的普通案件，其更侧重于追
求公正，在庭审中要求各环节齐备；对于认罪认罚的案件，则可以简化庭审的
部分环节。如此才能体现在追求公正的基础上对效率的兼顾。同样，对简易程
序而言，也必然需要对范围极广的案件进行类似的细分，而不是笼统地要求对
一切适用简易程序的案件都要一视同仁、不加区分地兼顾公正与效率。这种层
次化不够的粗糙处理方式，非但不能实现兼顾公正与效率的两全其美的效果，
相反可能导致两败俱伤的结果。③ 例如，对于认罪认罚的可能判处拘役一个月
的简易程序案件，强调兼顾公正与效率，对各环节只是进行较小的简化，毫无
疑问体现不了对效率的兼顾；对于认罪不认罚的可能判处 10 年以上有期徒刑的
简易程序案件，采用与上述案件一样的庭审程序，那么可能也实现不了公正。

综上，笔者认为，简易程序作为介于普通程序和速裁程序之间的中间程序，
其价值取向为兼顾公正与效率。但是，这种兼顾公正与效率并非笼统的原则与
口号，而是体现在不同案件需要根据案情区别适用的具体规则。对于情节严重、
有所争议的简易程序案件，需要侧重于公正，不宜过分简化庭审；对于情节轻
微、毫无争议的案件，则应强调效率，不宜以兼顾公正与效率的口号来使庭审
烦琐化。其目的是形成层级化、差异化的简易程序庭审规则。

二、微观上：构建层级化、差异化的简易程序庭审规则

笔者认为，应根据简易程序案件的不同情况构建层级化、差异化的简易程

---

① 汪建成：《以效率为价值导向的刑事速裁程序论纲》，载《政法论坛》2016 年第 1 期。
② 李本森：《被告人认罪简易审二审的定量分析与相关问题研究》，载《政治与法律》2014 年第
10 期。
③ 熊秋红：《认罪认罚从宽的理论审视与制度完善》，载《法学》2016 年第 10 期。

序庭审规则，从而在简易程序内部也做到繁简分流，真正实现兼顾效率与公正。具体而言，对案件进行区别的标准包括被告人是否认罪认罚、可能判处的刑期、是否赔偿被害人损失等。以被告人是否可能被判处 3 年以上有期徒刑为界限，将简易程序案件分为两大类，并在此基础上构建庭审规则。

（一）整体要求

1. 简化信息核实工作

为保障庭审过程的完整性，可以继续将信息核实工作放在正式的庭审环节进行。但是，应改变当前让被告人口头逐项陈述相关信息的做法，可以采用以下两种方式进行：一种是由法官按照起诉书载明的相关信息进行核实，即由法官一次性宣读姓名、身份证号、户籍所在地、住址、职业、前科情况等信息，然后向被告人进行核实；另一种是由法官在询问被告人是否收到起诉书副本后，直接询问起诉书副本所载明的相关信息是否属实，如果属实，则不再重新进行核实。

2. 简化起诉书的宣读

检察官在宣读起诉书时，应直接宣读事实与处理意见，不宣读认定事实的证据，也不宣读被告人的身份信息、前科信息以及强制措施情况，因为这些问题在庭审的其他环节均已经进行。

3. 核实被告人认罪自愿性和保障被告人程序异议权

被告人认罪自愿性与程序异议权虽然是两个不同的问题，但通过观察笔者认为，二者在庭审中反映的问题具有一致性，即被告人本身并不完全明白认罪以及同意适用简易程序的后果，而法庭对此未能进行充分的、恰当的解释。对此笔者认为，在简易程序庭审中，法官应使用能使被告人听得懂的语言向被告人解释认罪以及认罪认罚的不同后果，解释适用简易程序的法律规定，包括适用简易程序庭审中可能省略部分环节、同意适用简易程序可以获得一定程度的量刑优惠、不同意适用简易程序并不会导致从重处理但是会按照普通程序审理且审理的时间相对更长等。

4. 以录音录像代替传统的庭审笔录

浙江省高级人民法院于 2014 年 8 月出台了《关于庭审记录录音录像改革的试行意见》，开始试行以庭审录音录像逐步取代庭审书面记录的工作机制，除重大、疑难、复杂、新类型案件以外的一审、二审民商事案件、刑事案件，均可纳入试行范围。2017 年 3 月最高人民法院出台的《关于人民法庭录音录像的若干规定》规定：适用简易程序审理民事案件的庭审录音录像，经当事人同意的，可以替代法庭笔录。笔者认为，对于适用简易程序审理的案件，可以参照上述规定，以录音录像代替传统的庭审笔录，以此提升庭审的效率。

（二）可能判处 3 年以下有期徒刑的案件

可能判处 3 年以下有期徒刑的案件属于轻罪案件，其庭审过程应更加重视效率，具体而言：

1. 一般应当由审判员一人独任审判

1996 年《刑事诉讼法》第 174 条规定，适用简易程序审理的案件由审判员一人独任审判。2002 年最高人民法院、最高人民检察院、司法部《关于适用简易程序审理公诉案件的若干意见》第 7 条也有类似的规定。2012 年《刑事诉讼法》将简易程序适用范围扩大至可能判处 3 年以上有期徒刑的案件时，对此类案件规定由合议庭审理的同时，对可能判处 3 年以下有期徒刑的、原本独任审判的案件，改为既可以由合议庭审理，也可以由审判员独任审判。这一规定具有一定的灵活性，为复杂案件的审理留有余地。然而，本文上一部分的实证观察发现，司法实践中在决定适用合议庭审判还是独任审判的问题上并未按照案件的复杂程度进行区分，而是充满混乱性，合议庭审判了大量事实清楚、证据充分、情节轻微、各方没有异议的案件。这背离了 2012 年《刑事诉讼法》留有余地的法律规定的初衷，浪费了司法资源，降低了庭审效率。

因此，笔者认为，应规定对于可能判处 3 年以下有期徒刑的简易程序案件，一般应当由审判员一人独任审理。所谓"一般应当"是指：第一，对于被告人认罪认罚的、符合速裁程序适用条件但因为被告人不同意适用速裁程序或者因为审限等原因而无法适用速裁程序的，应当由审判员一人独任审理。第二，对于被告人认罪但不认罚、被告人尚未赔偿被害人损失或就民事赔偿部分存在一定争议、对案件部分事实存在一定争议的案件，一般情况下也由审判员一人独任审理，但是若争议较大，则可以组成合议庭进行审理。

2. 一般应当当庭宣判

2003 年《关于适用简易程序审理公诉案件的若干意见》第 8 条规定，对于适用简易程序审理的公诉案件，人民法院一般当庭宣判。2003 年《关于适用普通程序审理"被告人认罪案件"的若干意见（试行）》第 10 条规定："对适用本意见审理的案件，人民法院一般当庭宣判。"但 2012 年以及 2018 年《刑事诉讼法》均未将当庭宣判的内容写入简易程序之中。

笔者认为，与一般应当由审判员一人独任审判类似，可以规定对于可能判处 3 年以下有期徒刑的简易程序案件，一般应当当庭宣判：第一，对于被告人认罪认罚的、符合速裁程序适用条件但因为被告人不同意适用速裁程序或者因为审限等原因而无法适用速裁程序的，一律当庭宣判。第二，对于被告人认罪但不认罚、被告人尚未赔偿被害人损失或就民事赔偿部分存在一定争议、对案件部分事实存在一定争议的案件，一般情况下也应当庭宣判，但是若争议较大，则可以择日宣判。

3. 应当简化法庭调查、法庭辩论环节

对于可能判处 3 年以下有期徒刑案件的简易程序，可以大致分为以下三种情形：第一，对于被告人认罪但不认罚的或者对部分事实存在较大争议的案件，在法庭调查阶段，不必拘泥于一证一质的原则。而可以由公诉人按组出示证据，在出示时可仅概括宣读证据名称和证明的目的，无须指出证据在卷宗中所在的页码和具体的证据内容。在法庭辩论阶段，公诉人的公诉意见也应予以从简，可重点围绕量刑以及其他有争议的问题发表意见。第二，对于被告人认罪认罚但不符合速裁程序条件的，可在上述规则的基础上进一步简化。一是，可以采取综合质证方式，由公诉人一次性出示认定事实的全部重要证据，如危险驾驶罪中的酒精含量、故意伤害罪中的伤情鉴定意见等。对于证明被告人身份信息的人口信息查询单，在此前环节中已经核实的以及被告人、辩护人均无异议的证据，无须再出示。二是，可以直接宣读公诉意见结论部分，不做过多的分析论证。第三，对于符合上述速裁程序的案件，在上述基础上进一步简化，可以不进行法庭调查和法庭辩论。

（三）可能判处 3 年以上有期徒刑的案件

与上文相对应，对于可能判处 3 年以上有期徒刑的案件，应当组成合议庭进行审理，一般应由合议庭进行合议之后择日宣判。在出示证据时，对于被告人认罪认罚且案件事实清楚、各方并无异议的，可以按照前文提到的分组质证的方式进行。对于被告人认罪不认罚或者对部分事实争议较大的，一般应当单独出示证据，也可以按组出示证据。同时，每一个或每一组证据出示之后，由被告人及其辩护人对该证据进行质证，以此体现审判程序的公正性。

对于可能判处 3 年以上有期徒刑的案件需重点关注辩护问题。《关于开展刑事案件律师辩护全覆盖试点工作的办法》规定，一般案件中，适用普通程序审理的一审案件、二审案件、按照审判监督程序审理的案件，被告人没有委托辩护人的，人民法院应当通知法律援助机构指派律师为其提供辩护；适用简易程序、速裁程序审理的案件，被告人没有辩护人的，人民法院应当通知法律援助机构派驻的值班律师为其提供法律帮助。笔者认为《关于开展刑事案件律师辩护全覆盖试点工作的办法》存在如下问题：一方面，其规定适用普通程序案件，被告人应当获得指定律师为其辩护，在简易程序中被告人并无此待遇。然而，被告人的诉讼权利在简易程序中已经受到一定程度的限制，如若没有辩护律师的参与指导和帮助，辩护人在简易审判程序中将处于十分不利的地位，不仅无法在庭审中实现辩护权，也可能根本无法明晰自己在庭审前作出的认罪与否的选择是否正确。因此，与普通程序相比，被告人在简易程序下更需要辩护律师的参与和帮助。① 另一方面，其规定简易程序和速裁程序中被告人均可以得到值班律师的法律帮助，以此保障被告人的相应诉讼权利。但是，简易程序的适

---

① 高飞：《刑事简易程序改革与完善研究》，载《中国刑事法杂志》2008 年第 3 期。

用范围远超速裁程序，对于其中可能判处 3 年以上有期徒刑的案件，值班律师的法律帮助根本无法保障被告人的合法权益。因此，笔者认为，对于可能判处 3 年以下有期徒刑的案件，可以规定由值班律师为被告人提供帮助。但对于可能判处 3 年以上有期徒刑的案件，如果被告人没有委托律师，应指定律师为其提供辩护，以此保障其合法权益。

主要参考文献

一、图书

1. 陈光中：《刑事诉讼法》，高等教育出版社 2014 年版。

2. 樊崇义：《刑事诉讼法哲学思维》，中国人民公安大学出版社 2010 年版。

3. 季卫东：《法律程序的构建》，中国政法大学出版社 1999 年版。

4. 陈兴良：《刑法哲学》，中国政法大学出版社 2004 年版。

5. 胡云腾：《认罪认罚从宽制度的理解与适用》，人民法院出版社 2018 年版。

6. 陈卫东：《被告人认罪案件简化审理程序》，中国检察出版社 2004 年版。

7. 龙宗智：《宽严相济刑事政策的程序保障机制研究》，法律出版社 2011 年版。

8. 杨宇冠：《联合国刑事司法准则》，中国人民公安大学出版社 2003 年版。

9. 顾永忠：《刑事辩护国际标准的中国实践与国际视野》，北京大学出版社 2013 年版。

10. 顾永忠：《刑事诉讼分流的国际趋势与中国实践》，方志出版社 2018 年版。

11. 张智辉：《简易程序改革研究——辩诉交易研究结题报告》，中国检察出版社 2010 年版。

12. 左卫民等：《刑事简易程序研究》（第二版），法律出版社 2020 年版。

13. 卢建平：《中国犯罪治理研究报告》，清华大学出版社 2015 年版。

14. 宋英辉：《刑事诉讼法学研究述评（1978—2008）》，北京师范大学出版社 2009 年版。

15. 宋英辉、吴宏耀：《刑事审判前程序研究》，中国政法大学出版社 2002 年版。

16. 张建伟：《司法竞技主义——英美诉讼传统与中国庭审方式》，北京大学出版社 2005 年版。

17. 魏晓娜：《刑事正当程序原理》，中国人民大学出版社 1998 年版。

18. 李玉华：《刑事证明标准研究》，中国人民公安大学出版社 2008 年版。

19. 胡铭等：《认罪认罚从宽制度的实践逻辑》，浙江大学出版社 2020

年版。

20. 李本森：《刑事速裁程序研究》，中国政法大学出版社 2018 年版。

21. 李本森等：《域外刑事案件快速处理程序研究》，中国人民公安大学出版社 2021 年版。

22. 李心鉴：《刑事诉讼构造论》，中国政法大学出版社 1992 年版。

23. 高一飞：《刑事简易程序研究》，中国方正出版社 2002 年版。

24. 艾静：《我国刑事简易程序的改革与完善》，法律出版社 2013 年版。

25. 夏凉等：《刑事简易程序基础理论与实战技能》，中国检察出版社 2017 年版。

二、论文

1. 闫召华：《刑事简易程序四十年：文本、经验、问题及走向》，载《刑事法评论》2021 年第 1 期。

2. 龚善要、王禄生：《内外定位冲突下刑事简易程序的实践困境及其再改革——基于判决书的大数据挖掘》，载《山东大学学报（哲学社会科学版）》2020 年第 3 期。

3. 郑莉：《E-Court 模式下简易程序刑事案件远程审判研究》，载《西南民族大学学报（人文社科版）》2019 年第 10 期。

4. 魏化鹏：《刑事简易程序庭审制度研究》，载《西南民族大学学报（人文社科版）》2018 年第 1 期。

5. 孔令勇：《诉讼程序的"压缩"与"跳跃"——刑事简易程序改革的新思路》，载《北京社会科学》2017 年第 3 期。

6. 刘玫、鲁杨：《我国刑事诉讼简易程序再思考》，载《法学杂志》2015 年第 11 期。

7. 贾志强、闵春雷：《我国刑事简易程序的实践困境及其出路》，载《理论学刊》2015 年第 8 期。

8. 吴俊明：《刑事案件简易程序集中审理制度完善的路径——以安徽芜湖、池州等地基层检察院的实际调研为视角》，载《法学杂志》2015 年第 5 期。

9. 谢登科：《论刑事简易程序中的证明标准》，载《当代法学》2015 年第 3 期。

10. 谢登科：《论刑事简易程序扩大适用的困境与出路》，载《河南师范大学学报（哲学社会科学版）》2015 年第 2 期。

11. 郑丽萍：《中国简易程序的反思和改革——以〈刑事诉讼法修正案〉为基点的思考》，载《北京联合大学学报（人文社会科学版）》2013 年第 3 期。

12. 杨雄、刘宏武：《论统一的刑事简易程序》，载《法学杂志》2012 年第

12 期。

13. 李芽：《公正与效率之平衡——新刑事简易程序之衔接问题研究》，载《人民论坛》2012 年第 35 期。

14. 王军、吕卫华：《我国刑事简易程序的若干问题》，载《国家检察官学院学报》2012 年第 4 期。

15. 宋英辉：《我国刑事简易程序的重大改革》，载《中国刑事法杂志》2012 年第 7 期。

16. 柯葛壮：《刑事简易程序的立法修改和实务运作》，载《东方法学》2012 年第 3 期。

17. 徐松青、张华：《修正后刑事简易程序实务研究》，载《法律适用》2012 年第 6 期。

18. 周永胜：《刑事简易程序被追诉人权利保障的理论基础》，载《中共中央党校学报》2012 年第 2 期。

19. 谭世贵、徐黎君：《刑事简易程序的多元化建构》，载《浙江工商大学学报》2012 年第 1 期。